Springer
Berlin
Heidelberg
New York
Barcelona
Budapest
Hongkong
London
Mailand
Paris
Santa Clara
Singapur
Tokio

Ulrike Häßler
Frank Pfennig
Dietmar Wüller

Digitale
Fotografie

Von der Praxis zu den
Grundlagen

Springer

Ulrike Häßler
Krefelder Str. 27

52070 Aachen

Frank Pfennig
Sophienstr. 29

41065 Mönchengladbach

Dietmar Wüller
Ostlandstr. 48

50858 Köln

Die Deutsche Bibliothek – CIP-Einheitsaufnahme

Häßler, Ulrike: Digitale Fotografie: Von der Praxis zu den Grundlagen / Ulrike Häßler; Frank Pfennig; Dietmar Wüller. – Berlin;
Heidelberg; New York; Barcelona; Budapest; Honkong; London; Mailand; Paris; Santa Clara; Singapur; Tokio; Springer, 1998
(Edition PAGE).
ISBN-13: 978-3-642-95847-2   e-ISBN-13: 978-3-642-95846-5
DOI: 10.1007/978-3-642-95846-5

Umschlaggestaltung: Künkel + Lopka Werbeagentur, Heidelberg
Texterfassung durch die Autorin

SPIN 10569187   33/3142 – 5 4 3 2 1 0 – Gedruckt auf säurefreiem Papier

EINE VERSILBERTE UND POLIERTE METALL-
PLATTE WIRD IN EIN KÄSTCHEN GELEGT, IN
WELCHEM JODKÖRNER ERWÄRMT WERDEN, SO
DASS SICH JODDAMPF HAUCHDÜNN AUF DIE
PLATTE LEGT. DIE BELICHTUNG ERFOLGT
DURCH ÖFFNEN DER LINSE EINER CAMERA
OBSCURA IN DER DAUER VON EINIGEN MINU-
TEN. DIE PLATTE, IN EIN ANDERES KÄSTCHEN
GEBRACHT, WIRD ANGEWÄRMTEM, VERDAMPF-
TEM QUECKSILBER AUSGESETZT, DAS LATENTE
BILD WIRD HERVORGERUFEN. SCHLIESSLICH, IN
EIN LAUWARMES BAD VON SALZWASSER GE-
LEGT, VERSCHWINDET DIE RESTLICHE LICHT-
EMPFINDLICHKEIT, UND DAS BILD DIESES
UNIKATS IST FIXIERT.
TECHNIK DER DAGUERREOTYPIE.

Für alle, die auf uns warteten.

VORWORT

Das Fortschreiten der digitalen Fotografie ist nicht mehr aufzuhalten. Selbst wenn sie für den einen oder anderen Fotografen noch nicht in Betracht kommt, ist es doch wichtig, daß er bereits jetzt beginnt, sich mit der Technik vertraut zu machen. Den Umgang mit dem Computer erlernt man nicht »mal eben«. Ein Scanner und ein vernünftig ausgestatteter Computer genügen schon, um anzufangen.

Während der Entstehung dieses Buches wurden wir häufig gefragt, warum der Untertitel *Von der Praxis zu den Grundlagen* heißt und nicht umgekehrt.

Dahinter steckt die Absicht, die digitale Fotografie als das darzustellen, was sie wirklich ist: ein neues Handwerkszeug für Fotografen. Allein aufgrund der digitalen Fotografie wird kein Fotograf arbeitslos. Der Blick für Motiv, Bildausschnitt, Gestaltung und die Fähigkeiten der Lichtsetzung sind weiterhin die Faktoren, die einen guten Fotografen ausmachen. Mit der digitalen Fotografie gibt es allerdings neue Möglichkeiten im Hinblick auf Qualitätssteigerung, Nachbearbeitung, Archivierung und Kommunikation mit dem Kunden.

Daß der Umgang mit diesem Handwerkszeug erlernt werden muß und Kenntnisse über die neue Technik von Nöten sind, versteht sich von selbst. Genau an diesem Punkt spiegelt sich der Aufbau dieses Buches mit seinem roten Faden wider: Dieses Buch ist für die Anwender der digitalen Fotografie geschrieben.

Dieter Schill, Köln

Mike Heß, Aachen

Frank Pflug, Mönchengladbach

INHALT

Übersicht   1

Digitale Fotografie in der Praxis   3

1.1 Studiofotografie   4
1.2 On Location   22
1.3 People   24
1.4 Potentiale der digitalen Fotografie   28
1.5 Auswahl der richtigen Kamera   36
1.6 Ausstattung digitaler Kameras   38
1.7 Die Zutaten für das digitale Fotostudio   42

Bildbearbeitung   45

2.1 Digitale Qualität   46
2.2 Fang den Pixel – Bildretusche   74
2.3 Korrigiert, montiert & verbogen: Retusche   94
2.4 Wenn der Computer Augen macht   110
2.5 Photoshop-Nachlese   124

Technik der digitalen Fotografie   **129**

3.1 Grundlagen der digitalen Fotografie   130
3.2 Die digitale Kamera   135
3.3 Lichtquellen   158
3.4 Speicherung der Bilder in der Kamera   160
3.5 Datenübertragung   164
3.6 Dateiformate   170
3.7 Speicher, Archivierung und Datentransport   176
3.8 Ausgabe von Bildern   180
3.9 Kalibrierung und Colormanagement   197

Tips aus der Praxis   **205**

4.1 Rechnerausstattung   206
4.2 Troubleshooting   210
4.3 Pixelalben: Bilddatenbanken   216
4.4 Bildbearbeitungssoftware   218
4.5 Von Copyright und Wasserzeichen   223

Anhang   **227**

Glossar   **235**

Dienstleister   **249**

Hersteller   **251**

Literatur   **253**

Index   **255**

ÜBERSICHT

Aller guten Dinge sind drei. Deswegen haben hier drei Autoren ihr Wissen und ihre Erfahrung zusammengetragen, um einen neuen Themenkreis umfassend abzudecken: die digitale Fotografie.

Aus der Praxis eines digitalen Studios berichtet Frank Pfennig in Kapitel 1, wie sich der Umgang mit der neuen Technik gestaltet, wie sich das klassische Studio des Fotografen wandelt, mit welchen neuen Anforderungen er sich konfrontiert sah, seitdem er sich in das technische Neuland stürzte und last but not least, was sich für seine Kunden geändert hat.

Das digitale Studio in der Praxis

Als die »digitale Dunkelkammer« wurde die elektronische Bildbearbeitung oft bezeichnet. Ulrike Häßler beschreibt, was die elektronische Bildbearbeitung dem Foto in puncto Qualität zu bieten hat, zeigt die Grundlagen für Retusche und Montage und wie das Foto optimal für den Druck vorbereitet wird. Wer die Grundlagen aus der »richtigen Dunkelkammer« noch im Hinterkopf hat, hat sein Foto hier bald wieder voll und ganz im Griff.

Praxis der Bildbearbeitung

Was ändert sich am Umgang mit der Kamera, wenn im Rückteil auf einmal ein Chip statt eines Films die Welt einfängt? Was passiert mit der vorhandenen Ausstattung des Fotografen, sei es mit den Objektiven und dem Licht? Und für den Einsteiger die größte aller Fragen: Wie arbeiten Computer, Drucker und digitale Kamera zusammen? Dietmar Wüller erklärt in Kapitel 3 Zusammenhänge, Technik und Hintergründe der digitalen Fotografie.

Technik der digitalen Fotografie

Mit der digitalen Fotografie zieht der Computer in das Fotostudio. Welche Ausstattung der Computer für alle Fährnisse der digitalen Fotografie braucht, viele Tips, wie man mit den kleinen Stolperfallen der Technik umgeht, welche Software dem Foto den letzten Schliff verleiht und wie man die Bilderflut auf dem Computer bändigt – das sind die Themen in Kapitel 4.

Tips aus der Praxis

Erfahrungen aus anderen Bereichen neben der Studiofotografie kommen im Anhang zur Sprache. Ein Glossar bringt wenigstens alphabetische Ordnung in das neue Sprachwirrwarr und ein Rundumschlag unter Lieferanten, Herstellern und Dienstleistern rund um die digitale Fotografie darf auch nicht fehlen.

Anhang

Für meine Frau Angela,
meine Tochter Julia und
meinen Sohn Jan

Es ist noch kein Meister vom Himmel gefallen, und
wenn, dann hat er es nicht überlebt.

Papan: Die kleine Fotoleere

1 DIGITALE FOTOGRAFIE IN DER PRAXIS

1.1 Studiofotografie 4
  1.1.1 Der Sprung ins digitale Wasser 4
  1.1.2 Das Handling mit meiner digitalen Sofortbildkamera 12
  1.1.3 Es werde Licht 14
  1.1.4 Archiviertes Chaos 18
  1.1.5 Rund um Banken, Kunden und Dienstleister 20

1.2 On Location 22

1.3 People 24

1.4 Potentiale der digitalen Fotografie 28
  1.4.1 Genaues Arbeiten vorausgesetzt 28
  1.4.2 Value Added 31
  1.4.3 Reproduktionen 34

1.5 Auswahl der richtigen Kamera 36

1.6 Ausstattung digitaler Kameras 38

1.7 Die Zutaten für das digitale Fotostudio 42

Zu meiner Person

Das Licht der Welt erblickte ich 1965 und wollte natürlich nicht sofort Fotograf werden. An erster Stelle standen üblicherweise erst einmal die Nahrungsaufnahme, eigenständige Beweglichkeit und der Wunsch, das formulieren zu können, was ich wollte. Später dann, mit 13, 14 Jahren, kam der Wunsch, Fotograf zu werden. Nach der Schule folgten Ausbildung und mehrere Assistentenstellen. 1991 war es dann endlich soweit. Ich konnte meinen Wunsch nach beruflicher Selbständigkeit realisieren.

Die Faszination und Begeisterung für die Bildgestaltung und deren Umsetzung mit dem Ziel, Dinge ins rechte Licht zu setzen, sind für mich eine große Herausforderung. Ich liebe meinen Beruf, weil er mir immer neue Motivation und so auch immer neue Aufgaben stellt. Es wird einfach nie langweilig und macht eine ganze Menge Spaß.

Frank Pfennig

1.1 Studiofotografie

Daß mein Arbeitstag aufgrund der Umstellung zur digitalen Fotografie nun kürzer wird, war leider ein Trugschluß. Ich und Computer – wenn, dann höchstens um meine Rechnungen zu schreiben – aber nun wird separiert, retuschiert, konvertiert und wenn es sein muß, auch manipuliert.

1.1.1 Der Sprung ins digitale Wasser

Meine erste digitale Kamera lernte ich bei meinem Kollegen Stefan Schumacher kennen. Es war eine One-Shot von Sony. Solch eine Technik wollte ich natürlich auch haben und forderte noch am gleichen Tag die Unterlagen diverser Hersteller von digitalen Kameras an. Mit einigen vereinbarte ich auch einen baldigen Demo-Termin.

Mit einer One-Shot-, Multi-Shot- oder Chipkamera konnte ich zwar blitzen und hatte das Ergebnis sofort auf dem Bildschirm, aber auf Kosten der Auflösung und so auch der späteren Druckqualität und deren Größe.

Ein Scanrückteil lieferte mir zwar die gewünschte Auflösung, die auch bereits die Qualität eines Trommelscans erreicht, hatte aber den Nachteil langer Belichtungszeiten und bot nur einen eingeschränkten Einsatz auf bewegliche Aufnahmeobjekte.

Pixel satt

Nach einigen Testkandidaten, dem Durchlesen unzähliger Fachberichte und nach mittlerweile einem dreiviertel Jahr stand meine Kaufentscheidung fest.

Ein Scanrückteil der Firma Dicomed mit einer satten Dateigröße von 129 Megabyte, einer Farbtiefe von 30 Bit, einer maximalen Auflösung von 6500 x 7520 Pixel und einer 1-GB-Festplatte sollte es sein.

Dank des Scanrückteils konnte ich meine Fachkamera samt Objektiven behalten und mit dem Einstelllicht der Blitzanlage vorerst weiterarbeiten. Es dauerte allerdings nicht lange, und ich bestellte mir noch einige Heißlichtmodule.

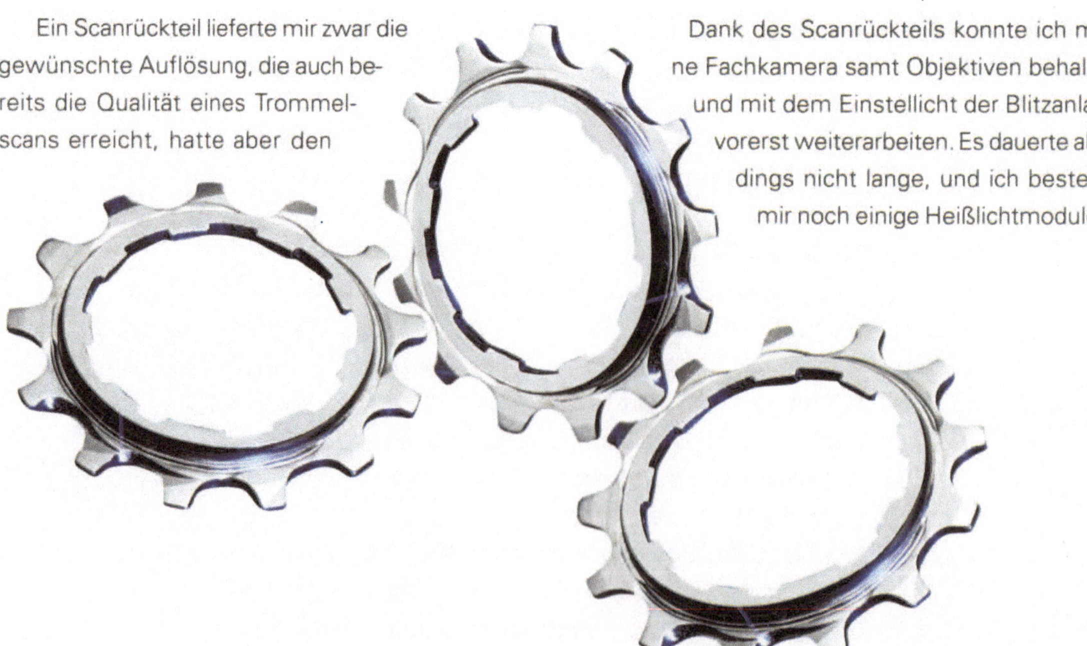

- Das eigene Aufgabengebiet entscheidet natürlich maßgeblich über die eingesetzte Technik: Bewegte Aufnahmemotive lassen sich nur mit der Chipkamera oder dem Chipback realisieren.

- Serienproduktion oder individuelle Arbeiten verlangen unterschiedliche Systeme: Für Einzelproduktionen kann eine Scankamera eingesetzt werden, für die Serienproduktion braucht man die Geschwindigkeit der Chipkamera oder des Chipbacks.

- Die Auflösung und der daraus resultierende Datensatz entscheidet über die Größe des Fotos. Für die Qualität eines 18 x 24-Dias sind mindestens 6000 x 7500 Pixel nötig.

- Erst eine Farbtiefe von 30 Bit und mehr liefert den abbildbaren Dichteumfang, der höchste Qualität im Druck verspricht.

- Die Wahl eines Chipbacks oder einer Chipkamera erlaubt ein Arbeiten sowohl mit Blitz- als auch mit Heißlicht. Wenn eine Scankamera angeschafft wird, kann ausschließlich mit Dauerlicht gearbeitet werden.

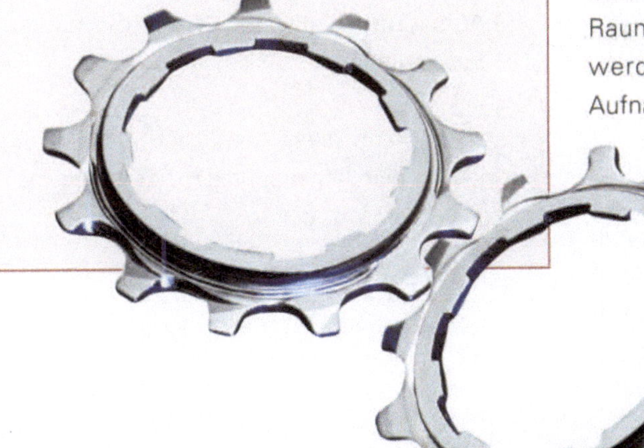

Nachdem ein Computerfachmann meine Hardware um ein Wechselplattenlaufwerk, eine externe Festplatte, Farbdrucker, CD-Brenner und eine Menge Arbeitsspeicher erweitert und ein Techniker vom Kamerahersteller die nötige Software installiert hatte, konnte es losgehen.

Kleine Hindernisse

Mein erstes digitales Bild entstand, und ich war fürchterlich enttäuscht. Das was ich am Bildschirm sah, hatte nämlich nichts mit dem zu tun, was ich abgelichtet hatte. Die Farben stimmten hinten und vorne nicht. Ich kalibrierte Bildschirm und Kamera neu, aber nichts änderte sich.

Konnte es auch nicht, weil ich den IR-Sperrfilter vor dem Objektiv vergaß. Was ich nämlich nicht wußte war, daß CCD-Sensoren, welche die gesamte Lichtintensität registrieren, empfindlicher auf rotes als auf blaues Licht reagieren.

Der zweite Versuch gelang schließlich, und ich war begeistert. Was für eine Detailschärfe und mit welcher Geschwindigkeit das Ergebnis des Shootings sichtbar war! Dieses erste Erlebnis zwischen Begeisterung und Enttäuschung sollte sich bis heute in regelmäßigen Abständen wiederholen, und die Faszination an der neuen Technik gestaltete sich immer mehr zu einem spannenden Abenteuer.

Neue Techniken, neue Arbeitsweisen

Daß sich nun meine Arbeitsweise ändern mußte, lag auf der Hand. Neben der neuen Lichtcharakteristik durch die Umstellung auf das Heißlicht mußte von nun an auch alles Fremdlicht wie Raumbeleuchtung und Tageslicht ausgeschaltet werden (siehe dazu auch Kap. 1.1.3 und 3.3). Aufnahmeplatz sowie Kamerastandpunkt müssen schwingungsfrei gehalten werden. Dazu kam noch die Tatsache, daß elektromagnetische Felder wie die von Steckdosen oder Computerverkabelungen den einwandfreien Betrieb der Aufnahmeeinheit empfindlich stören können.

An dieser Stelle sei aber gesagt, daß sich diese Probleme mit den einfachsten Maßnahmen leicht beheben lassen – wenn man erst einmal herausgefunden hat, wo das Problem seinen Ursprung hat. Elektromagnetische Felder lassen sich problemlos durch eine Metallplatte oder Alufolie abschirmen. Schwingungen an Aufnahme- und Kamerastandpunkt vermeidet man mit einfachem Beschweren des Bodens – z.B. mit sandgefüllten Chemiekanistern.

Da es noch wenig praktische Erfahrung im täglichen Umgang mit digitalen Systemen gibt, sind detektivische Begabung und die eigene Kreativität hier sehr gefragt.

Das geänderte Berufsbild

Wenn ich überlege, was ich alles dazulernen mußte, hat unser Beruf nicht mehr allzuviel mit dem Berufsbild eines Fotografen im klassischen Sinne zu tun. Ich denke aber, um dieser neuen Medienlandschaft gerecht zu werden, wird diese Technik in jedem Studio Einzug halten und die bis jetzt angebotenen Dienstleistungen sich um ein Vielfaches erweitern.

Mit Sicherheit ist die heute angebotene Technik noch nicht zu 100% ausgereift und steckt teilweise noch in ihren Kinderschuhen. Aber bei der Geschwindigkeit neuer Entwicklungen wird es keine zwei Jahre dauern, bis wir auf ein Arbeitswerkzeug zurückgreifen können, das dem Anspruch an ein professionelles Aufnahmesystem vollauf gerecht wird.

Der geänderte Arbeitsplatz

Das gemütliche Studio des Fotografen hat sich in eine Techniklandschaft verwandelt. Neben dem Aufnahmetisch und den Lampen hat sich der Tisch mit dem Computer angesiedelt, von dem aus ich Auf-

---

Stolpersteine im Digitalstudio

– Staub im Studio verursacht die unbeliebten Scanfehler, nach deren Ursache man anfangs lange forscht.

– Stromschwankungen, weil selten 220 Volt im Netz vorhanden sind, führen zu Ausfällen in langen Einstellungen.

– Elektromagnetische Felder, die vorzugsweise vom Laserdrucker verursacht werden, führen zu Ablenkungen.

– Schwingungen und Erschütterungen bei Baumaßnahmen in unmittelbarer Nähe erzeugen Scanfehler – Schlangenlinien an den Kanten.

– Fremdlicht von Deckenbeleuchtungen oder Sonneneinstrahlung verfälscht die Farben und führt zu unkontrollierten Reflexen.

– Immer wieder erscheinen »Geister« auf den Aufnahmen – dann ist wieder einmal jemand durch den Set gelaufen, der nicht darauf geachtet hat, daß eine Aufnahme läuft.

– Ein eingeschaltetes Handy neben der Aufnahmeeinheit meldet sich mit bunten Scanzeilen.

Natürlich kann diese Liste nicht vollständig sein – sie gibt Anhaltspunkte, bei denen man anfangen kann zu suchen.

nahmen einrichte. Die Lauferei zwischen Aufbau und Kamerastandpunkt ist natürlich die gleiche geblieben, aber was der Vorteil ist: Der Monitor ersetzt die Mattscheibe.

Ein helles, brillantes und vor allem großes Bild ersetzt den grauen und diffusen Mattscheibensehtest. Zudem kann ich nun das aufgebaute Arrangement im richtigen Ausschnitt und nötigen Betrachtungsabstand auf mich einwirken lassen. Ich verändere den Bildausschnitt, ohne an der Kamera herumzuwerkeln.

Wie sieht meine eigene Hardware aus

Ich arbeite mittlerweile mit zwei Rechnern. Natürlich nicht von Anfang an, aber als ich nicht mehr dazu kam, meine Rechnungen zu schreiben, weil das Scanrückteil die Kiste in Dauerbeschlag hielt, mußte sich etwas ändern.

Gesagt und getan. Ein zweiter kleiner Mac war von nun an nur noch dazu abgestellt, die Scaneinheit anzusteuern. Das Ganze noch vernetzt, und schon waren neue Ressourcen geschaffen. Der zweite Mac dient jetzt zur direkten Weiterverarbeitung und zum Schreiben von Rechnungen. Nicht zu vergessen, daß von hier meine »Polaroids« gesteuert werden. So nenne ich heute meine Tintenstrahlausdrucke in A4 – die inzwischen endlich in Fotoqualität möglich sind. Einige Kunden nutzen diese Ausdrucke sogar als Druckvorlage. Die Kosten für diese tollen Ausdrucke sind dabei nicht einmal höher als das »echte« Polaroidmaterial.

Weiche Ware – Software

Die Softwarekosten halten sich bei mir noch deutlich im Rahmen. Die Scansoftware bzw. der Browser ist im Kauf des Dicomed-

Scanrückteils enthalten. Das einzige, was ich noch dazukaufen mußte, waren der Photoshop zur Weiterverarbeitung und die Norton Utilities, um auftretende Fehler im Rechnerbetrieb auch einmal ohne Schweißperlen auf der Stirn und ohne den Schrei nach dem Techniker zu beheben.

Ich habe Software immer erst einmal auf dem Rechner meiner Kollegen getestet, um mich dann zu entscheiden, welches Programm das richtige für mich wäre. Nach der Feststellung, daß es sich um eine gute Software handelt und daß ich damit mein Geld – jedenfalls zum Teil – verdiene, habe ich das Programm käuflich erworben.

Aus der Sicht des Kunden und Auftraggebers

Ein von mir am Anfang nicht berücksichtigtes Problem ist, daß es doch noch viele Kunden gibt, die ihre Produkte nicht über den Weg der digitalen Fotografie visualisieren lassen. Meiner Meinung nach liegt es zum einen daran, daß weiterverarbeitende Dienstleister manchmal nicht unbedingt auf dem neuesten Stand der Technik stehen oder Angst davor haben, daß sie Aufgaben, die sie bis dato übernommen haben, nicht mehr bearbeiten müssen (und abrechnen können!). Zum anderen herrscht bei einigen Kunden natürlich noch eine gewisse Vorsicht dem neuen Medium gegenüber.

Meinungen, wie Unschärfe, nicht genügend vorhandene Farbtiefe, etwas für Amateure, »ich brauche aber zum Scannen die volle Power eines Großformatdias«, und zum Schluß noch: »Ist doch bestimmt viel zu teuer«, sind als Argumentation gerade bei Neukunden häufig an der Tagesordnung.

Der Arbeitsplatz des Digitalfotografen

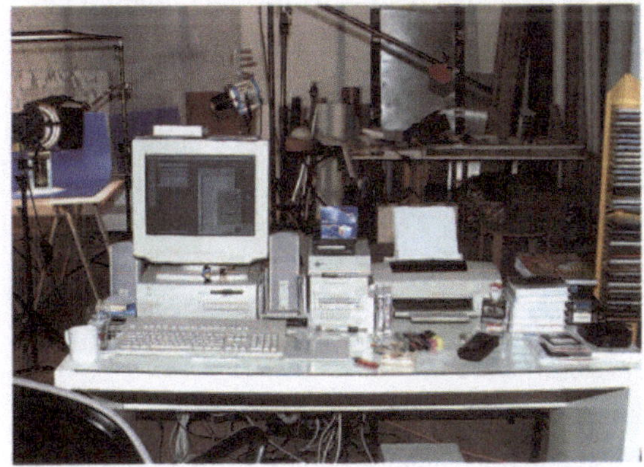

Die digitale »Filmentwicklung« auf Rädern.

Heute stolpere ich nicht mehr über herumliegende Planfilmkassetten, sondern über ständig neue Kabelfallen.

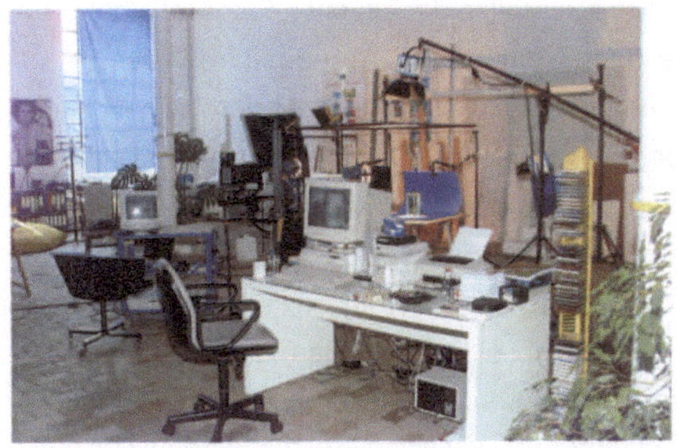

Diesen Argumenten begegne ich heute durch eine Einladung in unsere Kunst-Werk-Studios. Der Kunde bekommt anhand seines Produktes eine ausführliche Demonstration – angefangen bei den neuen Möglichkeiten der digitalen Aufnahmetechnik bis hin zur nachfolgenden elektronischen Weiterverarbeitung. Das so entstandene Motiv wird dann entweder als Dia ausbelichtet oder als Digitalprint ausgedruckt. Am Ende hat der Kunde dann das gute Gefühl, professionell, kompetent und vor allem informativ bedient worden zu sein.

Allianzen

Einfache Retuschearbeiten nehme ich mittlerweile selber vor, wobei ich hier auch ganz klar sagen muß: Wenn es zu kompliziert wird, übernehmen meine Partner im Studio die Weiterverarbeitung. Beide sind seit Anfang der elektronischen Bildbearbeitung voll und ganz im Thema, und so entstehen dank dieser Zusammenarbeit Bilder, die eben fotografisch alleine nur unter sehr hohen Kosten oder überhaupt nicht zu realisieren wären.

Ich kann jedem Fotografen einen Zusammenschluß in solchen Ateliergemeinschaften nur anraten – dabei ist es vollkommen unerheblich, ob das Ganze räumlich getrennt oder in einem Komplex stattfindet.

Alles unter einem Dach

Es ist Unsinn, wenn Kollegen ihr Einzelkämpfertum propagieren – ausschließlich aus der Angst heraus, daß sie als Fotograf überflüssig werden könnten.

Seit der Gründung unserer Ateliergemeinschaft, den Kunst-Werk-Studios, zu der heute neben Grafikdesignern, Illustratoren und Spezialisten für Computergrafik und Modelling auch andere Fotografen gehören, profitieren alle in nicht unerheblichem Maße. Dank dieser Zusammenschlüsse lassen sich nun auch Projekte realisieren, die dem einzelnen nicht möglich wären.

Vorteile der digitalen Fotografie

Seit der Umstellung von der analogen Fotografie zur digitalen (heute sind es 95% digitale Aufnahmen und 5% analoge Aufnahmen) spare ich außer Verbrauchsmaterialien wie Filme und Polaroids diverse Laborfremdkosten und nicht zu vergessen eine Menge an Kurierkosten. In den meisten Fällen übertrage ich meine Bilder über die ISDN-Leitung und bekomme so auch ziemlich schnell ein Feedback des Auftraggebers.

Zu den weiteren Vorteilen gehören insbesondere ein verlustfreies Kopieren, ein übersichtliches und platzsparendes Archiv, die sofortige Kontrolle auf dem Bildschirm, an dem ich Farben und Kontrast direkt einstelle oder eine grundsätzliche Überarbeitung vornehme.

Das Ergebnis ist natürlich schneller auf dem Bildschirm, als der belichtete Film aus der Filmentwicklung auf dem Tisch liegt. Aber die Zeiten, als ich ein Dia abgab und der Job erledigt war, sind vorbei. Das Mehr an Verantwortung und der erweiterten Dienstleistungspalette zahlt sich aus, und es macht Spaß, der neuen Medienlandschaft gerecht zu werden, neue Techniken zu erlernen, die unsere Dienstleistungen erweitern und die abgeforderten Arbeiten verbessern.

Nachteile der digitalen Fotografie

Zu den Nachteilen der digitalen Fotografie gehören die doch sehr hohen Anfangsinvestitionen für Kamerarückteil, Computer, kalibrierbaren Monitor, Speichermedien, CD-Brenner und einer Heißlichtanlage. Nicht zu vergessen die Zeit, die man damit verbringt, sich in diverse neue Techniken einzuarbeiten, das Lesen von zahlreichen Fachartikeln und solchen, die es vielleicht werden sollten. Es ist nicht einfach, die Spreu vom Weizen zu trennen und sich nicht verwirren zu lassen. Bei mir waren es unzählige Nächte, literweise Kaffee und eine nicht mehr ganz so verständige Ehefrau.

| **Vorteile der Digitalfotografie** | **Nachteile oder Geburtsschmerzen?** |

Vorteile der Digitalfotografie

– Der Fotograf sieht das Ergebnis sofort auf dem Bildschirm.

– Durch die Möglichkeit, sich auf mehrfache Vergrößerung in das Bild zu zoomen, sieht man jedes Staubkorn und jede kleinste Schwäche der Aufnahme.

– Die Aufnahme wird am Bildschirm bereits anhand eines schnellen Prescans korrigiert, bevor es zum eigentlich Schuß kommt.

– Kosten für Labor, Filmmaterial, Polaroids und Scans fallen weg.

– Keine Qualitätsverluste durch das Einscannen vom Dia.

– Manipulation und kosmetische Eingriffe sind sofort möglich.

– Die Zeit für das Einlegen von Filmen und das Wechseln der Kassetten entfällt.

– Arbeiten des tradionellen Fotostudios, die zwischenzeitlich in die Lithoanstalten abgewandert sind, kommen zurück ins Fotostudio.

Nachteile oder Geburtsschmerzen?

– Hohe Anfangsinvestionen für Hardware, digitale Aufnahmeeinheit, Beleuchtung und Software.

– Vorbehalte bei einigen Kunden.

– Weiterverarbeitende Dienstleister blocken, da der Fotograf ihnen Konkurrenz macht.

– Beim Scanteil: Die Scanzeiten sind lang, so daß Erschütterungen, Fremdlicht und bewegte Motive eine unkontrollierbare Auswirkung auf die Aufnahme haben. Elektromagnetische Felder und Stromspitzen verursachen Scanfehler. Blooming und Rauschen mindert die Bildqualität.

– Bei der Chipkamera: Eine relativ geringe Auflösung, Farbrauschen und Blooming mindern physikalisch bedingt die Bildqualität. Manchmal macht eine zu geringe Dichte Tonwertkorrekturen schwieriger.

1.1.2 Das Handling
mit meiner digitalen Sofortbildkamera

Versuche ohne Ende

Am Handling meiner Fachkamera hat sich bei der Umstellung vom Film auf das digitale Rückteil nichts geändert: Parallelverschiebung, Scheimpflug und Perspektiveneinstellung arbeiten wie eh und je. Das Scharfstellen funktioniert genauso wie bei der »rich-

tigen« Kamera – bis auf den Umstand, daß heute weniger Licht bis zur Filmstandarte gelangt als früher. Der unbedingt erforderliche IR-Sperrfilter schluckt nämlich eine große Portion Licht. Gilt es, ein Produkt, das nicht warm werden darf, mit meinen Arri-Systemen auszuleuchten, bleibt nur noch die Wahl eines 600- oder 800-Wattstrahlers. Es versteht sich von selbst, daß so nicht unbegrenzt abgeblendet werden

kann. Also besinnt man sich schnell wieder auf eine peinlich genau Scharfstellung: natürlich unter voller Ausnutzung des Schärfebereichs dank Scheimpflug.

Treffer, versenkt

Ganz einfach. Statt der Planfilmkassette wird nun das Scanrückteil geladen. Ein gezielter Blick auf den Monitor und schon findet eine Kontrolle statt, die selbst auf dem Dia in der Form nicht möglich wäre: Jedes noch so kleine und vergessene Staubkörnchen wird als häßlicher Pixelklumpen aufgespürt und sichtbar. Sollte dann doch der Staubteufel zugeschlagen haben, ist es eine Sache von wenigen Minuten, die Aufnahme zu wiederholen.

Stellen Sie sich einmal alleine den Zeitaufwand bei einem anlogen Schuß vor. Man muß sicher nicht besonders darauf hinweisen, daß diese neue Form der schnellen Staubaufspürsysteme auch Aufhellpappen, Fotoknete oder sonstige Hilfen für den Aufbau einschließt.

Rock´n´ Roll im Fahrstuhl

Eine Tatsache darf hier nicht unerwähnt bleiben: Scanrückteile vertragen nahezu keine Schwingungen. Weder Aufnahmeobjekt, Aufnahmetisch noch die Kameraeinheit darf in Schwingungen geraten. Wellenförmige Kantenbildung wäre sonst die unweigerliche Folge.

Früher einfach geblitzt und alles war eingefroren – das ist bei der Scantechnik heute nicht mehr möglich. In der Zeit, während der in unmittelbarer Nähe

meines Studios eine Maurerko-
lonne ihr Unwesen trieb, behalf
ich mir durch das Beschweren
der betroffenen Stellen mit Chemiekanistern, die mit Wasser und
Sand gefüllt waren. Von einem
Kollegen weiß ich, daß er in einem ähnlichen Fall einfach auf-
geschnittene Tennisbälle unter
die Aufnahmeplatte gelegt hat.
Beide Methoden erzielten in
den geschilderten Situationen
schnelle Abhilfe. Gut, daß Fotografen auch kreativ sind.

Reisen und Transport

Beim Transport der Scaneinheit
und des Computers bedarf es weniger der Kreativität. Scaneinheit,
Laptop oder Desktop-Computer
samt Kabeln einfach in eine Trans-
portkiste packen, und es kann
losgehen.

*Horseman, 4 x 5"-Rückteil, 240er Sironar (Rodenstock),
Blende 16, Mischlicht, Scanrückteil: Dicomed,
Scanzeit: 2 Minuten, Dateigröße in RGB: 30 MB,
Der Hintergrund ist ein Ausschnitt aus der Platte, auf der das Objekt während
der Aufnahmen stand – die blaue Farbe wurde durch eine selektive
Farbkorrektur erzielt. In das Motiv wurde Bewegungsunschärfe eingerech-
net und mit dem Hintergrund montiert.*

1.1.3 Es werde Licht

Ohne Licht geht gar nichts. Und erst recht nicht in der Digitalfotografie. E6 wird zu D6. Hier ist nichts mit Pushen und Schieben und Drücken. Gnadenlos kommt jeder Belichtungsfehler auf den Bildschirm. Dafür aber in kürzester Zeit, und nicht erst nach mehreren Stunden, wenn das Dia auf dem Leuchtkasten liegt.

Eine alte Diskussion: Blitzlicht versus Heißlicht (oder wie ich überzeugt wurde)

Mit der Digitalisierung habe ich mich von einem Blitzlichtfotografen zu einem Heißlichtfotografen entwickelt, weil die Scankamera kein Blitzlicht verträgt – welches System kann schon 2 bis 3 Minuten dauerblitzen. Der Blick auf den Monitor, der mir erbarmungslos die Lichtsituation – insbesondere in den kritischen Tiefen – offenbart, hat mich von der Qualität der Heißlichtsysteme überzeugt. Diese Form der Kontrolle ist dem Blick auf das Einstellicht des Blitzes einfach überlegen.

Ansonsten liegt der Unterschied zwischen analogem und digitalem Shooting vom Prinzip her in der Tatsache, daß genauer gearbeitet werden muß und aufgrund der langen Scanzeiten andere Lichtgesetzmäßigkeiten herrschen. Wie es scheint, eine Kleinigkeit – dachte ich zumindest.

Nachdem ich allerdings meine geliebten Lichtkanten vergebens auf dem Bildschirm suchte und sich statt dessen ein häßlicher großer Lichtpunkt zeigte, zu dem auch noch als Beigabe lange Lichtstreifen kamen, habe ich ein paar alte Arbeitsweisen wieder hervorgeholt.

Spannrahmen und Folien

Meine Spannrahmen wurden wieder entstaubt und meterweise Diffusionsfolie geordert. Das Licht wird durch die Folie geschickt, wird diffus und weicher, und die Eigenhelligkeit des Lampenkörpers reflektiert nicht mehr so hart ein. Hier kann mit den gleichen Folien und Stoffen gearbeitet werden, die auch in der analogen Fotografie eingesetzt werden.

Nach einem neuen Versuch zeigte sich dann auch eine Verbesserung. Sollte aber bei einer Aufnahme der Einsatz dieser beiden Dinge nicht möglich sein (etwa wenn ich ein begrenztes Effektlicht auf einen spiegelnden Körper setzen möchte), verwende ich ein Stück Pappkarton. Einfach für eine gewisse Zeit vor die Lampe halten (natürlich nur bei Effektbeleuchtung, wie durch einen Spot) und schon haben wir ein Problem weniger: Die dicken häßlichen Lichtpunkte mit Koronabildungen sind jetzt einfach schöne kleine Reflexe.

Fremdlichteinstrahlung

Tageslicht und Fremdlicht ganz allgemein müssen eliminiert werden. Bei den langen Scanzeiten verändern eine vorbeiziehende Wolke oder eine unachtsam geöffnete Tür die vorher sorgfältig gemessenen Werte und führen zu unkontrollierbaren Erscheinungen. Stellwände, Stoffvorhänge, Pappen und Jalousien müssen helfen, wenn ein Studio über große Fensterflächen und viele Türen verfügt.

Lichtstimmung

Bei Aufnahmen mit meinem DDC-Rückteil wurde von mir die Tatsache unterschätzt, daß nicht mehr ohne weiteres das Objektiv z.B. auf Blende 45 eingestellt werden kann. Aufnahmen, bei denen eine größtmögliche Schärfentiefe erreicht werden muß, sind durch alleiniges Abblenden auf – im Schnitt – Blende 11 bis 16 selten machbar. Ein Mehr an Licht ist zwar möglich, aber leider auf Kosten der Lichtstimmung. Wird diese Tatsache aber positiv betrachtet, kommen wir dadurch in den Genuß, unsere Fähigkeiten in Sachen Scheimpflugsche Regeln zu vervollkommnen. Auch hier die schon bekannte Sache, was das genauere Arbeiten angeht. Aber was kann schlimm daran sein,

Horseman, 4 x 5"-Rückteil, 240er Sironar (Rodenstock), Blende 16, Heißlicht, Scanrückteil: Dicomed, Scanzeit: 4,5 Minuten, Dateigröße in RGB: 80 MB, Unmanipulierte Visualisierung.

wenn man in seiner täglichen Arbeit Perfektion im Umgang mit der Fachkamera entwickelt.

Der andere Weg

Was dagegen das Abblenden und die Schärfentiefe angeht, ist das Handling mit der Chipkamera etwas leichter. Da ich mit der Chipkamera natürlich auch wieder auf den Blitz zurückgreife, kann ich konventionell arbeiten und wie gehabt abblenden.

Hier gibt es den Chipback, der auf die Fachkamera aufgebracht wird, und die Chipkamera, die bei den professionellen Modellen auf herkömmlichen Spiegelreflexkameras aufbaut.

Der Nachteil der Chipkameras gegenüber den Fachkameras mit digitalem Chiprückteil, daß perspektivische Verzeichnungen nicht von vornherein zu beheben sind, wird durch die sogenannten Tilt-Shift-Objektive ausgeglichen. Diese Objektive ersetzen zwar keine Fachkamera, aber ein guter Kompromiß ist es allemal. Darum ist es auch hier bei der Kaufentscheidung einer digitalen Kamera nicht unerheblich, ob der Kamerahersteller ein TS-Objektiv im Programm hat.

Metall und Glas mit Heißlicht, Spannrahmen und Folien im Mietstudio fotografiert. Die Aufnahmen wurden in keinerlei Weise in der Bildbearbeitung manipuliert, sondern sind eine rein fotografische Arbeit.

Horseman, 4 x 5"-Rückteil, 240er Sironar (Rodenstock), Heißlicht, Blende 11, Scanzeit: 3 Minuten, Dateigröße in RGB: 88 MB.

Bei der heutigen Vielfalt des Kameramarktes wird wohl das richtige für jeden Fotografen dabei sein.

Die Arbeit mit Scanrückteil und Heißlicht
Man sollte darauf achten, qualitativ hochwertige Heißlichtbrenner einzusetzen, da sich bei einer langen Brenndauer bei minderwertigen Brennern die Farbe des Lichtes ändern kann.

Bei Großaufnahmen ist es kaum zu verkraften, wenn sich mit einem neu eingesetzten Brenner die Farbcharakteristik ändert. Insofern muß man auf eine kontinuierliche Qualität achten.

Die Lampe darf nicht vor die Kamera positioniert werden, da die aufsteigende flimmernde warme Luft die Aufnahme durch Auftreten von Unschärfen beeinträchtigt. Der Standort der Heißlichtmodule spielt ebenfalls eine sehr wichtige Rolle. Wenn man bedenkt, daß sie bis zu 250° heiß werden können, versteht es sich von selber, daß sie nicht in unmittelbarer Nähe von brennbaren Materialien aufgestellt werden können. Aus eigener Erfahrung kann ich jedem Kollegen nur raten, sich mit einem Vorrat an Bauhandschuhen einzudecken.

Wie auch beim Umgang mit der Studioblitzanlage sollte man, um keine bösen Überraschungen zu erleben, einen separaten und vor allem genügend abgesicherten Stromkreis verwenden. Wer einmal seine Daten verloren hat, weil Computereinheit und Be-

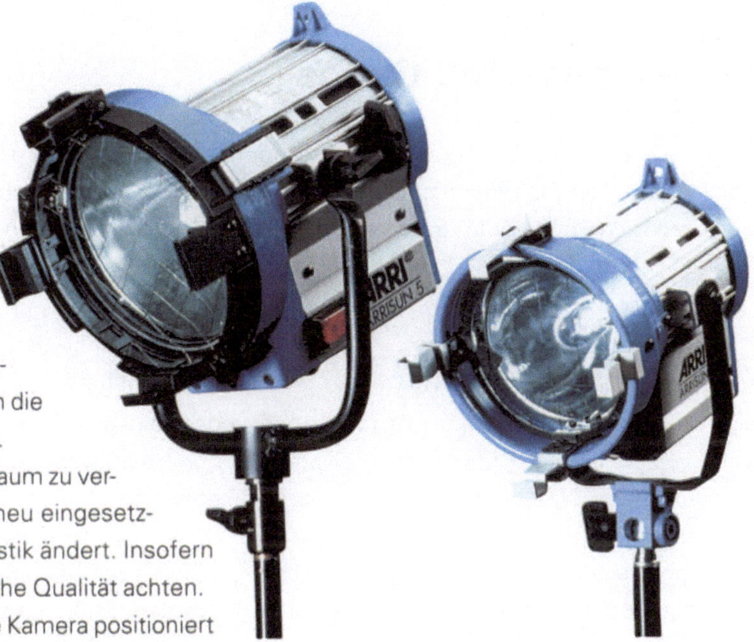

leuchtung über den gleichen Stromkreis geschaltet waren, weiß, welches Chaos daraus entstehen kann.

Auch sollten die Lampen nicht über eine Kabeltrommel betrieben werden. Es sei denn, man rollt das gesamte Kabelwerk ab, um so die Gefahr von Schmor- bzw. Kabelbränden auszuschließen.

1.1.4 Archiviertes Chaos

Da ich bis jetzt zwar regelmäßig meine entstandenen Datenmengen gnadenlos auf CD brenne, scheine ich den Mengeneffekt nicht beseitigt, sondern lediglich verschoben zu haben. Früher fand ich die Daten nicht, und heute finde ich die CD nicht, auf der die Daten gebrannt sind.

Ein Griff und die Sucherei geht los

Klar sind meine selbstproduzierten CDs mit Namen versehen, aber leider sieht man den Dateinamen nicht außen auf der CD. Gut, auch mein Dia- bzw. Negativarchiv ist nicht gerade das strukturierteste, aber ich strebe nach Verbesserung. Beim Schreiben dieses Buches bekam ich von meinen Mitautoren den Tip, mir doch eine Bilddatenbank, wie z.B. Cumulus, anzuschaffen. Auch aus der Erfahrung mit den Bilddaten zu diesem Buch muß ich sagen, daß es nicht mehr ohne Bilddatenbank geht.

Wer, wie, was?

Spätestens bei den Daten, die direkt für den Kunden wichtig sind, hört der Spaß aber auf. Auch hier am Anfang Fragen über Fragen. Was für ein Format braucht der Kunde, auf welchem Datenträger, für welche Plattform und für welchen Zweck werden die Daten benötigt – ausschließlich für den Druck oder auch zur Zweitvorlagenherstellung wie z.B. eines Dias? Bei den Ausbelichtungen stellt sich dann noch die Frage nach der Ausgabegröße oder ob sie – last but not least – für Digiproofs oder Pictrografics benötigt werden.

Bei mir sieht das heute so aus, daß ich fast ausschließlich die Kundendaten auf CD brenne, meistens im ISO-Format, um so auszuschließen, daß ein Rechner das Medium erst gar nicht erkennt. Hierbei ist allerdings gerade den Mac-Anwendern zu empfehlen, ihre Dateinamen mit einem Punkt und

einem TIFF, EPS, JPG zu versehen. Wenn das nicht der Fall ist, wird kaum ein Windows-Rechner so ohne weiteres in der Lage sein, diese Datei zu erkennen.

Wenn's schnell gehen soll

Werden Daten lediglich von A nach B und zurück transportiert, speichere ich meine Daten auf Jaz-Datenträger für die Iomega-Laufwerke. Sie sind schnell, sicher und vor allem passen eine Menge Bilder darauf. Dabei ist die Dateigröße jeweils davon abhängig, was der Kunde in der Weiterverarbeitung braucht. Bei Ausbelichtungen auf Film, um zum Beispiel hinterher Fotoserienprints zu bekommen, ist die Auflösung davon abhängig, ob ein Kleinbild, Mittelformat oder ein Großformatdia verlangt wird. Hier liegen die Datensätze bei ca. 20 bis 80 Megabyte.

Es gibt also eine Menge Fragen, die dringend vor der eigentlichen Aufnahme geklärt sein müssen, um eine gute Leistung abzugeben.

Garbage in, Garbage out

Damit diese ganze Technik auch wirklich einwandfrei funktioniert, versteht es sich wohl von selbst, daß die benötigten Gerätschaften im *kompetenten* Fachhandel am besten zu kaufen sind. Zum einen müssen wir uns darauf verlassen können, daß Hardware und Software immer zuverlässig laufen. Sollten dann doch einmal Fehler auftreten, müssen diese schnell beseitigt werden. Für mich sind

Support, Austausch in maximal 24 Stunden und ein Wochenend-Service sehr wichtig. Und zum anderen sollte man nicht an den Investitionen sparen, mit denen das Geld verdient wird.

Hat man einen guten Fachhändler gefunden, so besteht meist die Möglichkeit, die letzten Neuigkeiten auf dem Markt kostenlos zu testen. Ein Billiganbieter wird diesen Kundenservice wohl kaum bieten können.

Mein Tip: Lange Dateinamen helfen bei der Suche nach der richtigen Datei!!!

Horseman, 4 x 5"-Rückteil, 240er Sironar (Rodenstock), Blende 8, Heißlicht, Scanrückteil: Dicomed, Scanzeit: 1 Minute, Dateigröße in RGB: 5 MB.

1.1.5 Rund um Banken, Kunden und Dienstleister

Eine Frage, die auch mich sehr lange beschäftigt hat: Wie finanziere ich meinen Einstieg ins digitale Zeitalter? Schließlich wird das Ganze um einiges teurer als das traditionelle Studio, und das wiederum macht den Banken zu schaffen.

»Wir machen den Weg frei« oder »Vertrauen ist der Anfang von allem«, um nur zwei Werbeslogans nennen zu wollen, klingen ja doch sehr positiv. Leider sieht es in der Realität meist nicht so vielversprechend aus. Wenn ich höre, wie einige Banken mit einigen Kollegen über die geplanten Investitionen Rechenmodelle aufstellen und nur einen Bruchteil der Summe über die geplante Investition wohlwollend einräumen – natürlich nur bei doppelt so hohen Eigenkapitalmitteln. Abschließend erteilen Sie den Rat, das geplante Vorhaben doch lieber zu lassen, weil: »Welche Zukunft soll die digitale Fotografie haben?«. Oder besser noch: »Das, was ich von der digitalen Fotografie gesehen habe, ist ja wohl nicht das Gelbe vom Ei, Herr Berufsfotograf«.

Vertrauen ist immer persönlich

Die hier geschilderten Probleme müssen natürlich nicht überall so aussehen. Ich selber bin dieser Thematik entgegen gekommen, indem ich mir das zu investierende Gerät ausgeliehen habe und meine Sachbearbeiterin und den Filialleiter meiner Hausbank zu mir ins Studio eingeladen habe. Nach vier Stunden Demonstration der neuen Technik inklusive Weiterverarbeitung, lecker belegten Schnittchen, frischem Kaffee und viel Spaß, war die geplante Investition bei wenig Eigenkapital mit ordentlichem Zinssatz unter Dach und Fach. Vertrauen war hier wirklich der Anfang von allem. Ich denke, daß bei solchen Treffen das Verständnis beiderseits gehörig steigt. Aufklärung tut hier genauso not wie bei unseren Kunden.

Kunden und Honorare

Die häufigste Frage bei meinen Kunden ist die, ob ich für die geänderte Aufnahmeweise nun auch mehr Honorar verlangen würde. Ich habe für mich beschlossen, das nicht zu tun. Es gibt sicherlich viele Kollegen, die ganz anderer Meinung sind. Mehr Leistung, mehr Honorar.

Ich habe jedenfalls eine Menge neuer Kunden dadurch gewinnen können, daß ich meinen Tagessatz unverändert gelassen habe, schnellere Durchsatzzeiten anbiete, Verbrauchsmaterial auf einen Bruchteil reduziere und dem Kunden einen kompletten Datensatz zur Weiterverarbeitung überreiche.

Aber ich vergesse nie, ihm noch zu sagen, daß er bei aller Zeitersparnis auch noch das Scannen gespart hat. Mehr zufriedene Kunden, mehr Honorar.

Dienstleister

Daß diese Vorgehensweise einigen weiterverarbeitenden Dienstleistern, wie z.B. Lithoanstalten, nicht allzu sehr schmeckt, liegt auf der Hand. Mich würde das an ihrer Stelle auch nicht besonders erfreuen. Hierzu möchte ich anmerken, daß ich dabei nur zwei Arten von Verhaltensweisen kennengelernt habe.

Zum einen die sogenannten Miesepeter, die keine Gelegenheit auslassen, die vorgelegte Arbeit beim gemeinsamen Kunden in Grund und Boden zu reden, gerade was die Qualität und das Handling angeht. Und zum anderen diejenigen, welche die größtmögliche Abstimmung untereinander sowie einen regen Erfahrungsaustausch bevorzugen. Ja, sogar Tricks aus dem Nähkästchen gerne Preis geben, um miteinander die gesamten Vorteile der digitalen Fotografie voll auszunutzen, und das alles zum Wohlwollen des gemeinsamen Kunden.

Egal ob es sich um eine Lithoanstalt, eine Druckerei, ein Fachlabor, einen Computerfachhändler oder um meine Lieblingsbäckerei handelt. Von einem informativen und gemütlichen Meeting mit den schon erwähnten belegten Schnittchen profitieren alle.

Und was will man mehr.

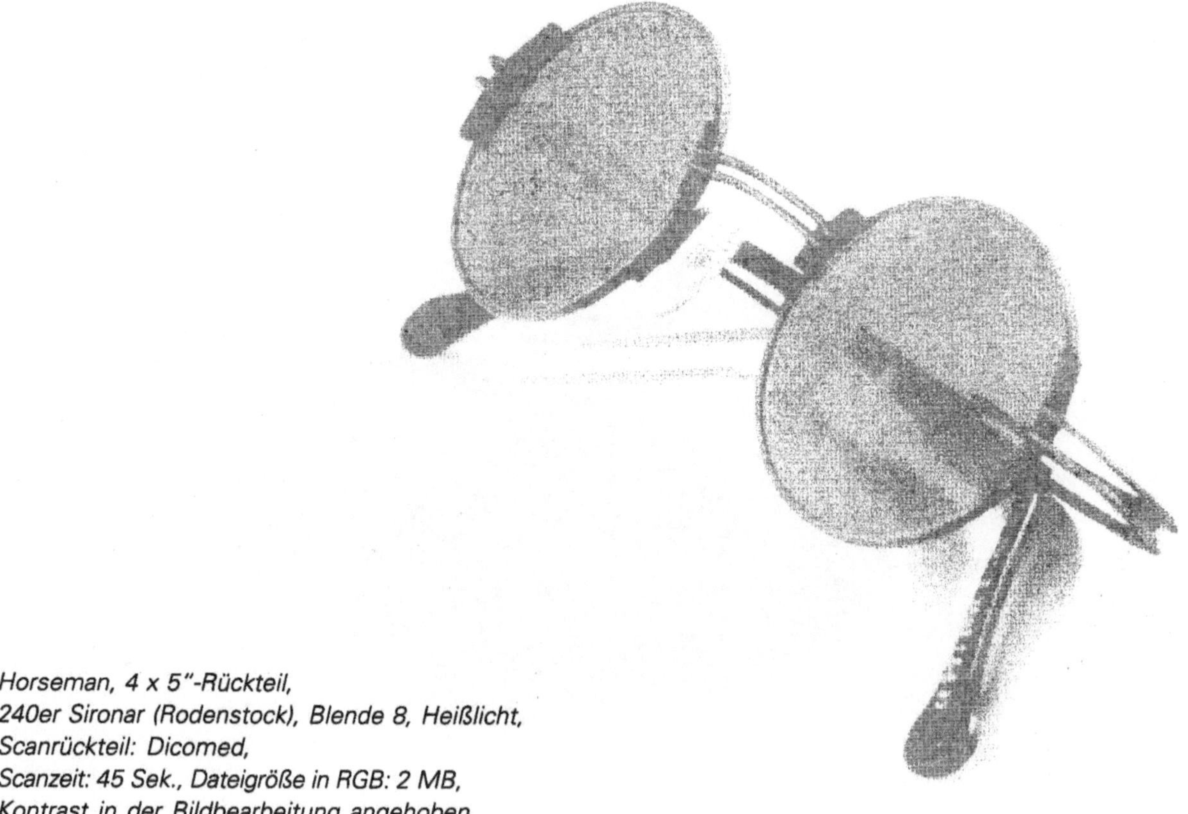

Horseman, 4 x 5"-Rückteil,
240er Sironar (Rodenstock), Blende 8, Heißlicht,
Scanrückteil: Dicomed,
Scanzeit: 45 Sek., Dateigröße in RGB: 2 MB,
Kontrast in der Bildbearbeitung angehoben.

1.2 On Location

Ich hätte nie gedacht, daß sich der alltägliche Staub einmal zu meinem persönlichen Erzfeind entwickelt.

On Location

Das Dicomed-Scanrückteil wird mit tragbarem Koffer und integriertem Akku ausgeliefert, so daß mit einem Laptop auch Außenaufnahmen wie Architektur oder Industrie sehr gut möglich sind. Das hört sich nicht nur praktisch an, sondern ist es auch. Vorausgesetzt, die Umgebung, die Location, in der die Aufnahme stattfinden soll, ist nicht allzu verstaubt.

Bei meinem Bauknecht-Shooting in einem Mietstudio war das aber leider der Fall. Gut, eine studio-eigene Schreinerei hat ja was, allerdings vertragen sich Scanrückteil und eine Schreinerei in unmittelbarer Nähe ganz und gar nicht. Weniger lustige, dafür aber recht farbenfrohe Scanstreifen waren die Folge. Ich lernte unweigerlich das Arbeiten an der Kamera unter einer Abdeckfolie. Heute wird nach jedem Schuß der Scanschlitten gründlich gereinigt, und alles ist wieder im Lot – im Grunde genommen eine altbekannte Tätigkeit, denn früher mußten die Planfilmkassetten regelmäßig mit Druckluft gereinigt werden. Nach diesem Job hatte ich dann auch begriffen, warum ein solch großes und bekanntes Studio noch vollkommen zu Fuß arbeitet. Man kann eben nicht alles haben.

On Tour

Hier entferne ich (persönlich!) den letzten Staub aus den Ritzen – nichts Neues aus der Digitalfotografie, sondern Tagesgeschäft in der kommerziellen Fotografie.

Ein ganz normaler Setbau – Aufbau und Ablauf des Shootings wie eh und je.

Chaostage

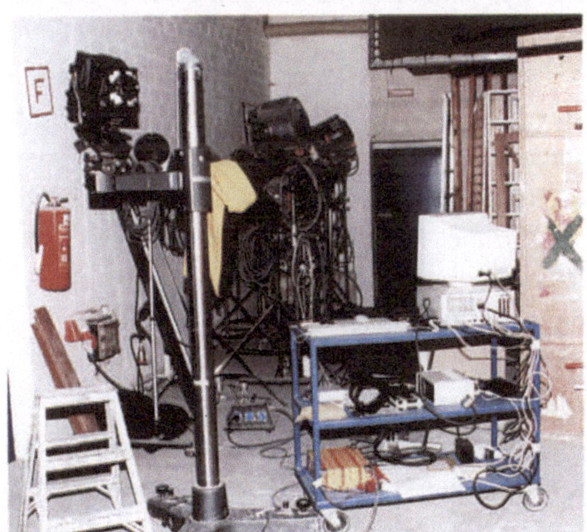

Die Begegnung mit solch einem Mietstudio kann ein kleiner Schock selbst für den abgebrühten Fotografen sein.

In dieser Umgebung ist nicht nur die digitale Kamera sensibel ...

1.3 People

Natürlich kann man seine »Opfer« nicht vor die Scankamera setzen ... Hier kommt also die Chipkamera zum Einsatz, die mit ausreichend Speed auch Bewegung und Hektik einfängt. Lichtspielereien mit Heißlicht, Blitzlicht und Tageslicht lassen kaum einen Wunsch offen.

Just good enough?

Ein weitverbreiteter Einwand gegen die digitale Fotografie ist ja der Qualitätsanspruch der Fotografen, die bei jeder Aufnahme die maximale Qualität aus allem herausholen wollen, mit einem technisch bedingten Farbstich sofort ihre Probleme haben und sich abends am Stammtisch mit dem Kollegen über die Filmemulsionen streiten, die ja auch ihre persönliche Note haben.

Dazu muß man betonen, daß auch das Dia, das der Fotograf seinem Kunden liefert, digitalisiert (nämlich gescannt) wird. Letztendlich unterliegt es dadurch den gleichen Gesetzmäßigkeiten wie die digital erzeugte Aufnahme. Von der jeweiligen Farbcharakteristik der einzelnen Filmtypen einmal ganz abgesehen.

Drum prüfe, wer sich ewig bindet

Sobald Bewegung ins Spiel kommt, wird mit der Chipkamera gearbeitet. Die Chipkamera ist nichts anderes als eine herkömmliche Kamera, in der statt des Films ein Chip die Bilder einfängt (siehe Kap. 3.2.1 Kamerakonzepte). Die nicht ganz billige Objektivpalette, die man sich im Laufe der Zeit zugelegt hat, ist dabei nach wie vor up to date, denn sie verträgt sich durchaus mit dem neuen Prunkstück.

Einsatzgebiete der Chipkamera sind Layout, Pressefotografie, Katalogfotografie, Schweinebauchfotografie, Broschüren – überall dort, wo sich die Abbildungsgrößen in einem Rahmen bis etwa A4 halten (und wenn dieses Buch erscheint, mit Sicherheit schon wieder mehr).

Die Auseinandersetzung

Der Chip der Kamera, die ich testete, produziert einen Datensatz von 17,8 MB. Jede Aufnahme wird komprimiert, und die 40 Aufnahmen, die auf einen Datenträger passen, erlauben ein flexibles und reibungsloses Arbeiten.

Bei sehr dunklen und sehr hellen Motiven stößt die Chipkamera schnell an ihre Grenzen: Farbrauschen und Blooming sind die Begleiterscheinung. Je nach Lichtsituation kamen die Hauttöne sauber und korrekt aus dem Chip, von Zeit zu Zeit allerdings zeigen alle Aufnahmen einen heftigen Sonnenbankeffekt bei den Abgelichteten. Der Farbstich ist zwar schnell korrigiert, aber hier muß die Technik noch nachziehen, um den Ansprüchen des Fotografen zu genügen.

Die Kaufentscheidung

Auf jeden Fall sollte man auch mit der Chipkamera in der eigenen Umgebung arbeiten, bevor man eine kostenintensive Allianz eingeht. Es besteht zwar immer die Möglichkeit, sich die Kamera bei Terminen des Herstellers anzuschauen, aber die Aufnahmebedingungen im eigenen Studio sehen in der Realität immer ganz anders aus.

Liebe geht durch den Magen, das Dia durch den Scanner
Oder was glauben Sie, wie Sybille in dieses Buch kam?

Sauber und ordentlich

Mit der DCS 1 von Kodak,
Objektive 200/2,8 und 28-105, 3,5,
Blenden 2,8 und 5,6,
Belichtungszeiten 1/125 und 1/500 Sek.
für Borussia Mönchengladbach umgesetzt,
Datensatzgröße 17,8 MB auf PCMCIA.
Bei allen Aufnahmen wurden die Hauttöne
über eine selektive Farbkorrektur angeglichen.

Einfach mal »rumknipsen«

Es muß nicht immer das Pixelmonster sein. Die kleinen Chipkameras machen ungeheuren Spaß. Losziehen und draufhalten. Und zuhause in Null Komma nichts die Daten auf den heimischen Rechner geladen – das ist nicht nur was für den Hobbyknipser, das macht selbst dem Profi Spaß. Kein Warten auf Labore und Abzüge, sondern direkt ran.

Vollkommen befreit von jederlei Technik, die Automatik sorgt für Schärfe und das schnelle Bild – in den kleinen Kameras läuft ein Programm für alles, und das Nachdenken übernimmt ein Stückchen Software.

Kamera, Blende, Belichtungszeit total egal.
Keinerlei Nachbearbeitung.
Reicht in der Qualität ohne Zweifel nach Aussage aller Experten an die Ergebnisse einer Lomo heran.

1.4 Potentiale der digitalen Fotografie

Glasklar und knochenhart ... die digitale Fotografie hat ihre Schokoladenseiten. Glas und Metall kommen in der digitalen Fotografie schärfer, klarer, ohne Grauschleier und farbtreu auf »die Platte«.

1.4.1 Genaues Arbeiten vorausgesetzt

Über den Weg der digitalen Fotografie eröffnen sich dem Anwender automatisch auch neue Potentiale. Neue Marktanteile können gewonnen werden, und das Budget für den neusten digitalen Hit steigt doch ziemlich schnell.

Ist ja auch toll, wenn Kunde XY ins Schwärmen gerät über ein neues digitales Produkt und man seine Freude noch steigern kann. Ganz nach dem Motto: Haben wir hier schon im Einsatz und wann wollen Sie vorbei schauen?

Was aber jedem ganz klar sein sollte: Die Investitionen lohnen sich, aber ohne intensives Auseinandersetzen mit den neuen Techniken und vor allem deren Zusammenhänge fällt die Lorbeerenernte recht schmal aus. Ganz einfach gesagt: Sie brauchen Zeit, viel Kaffee oder Tee und eine große Portion Geduld.

Eine große Hilfe können diverse Fachartikel über digitale Fotografie sein. Hier sei aber angemerkt, daß viele Leute ihren Senf über Sachen abgeben an Stellen, an denen sie besser geschwiegen hätten. Solchen selbsternannten Gurus muß man aber zumin-

Horseman, 4 x 5"-Rückteil, 240er Sironar (Rodenstock), Blende 8, Heißlicht, Scanrückteil: Dicomed, Scanzeit: 40 Sek., Dateigröße in RGB: 3 MB, Tonwerte in der Bildbearbeitungssoftware korrigiert.

*Horseman, 4 x 5"-Rückteil, 150er Symmar
(Schneider-Kreuznach), Blende 16, Heißlicht,
Scanrückteil: Dicomed,
Scanzeit: 2,5 Minuten,
Dateigröße in RGB: 40 MB,
Farbsättigung in der Bildbearbeitungssoftware
angehoben, Farbkorrektur für Metallkragen und
Glaskappe zur Verstärkung der Goldtöne.*

dest danken, daß sie durch (teilweise dilettantische) Beiträge dafür Sorge tragen, daß ständig neue Aufklärungsarbeit geleistet werden muß. Jeden Tag ein neuer Jünger, dem der Unterschied einer Kleinbildknipse zum Layouten und einer High-End-Kamera erklärt werden darf.

Ich denke, »learning by doing« und das Studieren der richtigen Fachartikel ist der beste Weg. Mir hat es jedenfalls sehr gut weitergeholfen.

Für den Perfektionisten liefert die digitale Fotografie nicht nur in Sachen Glas und Metall Spitzenqualität, wenn man bereit ist, dafür hart auf den Punkt hin zu arbeiten. Genaues Arbeiten ist eine Grundvoraussetzung, ohne die gar nichts geht: Ausleuchtung, Zeiten- und Blendenkombinationen müssen stimmen, um nicht mit »Blooming« und »Rauschen« eine böse Überraschung zu erleben.

Aufnahmeobjekte werden für das digitale Shooting gewienert, entstaubt und nur noch mit Handschuhen angefaßt, um Fingerabdrücke zu vermeiden. Bei der gnadenlosen Schärfe der digitalen Fotografie hätte das BKA sonst mehr Freude an unseren Aufnahmen als der Kunde.

Nacharbeiten
Die gibt es in diesem Bereich so gut wie keine, außer den üblichen Ausfleckarbeiten und Tonwertkorrekturen, die schon früher von der Lithoanstalt durchgeführt wurden, wenn dort das Dia gescannt wurde.

Horseman, 4 x 5"-Rückteil,
240er Sironar (Rodenstock),
Blende 8, Heißlicht, Scanrückteil: Dicomed,
Scanzeit: 3 Minuten, Dateigröße in RGB: 25 MB,
Farbeffekt durch stark verzogene Gradations-
kurve während der Aufnahme.

1.4.2 Value Added

Auch der »analoge Fotograf« segelt nicht nach Hawaii, um einen prima Sonnenuntergang hinter die Rheumatablettenverpackung zu setzen, sondern sucht nach dem netten Hintergrund in seinem Archiv. Unser digitales Archiv besteht aus Stockfotos von Sonnenuntergängen in aller Welt, die wir jederzeit ausnutzen können.

Die etwas andere Aufnahme entsteht u.a. durch das Einklinken verschiedenster Hintergründe, ob mit Fotos aus Stockkatalogen oder selbstproduzierten Hintergründen. Hier hat es sich von großem Vorteil gezeigt, wenn der spätere elektronische Hintergrund zuerst ausgedruckt und für die Aufnahme hinter dem Motiv aufgestellt wird.

Natürliche Einspiegelungen und Reflexe erscheinen so realistischer. Bei der späteren Schlußmontage wirken die Bilder, als wäre das Shooting so und nie anders gewesen.

Pfusch am Bau?

Befürchtungen, daß durch die digitale Fotografie nur noch gepfuscht würde, möchte ich an dieser Stelle ganz klar verneinen. Es gibt immer noch eine Menge an Visualisierungen, die ohne jede Manipulation auskommen und bei denen der Qualitäts- und Zeitfaktor der digitalen Fotografie an erster Stelle steht.

Aber wie bei vielen Dingen hat es schon etwas

für sich, wenn auch schnell Blau zu Gelb oder Rot zu Grün werden kann. Beispiele dafür sind Schriften oder Logos, die anstelle des kaputten oder verdruckten Originals einge-

setzt werden können. Und das ohne wahnsinnigen Lithoaufwand – natürlich vorausgesetzt, daß der Kunde den Schriftzug oder das Logo als Datensatz zur Verfügung stellt.

Ein weiteres Beispiel ist die Möglichkeit, Produkte in einer Umgebung zu plazieren, die nur durch einen kostenintensiven Setbau oder eine Reise in die Südsee zu realisieren wären. Hier spart der Kunde eine Menge des Budget ein und wir leider einen möglichen tollen Trip und eine willkommene Luftveränderung.

Bieten Sie dem Kunden doch einmal an, beim Videoclip für ein Produkt direkt vor Ort die Location digital aufzunehmen. Als Argument dient der Vorteil, noch natürlichere Szenen und Hintergründe für die perfekte Montage zu bekommen.

Freisteller

Scheinbar bekommen die Layouter und Grafiker ihr Gehalt nach der Anzahl der Freisteller, die sie fabrizieren. Sehen Sie sich nur mal eine Zeitschrift an – nur noch das halbe Foto gelangt in den Satz. Oben

Gabriela
Sabatini

oder unten oder rundherum ist der Hintergrund verschwunden. Freisteller nennen die PrePress-Leute diese Fotoschnipsel.

Freisteller sind also die »freigestellten« Motive, bei denen gar kein Hintergrund erwünscht ist und die dann entweder in andere Fotos einmontiert werden oder die einsam oder im Auftrieb die Faltblätter der Supermärkte zieren.

Die meisten Freisteller produziere ich selber. Einmal richtig in die Materie eingelesen und zig mal ausprobiert – mit dem Ergebnis, daß diese Arbeit jetzt zügig von der Hand geht. Die anfänglichen Fragen – welche Auswahlkante, geglättet oder wie weich und mit welcher Pixelstärke – lassen sich dank Photoshop durch »trial and error« schnell beantworten (oder im Kap. 2.2.4 nachlesen).

Für den Kunden bedeutet das: schnelle Arbeit aus einer Hand. Früher bekam er »nur« das Dia vom Fotografen. Das mußte er anschließend einscannen und freistellen lassen.

Die Ingredienzen fürs Parfum

Haben Sie schon einmal ein Parfum in Einzelteilen geliefert bekommen?

Wir haben jedes Teil, das Sie hier und auf der vorigen Seiten sehen, einzeln aufgenommen. Hier wurden die Zutaten fürs Parfum fotografiert, digitalisiert, die Fehler eliminiert, in Handarbeit nachgebaut und zu guter Letzt zu einem Bild montiert (siehe Kap. 2.2.3: Stapelweise Bildebenen).

Digitaler Pfusch? Solche Montagen gab es und gibt es in der Dunkelkammer schon immer. Da wurde geschnipselt, Kanten geschmirgelt, geklebt und gedrückt. Aber am Computer wird alles perfekter – »back to the roots«.

Unser Studiofenster ersparte die aufwendige Hintergrundbastelei.

Ohne Reisekosten zum gewünschten Motiv ...

Aus dem Farbbild wurde ein Schwarzweißbild verfremdet ... *und hier direkt digital zu einem Packshot montiert.*

wurde der Hintergrund im Photoshop »eingeflogen«.

1.4.3 Reproduktionen

Ob man´s glaubt oder nicht ... aber manchmal kann die moderne Technik die Kunst besser erfassen als das Altbewährte.

Kopie oder Original ?

Zu einem Mehr an Aufträgen gehören heute auch diverse Kunstreproduktionen. Auch hier überzeugen den Kunden Farben, Detailschärfe und der Zeitfaktor.

Heute entstehen meine Reproduktionen Schulter an Schulter mit dem Künstler oder dem Galeristen. Er kontrolliert das aufgenommene Werk direkt am Bildschirm und – was noch viel prägnanter ist – Farben, Helligkeit und Kontraste. Auch die Tatsache, daß die Lithoanstalten nicht immer das Originalbild vorliegen haben und vielleicht erst der zweite oder dritte Andruck das Optimum darstellt, zeigt einmal mehr, daß es Vorteile bringt, den Weg der digitalen Fotografie zu gehen.

Ein weiteres Plus: Besonders wertvolle oder übergroße Bilder, z.B. aus Museen, müssen nicht mehr transportiert werden. Die logistischen oder versicherungstechnischen Probleme gibt es nicht mehr. Das einzige, was transportiert werden muß – so war es aber schon immer –, sind Kamera und Beleuchtung.

Dazu wird noch anstatt einer Menge Planfilmkassetten ein kleiner Koffer mit Scanpack und Laptop mitgenommen, und schon kann es losgehen.

Gerade bei so farbkritischen Sachaufnahmen muß der Laptop einen astreinen Bildschirm haben. Da ein Laptop mit einem Aktivmatrixdisplay ein ganz schöner Kostenfaktor ist, kauft man ihn natürlich nicht gleich bei dem ersten Auftrag dieser Art, sondern leiht ihn für einen Tag für kleines Geld aus. Für den allerersten Reproauftrag habe ich noch meinen Mac abgebaut und vor Ort wieder aufgebaut. Das geht natürlich auch, wenn man nicht glaubt, daß auch andere Monitore so gut kalibrierbar sind wie der eigene.

Horseman, 4 x 5"-Rückteil, 240er Sironar (Rodenstock), Blende 16, Heißlicht, Scanrückteil: Dicomed, Scanzeit: 6 Minuten, Dateigröße in RGB: 40 MB,
In der Bildbearbeitungssoftware die Farbbalance korrigiert.

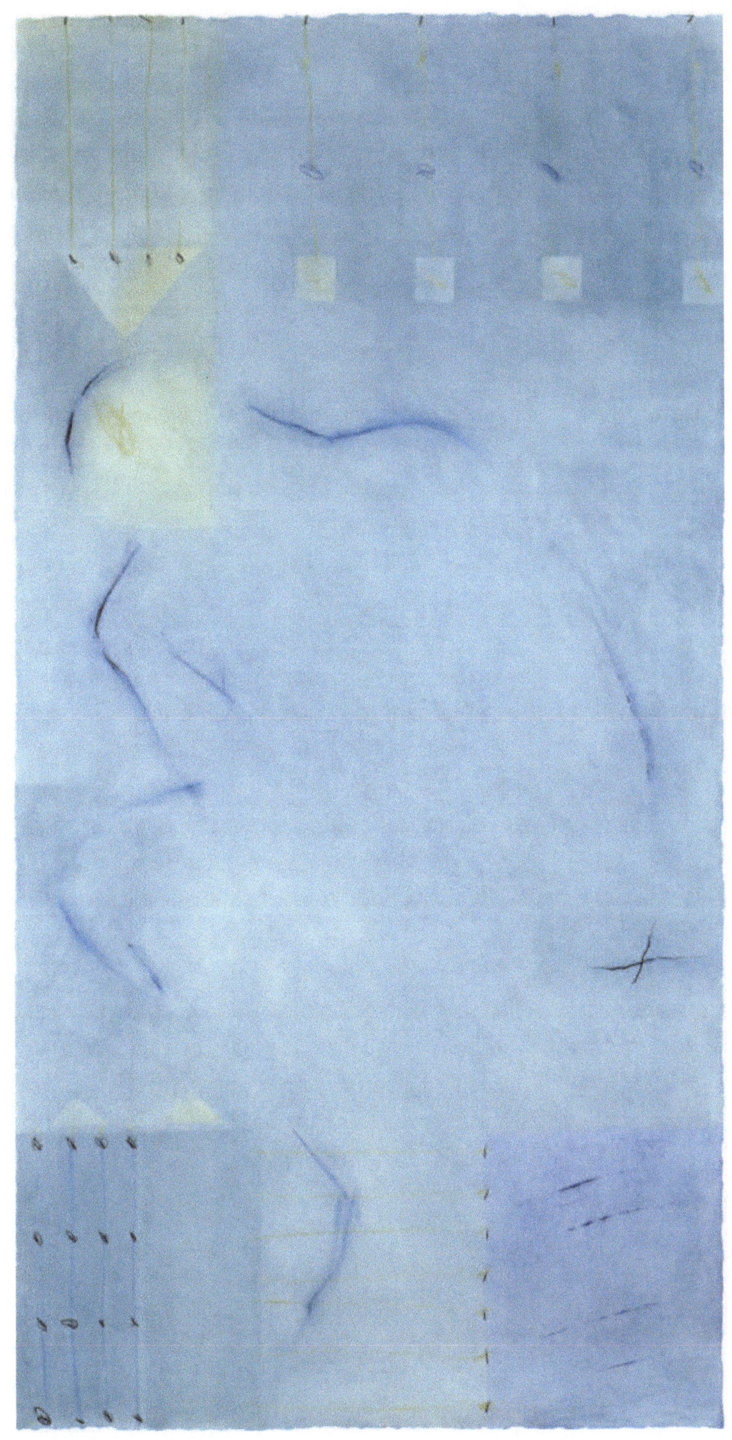

*Die hier gezeigten
Arbeiten sind Werke
von Norbert Cames.*

1.5 Auswahl der richtigen Kamera

Es ist schwer, die fotografischen Anwendungen in Bereiche einzuteilen, für die sich Systemlösungen anbieten. Aus diesem Grund finden Sie an dieser Stelle eine kleine Checkliste mit den zentralen Fragen, nach deren Beantwortung sich mittels einer Marktübersicht die geeigneten Systeme herauskristallisieren lassen.

Welche Auflösung, Dateigröße wird benötigt?

Zeilenkameras haben in der Auflösung gegenüber CCD-Chips die Nase vorn.

Bewegen sich die Objekte bei der Aufnahme?

In diesem Fall bleibt nur die Chipkamera mit dem »One-Shot-Verfahren«. Das heißt, alle Farben werden mit einer Belichtung erfaßt.

Sollen Serienaufnahmen gemacht werden?

Serienaufnahmen bedingen eine extrem kurze Zeit, die für die Speicherung des Bildes zur Verfügung steht. Das Bild kann entweder auf eine PC-Card oder im Rechner gespeichert werden. Kameras mit echter Serienbildfunktion legen die Bilder in einem Zwischenspeicher der Kamera ab, von wo sie nach Beendigung der Aufnahmeserie auf die PC-Card oder zum Rechner übertragen werden.

Welche Lichtquellen stehen zur Verfügung bzw. zur Auswahl?

Blitz- und Tageslichtaufnahmen können nur mit Chipkameras gemacht werden. Lichtquellen, die in Verbindung mit Zeilenkameras verwendet werden, müssen den Anforderungen der Gleichmäßigkeit während des Scans entsprechen. Auf die spektrale (farbliche) Zusammensetzung des Lichtes ist zu achten.

Soll das System mobil (transportabel) sein?

Bei mobilen Systemen wird zwischen zwei Varianten unterschieden: Kameras mit PC-Cards und Batterie, die ohne Computer betrieben werden können, und Kameras, die zwar einen Anschluß an ein Notebook oder Laptop benötigen, jedoch eine eigene Stromversorgung besitzen.

Hier steht die Zeit im Vordergrund, die von einem Druck auf den Auslöser bis zum nächstmöglichen vergeht, wobei die Zeit für die Speicherung des Bildes auf einen Datenträger eingerechnet werden muß.

Wie hoch ist der Durchsatz an Bildern?

Die benötigte Bildqualität wird durch die Art der Verwendung bestimmt (Druck, Belichtung etc.). In bezug auf die Bildqualität spielen Farbtiefe, die Qualität der Kameraelektronik und die Möglichkeit der Einstellung der Parameter eine gravierende Rolle.

Welche Bildqualität wird benötigt?

Wenn bereits eine konventionelle Fotoausrüstung vorhanden ist, findet sich eventuell eine passende digitale Ergänzung, mit der die notwendigen Investitionen minimiert werden können.

Soll bzw. kann Zubehör einer bestehenden Ausrüstung genutzt werden?

Die Kosten- und Rentabilitätsrechnung, die vor einem Kauf anzustellen ist.

Wieviel kann investiert und welcher Preis kann pro Bild erzielt werden?

1.6 Ausstattung digitaler Kameras

Auflösung

Abhängig vom Aufgabengebiet sollte die Kamera gewählt werden, die eine entsprechende Auflösung bietet. Ein zuviel an Daten, also eine zu hohe Auflösung der Kamera, kann je nach Einsatzgebiet sowohl unter dem zeitlichen Aspekt bei der Bearbeitung als auch unter dem Aspekt des Speicherbedarfs genauso schlecht sein wie eine zu niedrige Auflösung für große Drucke.

Kamerasystem

Eigenständige Kamera oder Kameraback, Sucher- oder angepaßte Spiegelreflexkamera?
Die unterschiedlichen Systeme warten mit entsprechenden Unterschieden in der Ausstattung auf. Hier kommt es darauf an, für welche Anwendung sie eingesetzt werden. Neben den speziellen digitalen Eigenschaften, die in den nächsten Punkten noch genannt werden, finden Sie alles, was zur Belichtung in üblichen Kamerasystemen geboten wird: Belichtungskorrekturen, verschiedene Automatikfunktionen, Mehrpunktmessungen, TTL-Blitzfähigkeiten, Autofokuseinstellungen, Spiegelvorauslösung, Blitzen auf den zweiten Vorhang...

Objektive

Bei Objektiven sollte, wie in der klassischen Fotografie auch, auf die Abbildungsqualität großen Wert gelegt werden. Dieses Merkmal ist um so wichtiger, da die Empfängerflächen der CCD-Sensoren sehr klein sind und eng beieinander liegen und deshalb eine hohe Auflösung des Objektivs erfordern.
Die Lichtstärke des Objektivs spielt nur bei den Kameras eine Rolle, die diese auch ausnutzen können und nicht aufgrund einer Nachabbildung eine offene Blende von 6,7 aufweisen.
Insbesondere bei angepaßten Spiegelreflexkameras ist auf die Faktoren für die Normalbrennweite zu achten.

Bei eigenständigen Systemen ist die Art des Bajonetts zum Ansatz von Wechselobjektiven wichtig.
Im Großbildbereich gibt es Objektive, die speziell für die digitale Fotografie angepaßt sind. Es läßt sich aber auch mit den konventionellen Objektiven sehr gut arbeiten, sofern auf die Besonderheiten wie IR-Sperrfilter, Auflösungsvermögen, Brennweite etc. geachtet wird.

Speicherung

Wechselspeichermedien sollten genügend Platz bieten sowie schnell genug und robust im Einsatz sein. Die PC-Cards mit integrierter Festplatte sind preiswert und bieten eine hohe Speicherkapazität (bis 520 MB), sind aber langsamer und anfälliger als ihre Flash-RAM-Kollegen (bis 85 MB). Bei den neuen kleinen Wechselspeicherkarten für die »Low-Cost«-Kameras ist auf eventuelle Probleme beim Auslesen der Karten zu achten (Treibersoftware von z.B. Miniature-Card).
Einen Vorteil hat die direkte Speicherung der Bilder im JPEG-Format, da sich hieraus eine Unabhängigkeit von der speziellen Kamerasoftware ergibt, die Dateien angenehm klein werden und eine direkte Archivierung erfolgen kann.
Scankameras im Außeneinsatz sollten über entsprechende externe Speicher verfügen.

Stromversorgungen

Je weniger Strom eine Kamera verbraucht, desto besser und desto länger hält der Akku oder die Batterien. Im mobilen Einsatz sollten gute Akkus bzw. noch besser Wechselakkus zur Verfügung stehen.
Ein LCD-Monitor verbraucht übrigens enorm viel Energie.

Licht

Für die Verwendung von Blitzgeräten und -anlagen sollte die Kamera oder das Rückteil mit entsprechenden Kontakten ausgerüstet sein.
Nicht jedes Licht ist für jede Kamera geeignet (siehe Kap. 3.3).

Sucher

Neben der Scharfstellung auf der Mattscheibe sollten Studiokameras auch mit einer hoch aufgelösten Vorschau aufwarten, damit die Einstellungen leichter von der Hand gehen.

Sucher- und Spiegelreflexkameras sollten zumindest zusätzlich einen optischen Sucher anbieten. Ein LCD-Monitor ist zwar schön, doch zieht er zuviel Strom. Es ist jedoch wünschenswert, daß die aufgenommenen Bilder über einen LCD-Monitor oder über einen Videoausgang betrachtet werden können.

Ob der Sucher eine Markierung enthält, die den Bildausschnitt anzeigt, oder ob er auf die Größe angepaßt ist, schlägt sich im Handling der Kamera nieder. Hier muß der Fotograf entscheiden, was ihm lieber ist.

Verarbeitung

Eine digitale Kamera sollte, genau wie eine konventionelle, robust verarbeitet und nicht zu schwer sein.

Software

Die beste Kamera taugt nichts ohne die entsprechende Software, es sei denn, die Bilder werden direkt als JPEG auf die Platte gelegt. Hier ist wichtig, welche Rechnerplattform benutzt wird: Mac, Windows oder Unix.

Lieber eine mittelmäßige Kamera mit guter Software als eine Kamera, an deren Bilder man nicht herankommt, weil die Software nichts taugt. Bei letzterer hat man allerdings immer noch die Möglichkeit eines Updates, an das man übrigens am einfachsten über das Internet kommt.

Auf das Zusammenspiel mit der Bildbearbeitungssoftware ist zu achten.

Serienbildfunktion

Für Serienbilder muß die Kamera mit einem Zwischenspeicher ausgestattet sein, da das Speichern auf Wechselmedien in der Regel zu langsam ist.

Die Notwendigkeit weiterer Ausstattungsmerkmale ist von dem jeweiligen Einsatzgebiet abhängig. Ein Vergleich in aktuellen Berichten lohnt jedoch immer.

Horseman, 4 x 5"-Rückteil, 240er Sironar (Rodenstock), Blende 16, Heißlicht, Scanrückteil: Dicomed,
Scanzeit: 6 Minuten, Dateigröße in RGB: 40 MB,
Nachbearbeitung mit QFX: Freistellen, Kontraste
verstärkt und Reflexionen versetzt.

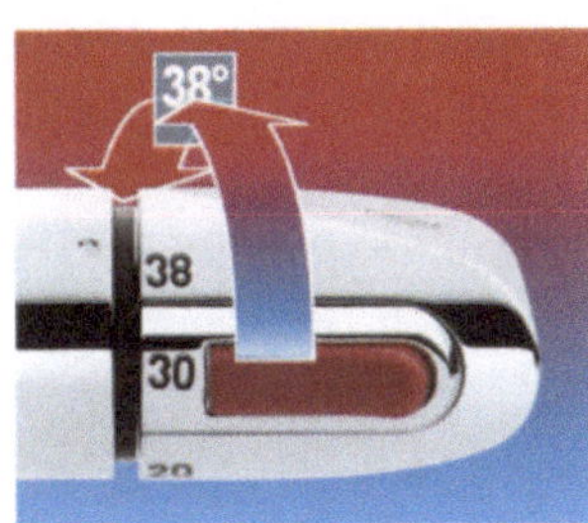

Horseman, 4 x 5"-Rückteil, 240er Sironar
(Rodenstock), Blende 11, Heißlicht,
Scanrückteil: Dicomed,
Scanzeit: 5:30 Minuten, Dateigröße in RGB: 70 MB,
Nachbearbeitung in QFX: Freistellen, Kontraste
verstärkt und Verlauf eingestrippt und grafische
Objekte eingesetzt.

Horseman, 4 x 5"-Rückteil,
240er Sironar (Rodenstock),
Blende 22, Heißlicht,
Scanrückteil: Dicomed,
Scanzeit: 8 Minuten, Dateigröße
in RGB: 50 MB,
Nachbearbeitung in QFX:
Freistellen, Kontraste verstärkt,
Verlauf eingestrippt und grafi-
sche Objekte eingesetzt.

1.7 Die Zutaten für das digitale Fotostudio

Man nehme:

Die Hauptzutaten
- ein Scanrückteil oder ein Chiprückteil/Chipkamera je nach Geschmack,
- einen leistungsfähigen Computer mit gutem Monitor und CD-Brenner,
- das richtige Licht,
- eine weitsichtige und kompetente Bank für das richtige Finanzierungsmodell
- und den festen Willen, sich die Zusammenhänge der neuen Technik anzueignen;
- das Ganze wird gemixt mit einer Portion Mut, Liebe und Leidenschaft am Beruf,
- verfeinert mit viel Zeit und Geduld zum Experimentieren.

Für Erfolg oder Mißerfolg ist jeder Koch allerdings selbst verantwortlich. Daher kann auch keine Verantwortung für auftretende Bauchschmerzen oder Magenverstimmungen übernommen werden.
Die hier aufgeführten Zutaten für das Rezept sind von uns getestet und ausprobiert worden. Abweichungen je nach Geschmack sind jedoch möglich.

Eine Bitte noch: Erliegen Sie nicht der Versuchung, durch die nunmehr möglichen Manipulationen weniger genau zu fotografieren als bisher. Das fertiggestellte digitale Bild kann auch nur so gut sein, wie die Basis es zuläßt.

Aus persönlicher Erfahrung weiß ich, daß die Versuchung manchmal sehr groß sein kann, aber ich mußte auch leidvoll lernen, daß die »Reparatur« eines mißlungenen Shots länger dauert als die sorgfältige Einstellung vorher.

Ich hoffe, daß Sie nach dem Lesen des ersten Kapitels nun auf den Geschmack gekommen sind. Den Grundstock und wertvolle Tips und Tricks im Umgang mit diesem neuen Werkzeug erfahren Sie in den folgenden beiden Kapiteln. Denn hier zählt ebenfalls die Tatsache, daß das Fundament stimmen muß. Ich habe dank dieser Kapitel noch während der Entstehung dieses Buches das eigene Wissen und das Verständnis für technische Zusammenhänge erweitern und vertiefen können.

Sehen ist der wichtigste Trick der
modernen Photographie. Wer heute
in der Photographie etwas leisten
will, dem müssen vor allem die Augen
aufgehen.
Karl Pawek

»Das heißt, im System wurde nachbelichtet und retuschiert, die Schatten
wurden aufgemacht, der Himmel belegt, die Kontraste teilweise angezogen ...
der Partner der Zukunft ist nicht mehr das Labor um die Ecke, sondern der
digitale Servicebetrieb.«
Eberhard Grames

2 BILDBEARBEITUNG

2.1 Digitale Qualität   46
    2.1.1 Tonwerte vom Feinsten   46
    2.1.2 Ausgefleckt   58
    2.1.3 Das 11. Gebot: Du sollst nicht drucken   70

2.2 Fang den Pixel – Bildretusche   74
    2.2.1 Maskierfunktionen   74
    2.2.2 Kanalarbeiten   81
    2.2.3 Stapelweise Bildebenen   85
    2.2.4 Aus dem Rahmen gefallen – Freisteller   88

2.3 Korrigiert, montiert & verbogen: Retusche   94
    2.3.1 Fotografische Schönheitsoperationen   94
    2.3.2 Archivierung alten Filmmaterials   103
    2.3.3 Schwarzweiß gegen Millionen   106

2.4 Wenn der Computer Augen macht   110
    2.4.1 Scannertechnik   110
    2.4.2 Scannertypen   114
    2.4.3 Die Photo CD   116
    2.4.4 Vor dem Scannen   119

2.5 Photoshop-Nachlese   124

Da, wo Bilder und Texte »zusammengehauen« werden (wie mein Kollege Dietmar Wüller so nett ausdrückt), wo Bilder hemmungslos gestaucht, beschnitten, verfärbt und abgetönt werden, um ihnen im Layout den letzten Rest zu geben (wie mein Kollege Frank Pfennig sagen würde), bin ich in meinem Element: Text und Illustration und Layout. Und weil ich da gerne die ganze Welt verbessern würde, trage ich zu allem Überfluß meine Ideen schreibend und in DTP-Kursen in die Welt hinaus.
Ulrike Häßler

2.1 Digitale Qualität

Ist das Bild erst einmal auf dem Computermonitor, stehen Werkzeuge zur Verfügung, die selbst im hervorragend ausgestatteten Profilabor der traditionellen Dunkelkammer nicht oder nur unter großem Zeit- und Materialaufwand realisierbar waren: Retuschen, alle nur denkbaren Fotomontagen, Qualitätsverbesserung sowie Kombinationen von Grafik, Text und Fotos.

2.1.1 Tonwerte vom Feinsten

Das wichtigste Werkzeug der digitalen Erfassungsgeräte wurde in der Dunkelkammer angeworben: die Gradationskurve. Wenn es darum geht, die Nuancierung der Lichter, die Durchzeichnung der Schatten sowie die Helligkeitswerte der Mitteltöne an den Charakter des Bildes anzupassen, erlaubt die Gradationskurve die optimale Einrichtung der Kontraste vor der Aufnahme oder dem Scan des Bildes.

Histogramm und Densitometer sind die wichtigsten Kontrollinstrumente der Qualitätskorrektur von digitalen Bildern.

Neben dem Bildaufbau ist die Kontrolle des Kontrasts eines Bildes in jedem Punkt der Gradationskurve einer der großen Qualitätsfaktoren des digitalen Fotos. In der analogen Farbfotografie ist es zwar durchaus möglich, den Hell-Dunkelkontrast in den unterschiedlichen Bereichen der Gradationskurve in den Griff zu kriegen, allerdings ist die Wahl des Papiers, das zur jeweiligen Kurve paßt, nahezu die einzige Möglichkeit, den Hell-Dunkelkontrast oder die Sättigung in allen Bereichen einzurichten. Bei der digitalen Kamera im Studio und beim Scanner wird die Gradationskurve anhand eines »Prescans«, eines Vorabbildes, vor der Aufnahme oder vor dem Scannen des Bildes eingerichtet, und das Bild wird mit optimierten Parametern aufgenommen beziehungsweise gescannt.

Werkzeuge

Da digitale Kameras und (Flachbett-) Scanner mit der gleichen Technologie arbeiten, weisen sie auch ähnliche Funktionen in den Werkzeugen auf. Natürlich hat der Fotograf hinter der Kamera oder hinter dem Bildschirm auch noch die typischen Werkzeuge der Kamera zur Verfügung – die Blende, die Brennweite und insbesondere die Ausleuchtung des Motivs

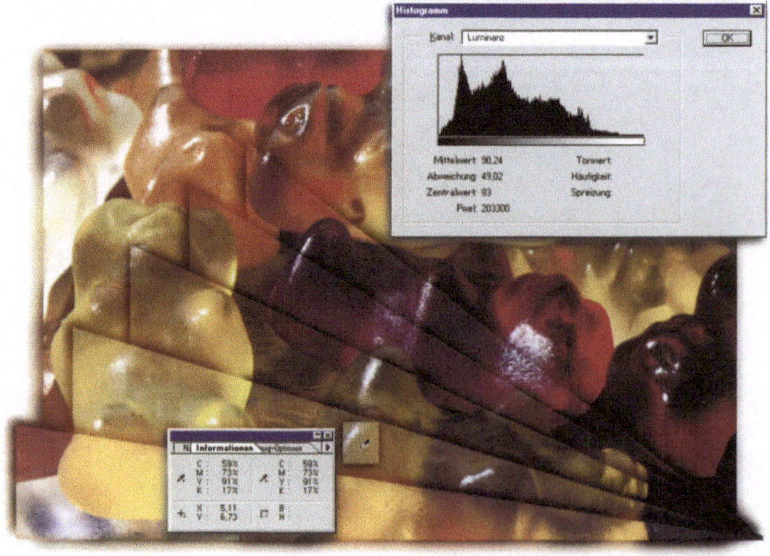

Korrekturenreihenfolge

1. Freistellen

Ränder, die später sowieso entfernt werden, verfälschen Histogramme, täuschen Tonwerte vor, die im Bildausschnitt gar nicht vorkommen, und verbrauchen Platz im kostbaren RAM des Rechners. Lassen Sie beim Prescan keinen »Sicherheitsrahmen«, sondern stellen Sie den Prescan so ein, daß keine überflüssigen Bildteile erfaßt werden.

2. Tonwertkorrektur

Die Feineinstellung beginnt mit der Tonwertspreizung, gefolgt von der Gammakorrektur. Die Gammakorrektur richtet Kontraste und Helligkeitswerte ein.

3. Farbkorrektur

Da sich bei der Helligkeitskorrektur zugleich auch die Farben verschieben, wird sie üblicherweise vor der Farbkorrektur ausgeführt. Erst wenn Helligkeit und Kontraste im Bild zufriedenstellend geregelt sind, wird eine Farbkorrektur durchgeführt.

4. Montage und Retusche

Passende Hintergründe zum Motiv ins Bild zu setzen oder den Laternenpfahl aus dem Bild zu beseitigen – eine einfache Übung für den erfahrenen Retuscheur am Bildschirm.

5. Schärfen

Geschärft wird das Bild erst vor dem Druck – geschärfte Bilder lassen sich kaum noch korrigieren und retuschieren.

– aber bei der Tonwertkorrektur treffen sich die digitalen Erfassungsgeräte wieder.

Basiswerkzeuge für das Heben der Bildqualität sind die Tonwertspreizung und die Gammakorrektur beziehungsweise die Korrektur der Gradation. Optimalerweise sollten sie schon am Prescan vorgenommen werden, damit das Bild mit den je nach Bildtyp und Vorlage korrigierten Parametern erfaßt wird. Aber sie lassen sich auch nachträglich in fast jedem Bildbearbeitungsprogramm durchführen.

Das Histogramm

Die Entscheidung, ob High Key, Low Key oder die Mitteltöne betont werden sollen, fällt nicht immer einfach. Eine Hilfestellung bietet das Histogramm – das allerdings nicht von jeder Twainsoftware angeboten wird.

Das Histogramm im Photoshop zeigt die Verteilung der Pixel über den 256 Helligkeitsstufen. Die Höhe jedes Balkens ist proportional zu der Anzahl von Pixeln pro Helligkeitsstufe. Bei einem True-Color-Bild gibt das Histogramm die Gesamthelligkeit an, aber auch die Helligkeitsstufen jeder einzelnen Farbe können dargestellt werden. Pixelgebirge über dem dunklen Bereich der X-Achse zeigen auf, daß ein großer Teil der Pixel im Bild im Dunkeln liegt, eine gleichmäßige Verteilung über den gesamten Tonwertbereich weist auf ein sauberes Standardbild hin, und ein High-Key-Bild zeigt ein Pixelgebirge über dem hellen Bereich der X-Achse. Das Histogramm gibt auch an, ob der gesamte Tonwertbereich für ein kontrastreiches Bild ausgenutzt wird oder ob das Bild flau wirkt, weil nur wenige Pixel in den Lichtern und Tiefen vorhanden sind und das Pixelgebirge weit vor den Lichtern oder Tiefen abrupt abbricht.

Das Histogramm liefert den Richtwert für Korrekturen. Wenn das Histogramm durch Korrekturen wie Tonwertspreizung und Änderungen der Gradation stark aufreißt, wenn also viele Pixelbalken

Gammakorrektur

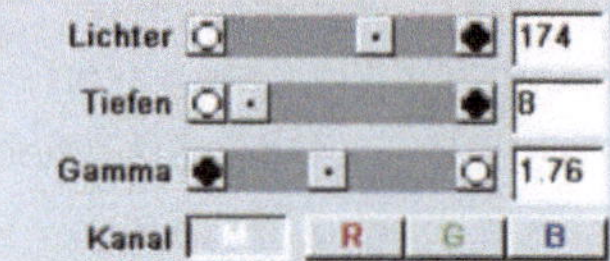

Viele Twainprogramme enthalten einen einfachen Regler oder Eingabefelder, in denen Sie Schwarzpunkt, Weißpunkt und Gammawerte eingeben können.

Dunkle oder unterbelichtete Vorlagen weisen Gammawerte von 1,8-1,9 auf, typische Mitteltonbilder 1,5-1,6, und helle oder überbelichtete Bilder liegen bei 1,2 bis 1,3 Gamma.

Tonwertkorrektur

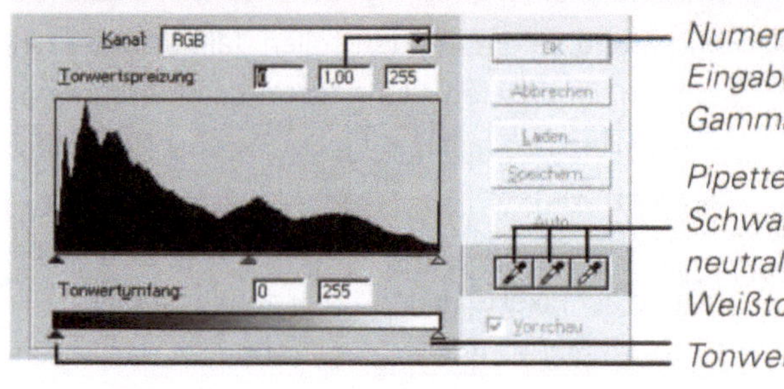

Eine andere Variante der Gammakorrektur: Regler unter einer Häufigkeitsverteilung von Helligkeitswerten und Pipetten für Schwarz-, Weiß- und neutralen Punkt.

Gradationskurve

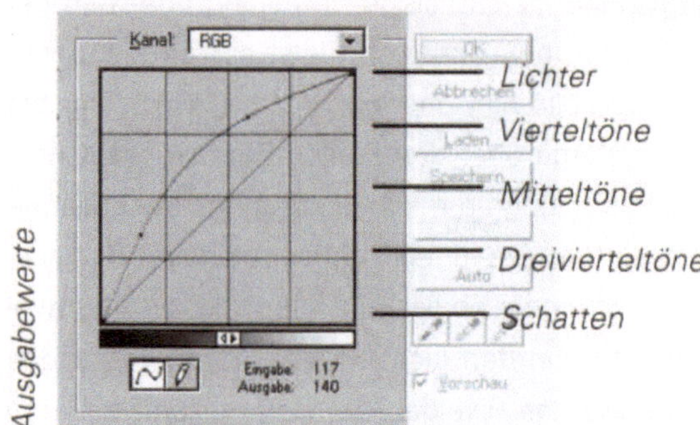

Die Gradationskurve ist das mächtigste Werkzeug für die Einrichtung der Kontraste und Helligkeit des digitalen Bildes. Die Eingabewerte vor der Änderung werden auf der horizontalen Achse gezeigt, auf der vertikalen Achse erscheinen die korrigierten Werte.

fehlen, hat die Korrektur zur Tonwerttrennung geführt. Dann fehlen Helligkeitsstufen im Bild, und Verläufe sind nicht mehr glatt, sondern weisen Trennungen zwischen Farbabstufungen auf.

Tonwertspreizung

Erster Schritt der Korrekturarbeiten ist die Tonwertspreizung. Insbesondere bei einer flauen und farbstichigen Vorlage gibt man die dunkelste und die hellste Stelle des Bildes vor. Der Weißpunkt ist der hellste Punkt des Bildes, der Schwarzpunkt ist dementsprechend der dunkelste Punkt im Bild.

Im Photoshop blenden Sie das Densitometer mit der Funktionstaste F8 ein (oder im Menü *Fenster – Informationen einblenden*), um die dunkelste und die hellste Stelle im Bild ausfindig zu machen. Merken Sie sich die Position der entsprechenden Pixel, da der Photoshop keine Markierung der Stellen vorsieht, und rufen Sie die Tonwertkorrektur im Bildmenü mit *Einstellen/Tonwertkorrektur* auf.

Mit der linken Pipette setzen Sie den dunkelsten Ton, mit der rechten Pipette den hellsten. Ist der dunkelste Ton im Bild heller als Schwarz, wird er durch den Farbpicker auf Schwarz gesetzt und alle anderen Töne werden »nachgezogen« (bedenken Sie dabei, daß alle Töne des Bildes, die dunkler sind als der ausgewählte, damit vollkommen schwarz werden). Das Bild wird dunkler und erhält mehr Kontrast. Äquivalentes passiert beim hellsten Punkt (jetzt würden alle Stellen im Bild, die heller sind als der ausgewählte Punkt, im reinsten Weiß dargestellt).

Warum 36 Bit Farbtiefe so hinreißend sind

Das Spektrum der Tonwerte des Bildes wird auf diese Weise »gespreizt«, das Bild soll dabei kontrastreicher und tiefer werden. Das Histogramm des Bildes zeigt jetzt an, daß das gesamte Tonwertspektrum genutzt wird. Insbesondere wenn Sie durch die Einstellung von Weiß- und Schwarzpunkt des Bildes den Tonwertbereich vergrößern, werden Sie im Histogramm jetzt Lücken sehen. Sie entstehen durch die Verschiebung der Tonwerte.

Werden die Korrekturen direkt am Prescan der Kamera oder des gescannten Bildes vorgenommen, dann wird klar, wofür eine höhere Farbtiefe gut ist: Wird das Bild mit 24 Bit Farbtiefe erfaßt (bei der jede Farbe »nur« 256 Helligkeitsstufen aufweist), reißen durch die Tonwertspreizung die Farbverläufe auf. In der Praxis kann man das fast immer vernachlässigen, da selbst der feinste Drukker höchstens 100 Helligkeitsstufen auf das Hochglanzpapier druckt. Aber wenn das Bild noch weiter korrigiert und retuschiert wird, können die Verläufe »kippen« und zu deutlich sichtbaren Abstufungen werden.

Bei 36 Bit Farbtiefe liegen 4096 Helligkeitsstufen vor und davon werden immer 256 Helligkeitsstufen im Bildbereich liegen. Der Trick der digitalen Kamera oder des Scanners mit einer hohen Farbtiefe besteht darin, zuerst das Helligkeitsspektrum zu spreizen, und dann erst das Bild auf 256 Helligkeitsstufen zu reduzieren (siehe Kap. 3.2.4: Digitalisierung und Farbtiefe).

Darum also steuert die Welt des digitalen Bildes auf die 36 Bit als Standard für die Farbtiefe hin, obwohl das Bild letztendlich mit 24 Bit Farbtiefe gedruckt wird. Der Photoshop unterstützt diesen Trend seit der Version 3.0 und kann bis zu 16 Bit pro Farbkanal verarbeiten.

Farbstiche beseitigen

Einen Farbstich, der das ganze Bild betrifft, beseitigen Sie mit der Wahl eines Punktes im Bild, der eigentlich ein neutrales Grau enthalten sollte. Klicken Sie den Punkt mit der mittleren Pipette an. Der Pixel wird auf neutrales Grau gesetzt. Die Farbe, die der Pixel vorher enthalten hat, wird aus allen anderen Pixeln des Bildes »herausgerechnet«. Solche Farbstiche entstehen durch falsches Licht bei der Aufnahme, durch einen farbstichigen Abzug des Fotos oder durch falsche Lagerung und Alter eines Abzugs.

Der Tonwertdialog

Eine Tonwertkorrektur (Menü *Bild/Einstellen/Tonwertkorrektur*) verlagert die Gewichtung der Tonwerte im Bild und sorgt damit für stärkere Kontraste, oder sie hellt das Bild auf, um mehr Details in den Tiefen aufzudecken.

Ziehen Sie das weiße Dreieck des Tonwertumfang-Reglers nach links, etwa auf den Wert 240, der im rechten oberen Textfeld angezeigt wird. Dadurch erhalten alle Pixel im Bereich von 240 bis 255 den neuen Wert 240. Durch die Neuverteilung einiger heller Pixel wird ein dunkleres Bild erzeugt, so daß die weißen Bereiche detaillierter erscheinen. Ziehen Sie das schwarze Dreieck des Tonwertumfang-Reglers nach rechts, so erhalten einige dunkle Pixel einen geringeren Kontrast, und es entsteht ein helleres Bild, das mehr Details in den Tiefen zeigt.

Mit dem Gamma-Dreieck in der Mitte unter dem Histogramm werden die Mitteltöne verändert. Verschiebt man es nach links, hellt man das Bild auf, verschiebt man es nach rechts, dunkelt man das Bild ab. Anders als mit dem Helligkeitsregler sind die Mitteltöne stärker von der Änderung betroffen als die Lichter und Tiefen des Bildes.

Gradationskurve bearbeiten

Wie auch mit der Gamma- oder Tonwertkorrektur richtet man mit der Gradationskurve Helligkeit, Kontrast und Mitteltöne eines Bildes ein. Anstatt jedoch die Korrekturen mit den drei Variablen Lichter, Tiefen und Gamma vorzunehmen, können Sie hier jeden Punkt entlang der Tonwerteskala verändern.

Im Bildmenü unter *Einstellen/Gradation* öffnen Sie den Gradationskurvendialog. Die Tonwertspreizung, also die Bestimmung von Schwarzpunkt,

Das »Original« wirkt flau, weil das Tonwertspektrum nicht ausgenutzt wird. Ein leichter Farbstich überzieht das Bild.

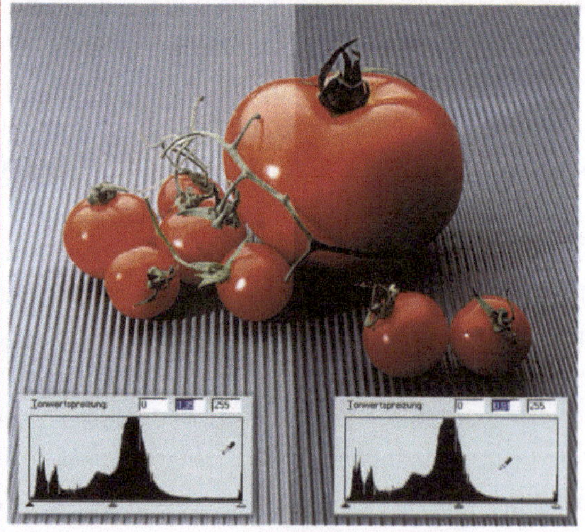

Schieben Sie das mittlere Gamma-Dreieck nach links, werden die Mitteltöne aufgehellt, schieben Sie das Gamma-Dreieck nach rechts, dann dunkeln Sie die Mitteltöne ab und erhöhen dabei den Kontrast.

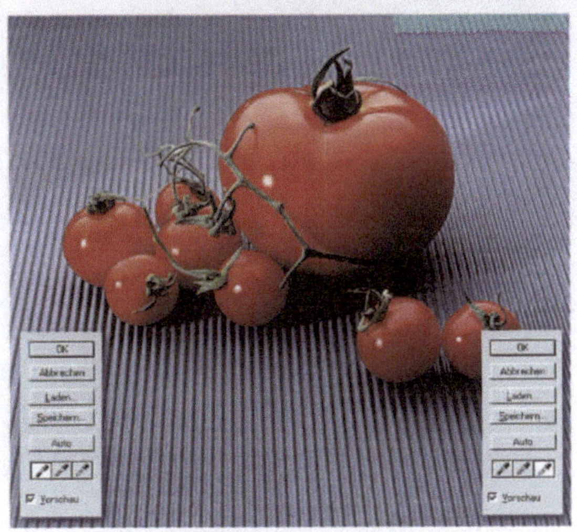

Genauso wie die Tonwertspreizung erweitert das Setzen von Schwarz- und Weißpunkt das Tonwertspektrum.

Ziehen Sie den rechten und den linken Dreiecksregler unter das Pixelgebirge, um die Tonwerte zu spreizen.

Das Setzen des »neutralen Tons« entfernt einen unerwünschten Farbstich, der das gesamte Bild betrifft.

Am Ende der Tonwertkorrekturen wird der Tonwertumfang für den Druck wieder leicht eingeschränkt.

Weißpunkt und neutralem Punkt des Bildes, wird hier genauso wie in der Tonwertkorrektur über die Farbnehmer durchgeführt.

Darüber hinaus können Sie über die Gradationskurve Korrekturen der Tonwertverteilung differenzierter vornehmen: Während in der Tonwertverteilung nur die Möglichkeit besteht, die Tonwerte des gesamten Bildes zu verstärken oder aufzuhellen (je nachdem wohin man den mittleren Dreiecksregler zieht), kann man mit der Gradationskurve die Tiefen, Mitteltöne oder Lichter des Bildes separat behandeln und zudem die Korrektur für jede Grundfarbe des Bildes getrennt vornehmen. So ist es möglich, etwa den Anteil blauer Farbe in den Lichtern des Bildes zu verstärken, damit das Bild einen schärferen und brillanteren Eindruck erweckt, oder das Rot im Bild zu verstärken, wenn es einen besonders warmen und anheimelnden Charakter bekommen soll, oder einen Farbton aufzuhellen, wenn er zu dominant im Bild ist.

Selektive Verstärkung von Bildstellen: Gradation
Hier verstärken Sie die hellen Stellen eines Bildes, um mehr Zeichnung in die Lichter zu bekommen, ohne daß dabei die Mitteltöne und die Tiefen zulaufen. Dies würde passieren, wenn Sie das Bild einfach insgesamt abdunkeln. Sie verstärken die Tiefen des Bildes, ohne dadurch auch die Mitteltöne des Bildes aufzuhellen.

Die Gradationskurve stellt die Eingangswerte der Tonwertverteilung den Ausgangswerten der Tonwertverteilung gegenüber. Über der waagerechten X-Achse der Gradation sind die Werte des Eingangskanals, die Verteilung der 256 Helligkeitswerte für jede Farbe vom vollen Schwarz bis zum reinen Weiß, aufgetragen. Über der Y-Achse sind die Ausgangswerte eingetragen. Da die Verteilung am Anfang noch Eingang=Ausgang ist, zeigt sich die Kurve als Diagonale.

Lineare Steigerung des Kontrasts ...   Lineare Senkung des Kontrasts ...

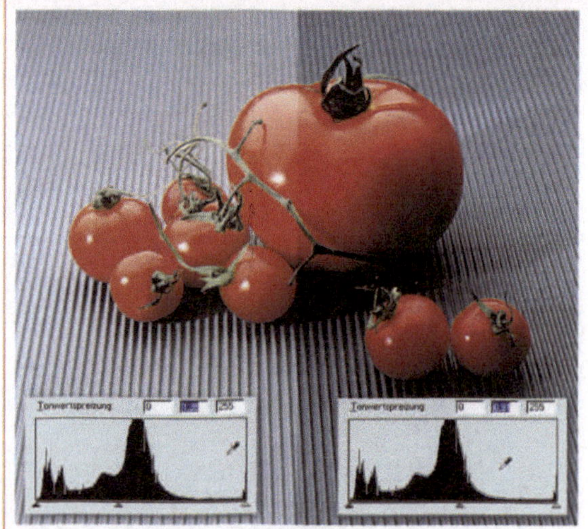

Senken der Tiefenvierteltöne und Heben der Lichtervierteltöne erhöht den Kontrast.   Senken der Lichtervierteltöne und Heben der Tiefenvierteltöne bringt mehr Details.

Anheben der Mittel-
und Vierteltöne hellt
die Mitteltöne auf.

Anheben der Schatten-
vierteltöne sorgt dafür,
daß mehr Details in den
Tiefen sichtbar werden.

Senken der Mittel- und
Vierteltöne dunkelt die
Mitteltöne ab.

Senken der Lichter-
vierteltöne verstärkt
die Zeichnung in den
Lichtern.

Zu starke Korrekturen führen zu sichtbaren
Trennungen der Verläufe (Tonwerttrennung),
deutlich an den Lücken im Histogramm
erkennbar.

Wenn die Twainsoftware die Spitzlichter für
Weißpunkte hält, kann das Bild insgesamt zu
dunkel werden. Setzen Sie den Weißpunkt an
einen etwas dunkleren Punkt.

Tips zur Gammakorrektur

Dunkle Motive

In einem dunklen Motiv werden die Viertel- und Mitteltöne angehoben, um mehr Details in den Schatten sichtbar zu machen. Beachten Sie, daß hierbei die Lichter komprimiert werden.

Kontrastarme Motive

Einem kontrastarmen Bild verleiht ein Absenken der Schatten und Anheben der Lichter mehr Leben. Kontrast und Detailschärfe in den Mitteltönen werden verstärkt, während Lichter- und Schattendetails komprimiert werden.

Kontraststarke Motive

Ein kontrastreiches Motiv mit wenigen Mitteltönen wird verbessert, wenn man die Schatten anhebt und die Lichter absenkt.

High-Key- und Low-Key-Motive

Legen Sie bei Motiven mit einem sehr stark eingeschränkten Tonwertumfang (insbesondere bei extremen High-Key- und Low-Key-Motiven) einen Graukeil mit ins Bild oder auf das Vorlagenglas, damit die Twainsoftware die richtige Einstellung für Weiß- und Schwarzpunkt findet. Bei Aufnahmen messen Sie das Motiv aus, entfernen den Graukeil wieder und belichten mit den zuvor gemessenen Werten.

Spitzlichter und Weißpunkt

Eine Spitzlichtvorlage zeigt kleine, sehr helle Reflektionen, die sogenannten Spitzlichter, wie sie zum Beispiel an Fensterscheiben oder verchromten Metallteilen auftreten. Solche Spitzlichter werden von der Twainsoftware oft für den Weißpunkt der Vorlage gehalten – das Bild wird insgesamt zu dunkel. Unter Umständen können Sie die Spitzlichter aus dem Prescan ausklammern, damit die Twainsoftware zu korrekten Ergebnissen kommt.

Im unteren Bereich der Y-Achse liegen die Tiefen des Bildes, im mittleren Bereich der Y-Achse liegen die Mitteltöne und im oberen Bereich die Lichter.

Gradationskurven speichern

In guten Twainprogrammen, im Photoshop und in einigen anderen Bildbearbeitungsprogrammen können Gradationskurven auch gespeichert werden. Speichert man die Standardkurven für typische dunkle, helle, kontrastarme Motive und Vorlagen, lassen sich Korrekturen schnell und effektiv durchführen, auch wenn die Twainsoftware derartige Typisierungen nicht bietet.

Wenn die Gradationskurve wild schwingt, »solarisiert« das Bild zu coolen Farbeffekten. Sorgen Sie dafür, daß das gesamte Helligkeitsspektrum ausgeschöpft wird, damit die Farben leuchten.

Keine Schwarzweißfärberei

Nur wenn reinstes Persilweiß und teuflisches Schwarz verlangt sind, sollte der Tonwertumfang von 0% bis 100% reichen. Die Werte bis 5% und über 95% lassen beim Druck das Raster wegbrechen und das Weiß im Bild wie Lücken aussehen.

Die geplante Ausgabeart gibt vor, wie Schwarz- und Weißpunkt gesetzt werden. Bilder, die auf dem Bildschirm bleiben und die nicht für den Druck vorgesehen sind, sollten sich über den gesamten Tonwertumfang erstrecken. Anders, wenn das Bild

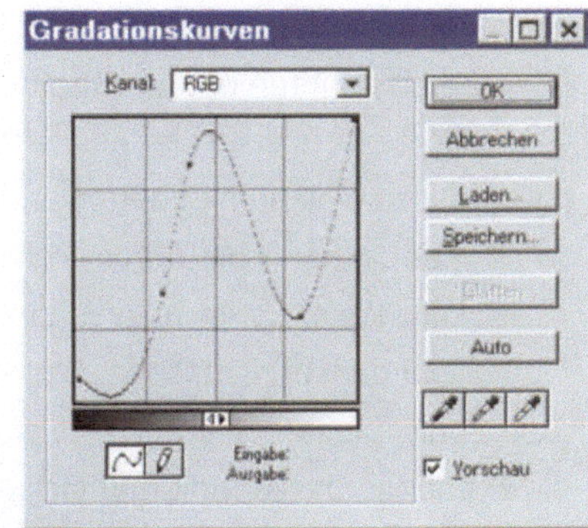

für den Druck vorgesehen ist. Um auch im Druck noch zu einem ausgewogenen Ergebnis zu kommen, schränken Sie jetzt den Tonwertumfang wieder ein: Ziehen Sie das rechte und das linke Dreieck unter dem Histogramm zusammen. Die Einschränkung des Tonwertumfangs bringt wieder eine leichte Verflachung, ein Absinken des Kontrastes mit sich. Das läßt sich durch eine Gammakorrektur wieder ausgleichen.

Enthält das Bild Spitzlichter, die auch im Druck reinweiß ohne Zeichnung dargestellt werden, wählen Sie als Weißpunkt einen Pixel, der geringfügig dunkler als die Spitzlichter ist.

Die Tiefen und Lichter ins Schwarze bzw. Weiße zu verstärken ist keinesfalls die beste Methode, zu brillanten Schatten und Lichtern zu kommen – es sei denn, die Tiefen und die Lichter im Bild sind sehr klein. Es ist besser, sie »nur« sehr hell oder sehr dunkel zu machen. Äquivalent dazu erhält man brillante Farben durch eine ausreichend hohe Restmenge der Komplementärfarbe in der Farbe – das sorgt für reichere Tonwertverläufe und damit für mehr Glaubwürdigkeit.

Weitere Einstellungen in der Twainsoftware

Welche Einstellungen Sie im einzelnen schon im Prescan des Scanners oder der Kamera treffen können, hängt von der Twainsoftware ab (siehe Kap. 3.5: Datenübertragung). Tonwertkorrektur und Einstellung der Gradation sind Basisfunktionen der Korrektur digitaler Bilder und sollten komfortabel und flexibel durchführbar sein. Wenn der Zeitrahmen oder der Arbeitsablauf es zulassen, werden Tonwertspreizung und Gradation immer hier zuerst eingerichtet und eventuell im Bildbearbeitungsprogramm noch einmal überprüft und nachgearbeitet. Je höher die Farbtiefe der Kamera oder des Scanners, desto flexibler ist die Gradationskurve und desto später führen selbst heftige Korrekturen zu Sprüngen in der Tonwertverteilung.

Ohne Einschränkung des Tonwertumfangs. Wie weit der Tonwert eingeschränkt werden sollte, um zu ausgewogenen Ergebnissen zu kommen, hängt vom Druckprozeß und insbesondere vom verwendeten Papier ab.

Wenn die Twainsoftware die Spitzlichter im Bild für den Weißpunkt hält, kann das Bild insgesamt zu dunkel werden.

Einschränkung des Tonwertumfangs auf 10 bis 245. Insbesondere der eigene »Polaroiddrucker«, der Tintenstrahldrucker neben dem Rechner, profitiert in der Regel von einer kräftigen Tonwerteinschränkung.

Einschränkung des Tonwertumfangs auf 20 bis 240. Wenn sich zwar mehr Details in den Tiefen und mehr Zeichnung in den Lichtern zeigen, das Bild aber flau und kraftlos wird, heben Sie den Kontrast in der Gammakorrektur.

Geben Sie als Weißpunkt einen etwas dunkleren Punkt vor.

Vorsicht ist allerdings geboten, damit die Spitzlichter nicht ausreißen und im Druck aussehen wie Zahnlücken.

2.1.2 Ausgefleckt

Ein großes Plus der digitalen Fotografie: Das Bild ist direkt im Rechner, wo heute bereits die einfache Bildbearbeitungssoftware an die (oberen) Grenzen der Dunkelkammer kratzt. Währenddessen muß sich das analoge Bild dem Aufwand des Scannens unterziehen, wenn es in einem Druckwerk landen will. Gemeinsam ist beiden: Sauberkeit ist Trumpf.

Ausflecken

Die Beseitigung von Verunreinigungen ist der erste Schritt der Nachbearbeitung. Alles, was vor der Aufnahme nicht sorgfältig gereinigt wurde oder vor dem Scannen auf der Vorlage nicht entdeckt wurde, muß sorgfältig eliminiert werden. Bei so manch einer preiswerten digitalen Kamera sind die Folgen eines leichten Rauschens – einzelner bunter Pixel in Verläufen – zu beseitigen, bevor das Bild in den Druck gehen kann.

Durchsuchen Sie das Bild systematisch in der 200%igen Vergrößerung. In der Regel werden Sie die von Fusseln, Staub und Kratzern beeinträchtigten Pixel durch Pixel ähnlicher Farbe aus der Umgebung der beschädigten Stelle ersetzen. Da in der Praxis zwei nebeneinanderliegende Pixel nie exakt den gleichen Farbwert aufweisen, reicht es nicht aus, alle fehlerhaften Pixel mit ein und demselben Farbwert zu übermalen. Der Pinsel aus der Werkzeugleiste der Bildbearbeitungssoftware ist damit nicht das geeignete Instrument zur Korrektur. Jede EBV-Software hält darum ein Werkzeug zur Verfügung, das kleinere Bereiche des Bildes mit einem weichen Rand kopiert und über die zu reparierende Stelle legt: das Stempelwerkzeug.

Wählen Sie mit dem Stempelwerkzeug eine Stelle möglichst nah an der verunreinigten Stelle,

Man glaubt gar nicht, was dem Leser und Betrachter alles auffällt ...

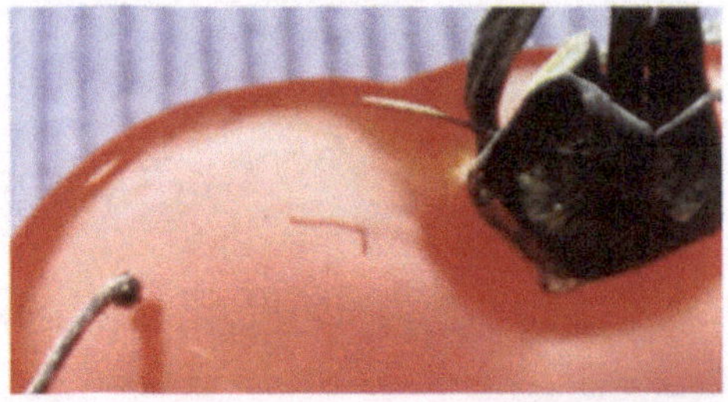

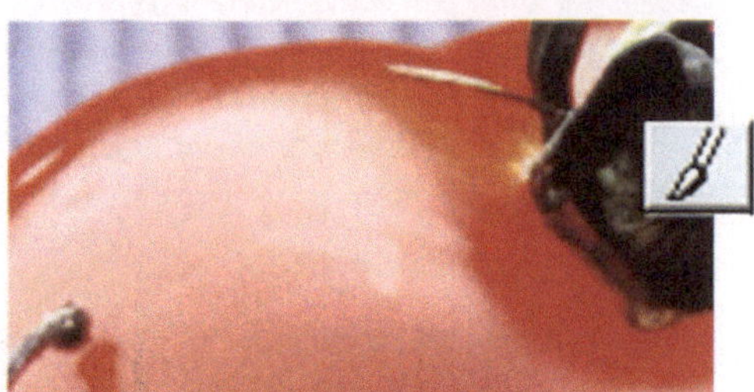

Der Pinsel übermalt die schadhafte Stelle. Seine Farbe bekommt er mit der Pipette zugeteilt, die vorher die Farbe in der Nachbarschaft des Kratzers aufnahm.

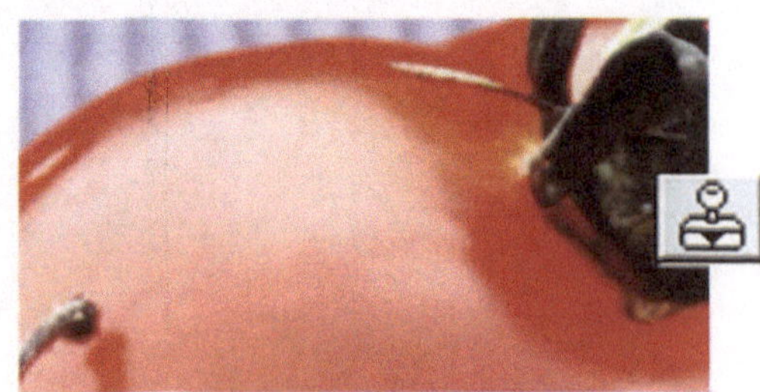

Das Stempel- oder Klonwerkzeug kopiert benachbarte Pixelgruppen und sorgt für eine fast unsichtbare Retusche.

Die typischen Nacharbeiten am digitalen Bild kann man nach dem Motiv unterscheiden:

- In einem Standardbild (Architektur, Studio) werden Bildumfang, Farbstich, Kontrast und Buntheit korrigiert. In einem Landschaftsbild werden Kontrast und die Sättigung der Farben erhöht.

- Bei Schmuck wird die Sättigung der Farben erhöht, fast immer muß ein geringer Farbstichausgleich durchgeführt werden, Gold- und Silbertöne werden betont.

- In Bildern vom Sonnenuntergang wird die Sättigung erhöht, fast immer muß ein geringer Farbstichausgleich durchgeführt werden.

- In Bildern von Technik, insbesondere von HiFi-Anlagen und Fernsehern, die ja fast immer einen prägnanten Anthrazitton vorweisen, wird der Kontrast in den Tiefen erhöht.

- In Portraitaufnahmen werden die Mitteltöne aufgehellt, und oft wird der Kontrast etwas gesenkt (insbesondere bei Frauenportraits). Nur beim Marlboromann und beim Alten Mann vom Meer werden der Kontrast und eventuell auch die Tiefen verstärkt. Da man Farbstiche und Farbverschiebungen im Bild an den Hauttönen besonders gut erkennen kann, fällt bei Portraits besonders häufig eine selektive Farbkorrektur an, die auffallend rote und gelbstichige Gesichter ohne die Beeinflussung der restlichen Farben des Bildes korrigiert.

und markieren Sie den Ursprung durch einen Mausklick bei gedrückter Alttaste. Klicken oder klicken und ziehen Sie das Stempelwerkzeug über die beschädigte Stelle. Die »sauberen« Pixel der Nachbarschaft werden nahtlos über den Kratzer oder Fussel gelegt. Wenn Sie die Maus ziehen, um eine größere Stelle zu übertragen, beachten Sie das Fadenkreuz, das die Stelle markiert, die abgetastet wird: Sie bewegt sich im gleichen Maß, wie Sie über die beschädigte Stelle fahren.

Klicken Sie doppelt auf das Stempelwerkzeug in der Werkzeugleiste, wenn das Stempelwerkzeug eine zu große, zu kleine oder eine zu hart begrenzte Pixelmenge über die Schadstelle legt. Öffnen Sie die Werkzeugspitzen und klicken Sie eine Werkzeugspitze doppelt, um die Form und Größe des Stempelwerkzeugs festzulegen. Sie können sowohl den Pixelradius als auch die »Weichheit« des Stempels einstellen.

Das Klon- oder Stempelwerkzeug

Kratzer und zerstörte Bildstellen werden mit dem Klon- oder Stempelwerkzeug repariert: Der Stempel kopiert einen ähnlichen, aber unbeschädigten Bereich des Bildes über die zerstörten Stellen. Sie markieren mit dem Stempelwerkzeug zuerst den Ursprung der Kopie an einer heilen Stelle möglichst nah an der Schadstelle.

So wie Sie den Klonpinsel über die Schadstelle bewegen, bewegt sich der Ursprung. Damit keine Ränder um die kopierten Stellen entstehen, hat der Klonstempel eine sehr weiche Werkzeugspitze. Um zu sauberen Ergebnissen zu kommen, müssen Sie auf drei Dinge achten:

- Die Stärke des Klonpinsels darf nicht zu groß gewählt werden. Wir sind Meister der Mustererkennung, und uns fallen großflächige Kopien sofort auf, wenn uns genügend Details zur Verfügung stehen. Ist der Pinsel andererseits zu klein, wiederholt sich das Muster zu oft, so daß die eingebrachten Stellen ihr eigenes Muster bilden.

– Die Entfernung zwischen Klonstelle und der beschädigten Stelle darf in der Regel nur sehr gering sein, da Helligkeitsunterschiede uns noch schneller ins Auge springen als kleine Farbabweichungen. Naheliegende Stellen weisen eher die gleichen Helligkeits- und Kontrastwerte auf und werden nicht so schnell entlarvt.

– Wenn Sie allerdings den Klonpinsel durchziehen und nicht ab und zu neu ansetzen, birgt das Klonen eines eng an der Reparaturstelle liegenden Bereichs die Gefahr, daß Sie mit dem Pinsel auf eine bereits kopierte Stelle kommen und ein deutliches Muster entsteht. Setzen Sie also den Pinsel häufig neu an, und wechseln Sie dabei die Position des Originals ständig.

Farbstich oder Farbverschiebung?

Falsche und schwache Farben im Bild gibt es in zwei Ausprägungen: Farbstichigkeit und Farbverschiebung. Bei der Farbverschiebung liegt eine Farbe im Bild »daneben«. Typische Ausprägungen sind Gesichter mit einem Magenta- oder Gelbstich, während alle anderen Farben des Bildes stimmen. Farbverschiebungen rühren in der Regel vom verwendeten Licht, von der verwendeten Kamera oder vom Filmmaterial der analogen Fotografie her. Bei einem Farbstich sind alle Farben des Bildes betroffen. Farbstiche resultieren in der Regel aus schlecht oder gar nicht kalibrierten Hardware- und Softwarekomponenten.

Nicht alle Farbverschiebungen sind mit dem bloßen Auge erkennbar. Wenn die Twainsoftware eine Pipette – die softwaremäßige Umsetzung des Densitometers – aufweist, lassen sich Farbverschiebungen durch die Überprüfung der RGB-Farbwerte eines Bereiches, der weiß oder neutralgrau sein sollte, herausfinden. Wenn die Werte für Rot, Grün und Blau relativ dicht zusammenliegen, dann steht alles zum besten. Setzt sich eine Farbe deutlich von den anderen ab, gibt es verschiedene Maßnahmen, die Farbverschiebung – am besten bereits in der Twainsoftware – zu korrigieren.

Methoden für die Farbkorrektur

Farbkorrekturen können bereits am Prescan, aber auch nachträglich in der EBV-Software durchgeführt werden. Die meisten Programme unterstützen mehrere Verfahren:

– Die Gammakorrektur im überbetonten Farbkanal

– Anpassung von Farbton und Sättigung

– Ändern der Farbbalance

– Die selektive Farbkorrektur

Eine ausgefeilte Software wird Korrekturen auch für Lichter, Mitteltöne und Tiefen getrennt zulassen.

Ändern der Farbbalance

Mit Hilfe eines Schiebereglers wird der Farbstich beseitigt, indem Sie den Regler für die überschüssige Farbe in die Richtung ihrer Komplementärfarbe ziehen. Weist das Bild einen Gelbstich auf, der durch das verwendete Licht zustandekommt, ziehen Sie den Regler von Gelb zur Komplementärfarbe Blau und beschränken die Korrektur auf die Lichter.

Die selektive Farbkorrektur

Eine echte Farbverschiebung können Sie mit dem Setzen des *Neutralen Punktes* nicht entfernen. Die Korrektur einer Farbe zu Grau würde hier die Verschiebung aller anderen Farben mit sich bringen und das gesamte Bild verfälschen. Wählen sie zur Korrektur einer Farbverschiebung die selektive Farbkorrektur im Photoshop im Menü *Bild/Einstellen/Selektive Farbkorrektur.*

In der selektiven Farbkorrektur können Sie die Mischung von einzelnen Farben im Bild kontrollieren und korrigieren. Ist das Gesicht eines Europäers magenta- oder gelbstichig, dann entziehen Sie

Farbstichkorrektur oder selektive Farbkorrektur?

Das Licht von Glühlampen erzeugt die starke Farbverschiebung.

Das Setzen des »neutralen Tons« verfälscht alle Farben des Bildes.

Die selektive Farbkorrektur zieht den Gelbton aus der weißen Farbe im Bild.

Variationen der Farbe durch selektive Farbkorrektur

Die selektive Farbkorrektur eignet sich nicht nur dazu, Fehlfarben im Bild einzurichten.

Auch das Verfälschen oder das Verstärken gehört zu den Ergebnissen.

Die Beigabe von Fremdtönen kann gesättigter wirkende Farben und Verläufe erzielen.

Veränderung von Farbton und Sättigung

Das Original ...

mit höherer Sättigung für Blau

oder höherer Sättigung für Rot.

dem Hautton die überschüssige Farbe. Bedenken
Sie bei der Korrektur einzelner Farben, daß Farben
wie das Blau des Himmels viel gesättigter aussehen,
wenn Sie einen Schuß anderer Farben enthalten.

Anpassung von Farbton und Sättigung

Die Anpassung von Farbton und Sättigung dient
weniger der Korrektur falscher Farben hin zur Vorlage. Diese Funktion wird eher dazu benutzt, die
Stimmung des Bildes durch die Betonung einer Farbe hervorzuheben – etwa die schwachen Farben
einer Herbstlandschaft lebhafter zu gestalten.

»Globale Farbkorrektur«

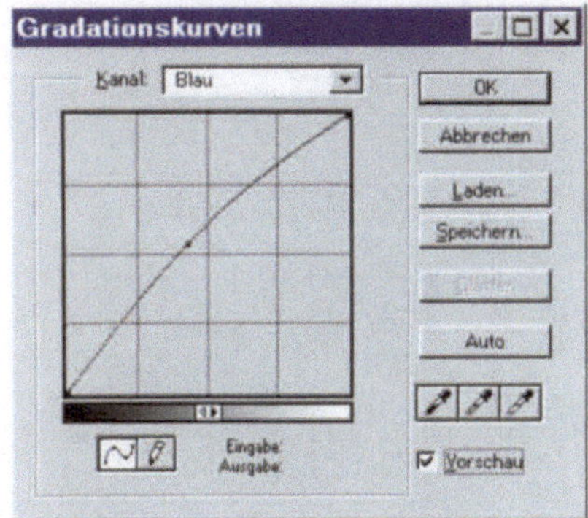

Die Gradationskurve kann den Farbcharakter
des gesamten Bildes beeinflussen, wenn etwa
das Blau in den Mitteltönen verstärkt wird.
Anders herum kann das Absenken einer Farbe
auch einen unerwünschten Farbstich im Bild
korrigieren.

Selektive Farbkorrektur

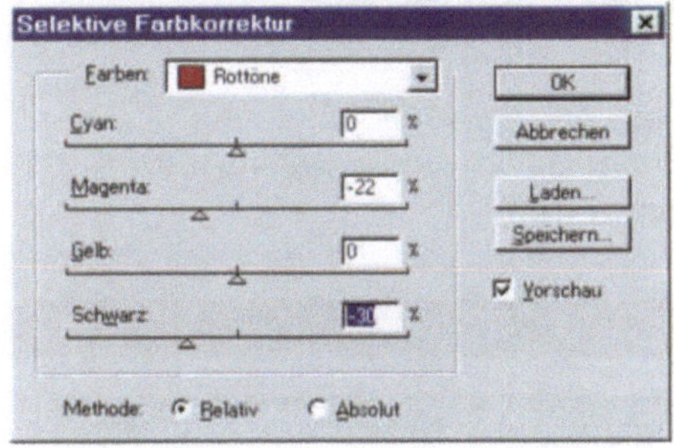

Die selektive Farbkorrektur korrigiert nur die
angesprochene Farbe. Sie entzieht ihr Anteile
von anderen Farben oder fügt andere Farben
hinzu. Die restlichen Farben des Bildes
bleiben davon unberührt.

Ab auf die andere Seite – Farbbalance

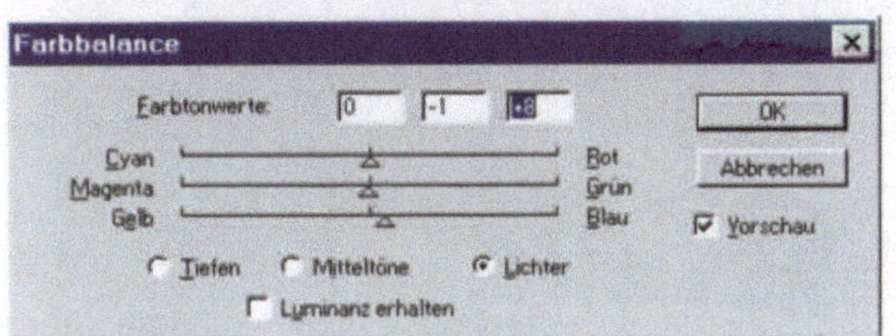

Der Regler für die Farbbalance im Photoshop
verdrängt einen Farbstich durch die Verschiebung zur Komplementärfarbe.

Vergrößern und Verkleinern von Bildern

Der Bildgröße sind durch die Anzahl und Qualität der CCDs natürliche Grenzen gesetzt. Sie kann nicht beliebig erhöht werden. Gerade bei starken Vergrößerungen eines Bildes müssen Sie sich darum eines anderen Hilfsmittels bedienen, um trotzdem zu einer guten Ausgabequalität zu gelangen. Das Softwaremittel heißt Interpolation. Damit die einzelnen Pixel nicht so stark vergrößert werden müssen, werden den bereits vorhandenen Pixeln neue hinzugefügt. Die Farbwerte der neuen Pixel werden jeweils aus den umliegenden Pixeln berechnet. Aber Achtung! Durch übermäßige Interpolation können die Bildlinien verschwimmen, bis das ganze Bild unscharf wird. Die Interpolation fügt dem Bild keine reellen Informationen hinzu, sondern schätzt nur, was zwischen zwei Pixeln farblich liegen könnte.

Verkleinern – die Legende vom Qualitätsgewinn

Auch eine so junge Disziplin wie die digitale Bildbearbeitung hat bereits ihren Aberglauben. Es bringt keinerlei Qualitätsgewinn, Bilder in höherer Auflösung als benötigt zu erfassen und dann zu verkleinern. Das Bild wird nicht schärfer durch diese Maßnahme – im Gegenteil.

In der Regel sollte das Bild mit der exakten Auflösung erfaßt werden, mit der es später auch verwendet wird.

Wenn die Pixel rauschen ...

ist es jetzt an der Zeit, die Störungsfilter einzusetzen. Filter wie *Helligkeit interpolieren*, *Störungen entfernen* und *Staub und Kratzer entfernen* helfen gegen diese unerwünschten Folgen einer Digitalisierung.

Diese Filter können natürlich weder den Staub vom Motiv kehren, den der Fotograf bei der Aufnahme übersehen hat, noch reparieren sie die Kratzer beim gescannten Bild. Sie gleichen die Farben

Im Gegensatz zur weitverbreiteten Meinung verschlechtert auch die Verkleinerung die Bildqualität.

Die Nachbar-Interpolation ist die schnellste Methode zur Vergrößerung des Bildes, liefert aber stufige Ergebnisse in den Diagonalen.

Der Qualitätsverlust einer Vergrößerung liegt in der geringeren Schärfe in den Kanten.

Der Qualitätsverlust durch die Verkleinerung gegenüber dem in der korrekten Größe erfaßten Bild ist zwar geringer als der Verlust durch die Vergrößerung, aber immer noch sichtbar.

In der Mitte liegt die »bilineare Interpolation«.

Die »bikubische Interpolation« berechnet neu eingefügte Pixel aus allen umgebenden Pixeln und liefert die besten Resultate.

benachbarter Pixel aneinander an und bringen einen leichten Weichzeichnungseffekt mit sich. Gute Resultate erzielen sie allerdings in flachen Verläufen mit wenig Zeichnung – da wo Rauschen und Staubkörner am stärksten sichtbar sind. Experten versuchen zuerst, ob sich Bildrauschen und Korn auf einen Bildkanal beschränken und wenden die Störungsfilter gezielt nur in diesem Kanal an, um die Bildschärfe so gut wie möglich zu erhalten.

Nachschärfen bringt Kontrast

Wenn Bilder vergrößert oder verkleinert, um einen anderen Winkel als 90, 180 oder 270 Grad gedreht wurden oder nicht perfekt fokussiert sind, werden Sie nachgeschärft. Das Nachschärfen bringt neben der (scheinbaren) Schärfe einen Gewinn an Kontrast.

Selbst wenn das Bild auf dem Monitor knackig scharf erscheint: Der Druck bringt durch die Rasterung wieder ein gewisses Maß an Unschärfe ins Bild. Insbesondere der hochauflösende Druck mit sehr feinen Rastern (wie z.B. der Kunstdruck) bedarf fast immer einer starken Nachschärfung, um nicht unscharf zu wirken: Die hohen Auflösungen senken die Anzahl der darstellbaren Helligkeitsstufen und damit den Kontrast.

Soll das Bild noch weiterverarbeitet werden, ist es besser, auf die volle Schärfe zu verzichten. Wenn

Bilder zu scharf erfaßt werden, macht sich der Treppeneffekt auf den Diagonalen breit. Stark geschärfte Bilder machen butterweiche Montagen und Retuschen unmöglich. Erst am Ende der Verarbeitung wird das Bild in der Bildbearbeitungs-software geschärft.

Hardcore-Lithografen zeichnen ein Bild sogar schon mal vor der Bearbeitung weich. Das soll nicht nur saubere Kanten in Montagen und bessere Retusche bieten, sondern so lassen sich in der Gammakorrektur die Schatten besser öffnen, ohne daß es zu Brüchen in den Verläufen kommt (Gaußscher Weichzeichner mit einem Radius von 0,5).

Unscharf macht scharf

Die besten Ergebnisse liefert der *Unscharf maskieren*-(USM)-Filter. Durch eine Betonung der Kontraste zwischen benachbarten Regionen mit signifikant unterschiedlichen Farbtönen erweckt der USM-Filter den Eindruck von mehr Schärfe im Bild. Der Filter legt eine unschärfere Kopie des Bildes an. Wenn das Original auf die Kopie gelegt wird, steigen die Kontraste an den Grenzen zwischen zwei benachbarten Farben, während Farbsättigung und Farbverläufe erhalten bleiben – daher die Bezeichnung »Unscharf Maskieren«.

Scharf, tüpfelig und treppig

Viele kleine Details erlauben eine großzügige Schärfung.

Lichthöfe, »Halos«, säumen schnell die feinen Strukturen. Zusätzlich entsteht eine starke Treppenbildung in den Diagonalen.

In Flächen mit flachen Verläufen werden Pixel hervorgehoben – der »Tüpfel«- oder »Speck-ling«-Effekt tritt auf. Heben Sie den Schwellenwert an, um bessere Ergebnisse zu erzielen.

Der Parameter *Stärke* bestimmt den Grad der Schärfung. Der *Radius* ist die Stärke der Kontur – der Bereich, der vom USM-Algorithmus betroffen ist. In der Regel sind Werte von 1 bis 1,5 – je nach Größe und Detaillierungsgrad des Bildes – eine gute Ausgangsbasis. Eine Daumenregel für den Radius ist die Formel Ausgabeauflösung/200. Der *Schwellenwert* legt fest, um wieviel Graustufen benachbarte Pixel differieren müssen, damit der USM-Filter wirkt. Er liegt normalerweise nah bei Null. Wenn allerdings Rauschen oder andere Störungen auftreten, setzt man ihn auf höhere Werte. Auch in Portraits stellt man den Schwellenwert auf Werte von 8 und mehr ein, damit die Haut nicht körnig und rissig wirkt.

Wieviel Schärfe braucht das Bild?

Bilder mit weichen Tonübergängen werden weniger geschärft, während Bilder mit vielen Details mehr Schärfe erfordern. Werte um 130/1,5/2 bringen in der Regel ein gutes Basisergebnis. Das Bild auf dem Monitor darf dabei überschärft aussehen – der Druck liefert eine höhere Auflösung als der Monitor (der nur eine Auflösung von 72 bis 120 dpi aufweist). Verkleinern Sie die Bildschirmdarstellung auf ein Verhältnis von 1:2 auf dem Monitor. Eine stärkere Verkleinerung auf dem Bildschirm erscheint schon posterisiert (Posterisierung = Tonwerttrennung) und liefert kein aussagekräftiges Bild.

Der Filter *Schärfe* ist natürlich auch nicht nutzlos. Verwenden Sie ihn, wenn das Bild wenige Diagonalen aufweist.

Bei diffizilen Motiven, insbesondere, wenn die Vorlage schon unscharf war oder wenn das Bild komprimiert wurde, kann jede weitere Schärfung des Bildes das Korn sichtbar machen oder zu Rauschen führen. Manchmal hilft es, einzelne Kanäle, die eine bessere Qualität aufweisen, getrennt zu schärfen.

Nichts Scharfes fürs Archiv

Ins Archiv kommt immer das ungeschärfte Bild. Geschärfte Bilder lassen sich nicht immer unbedingt weiterverarbeiten. Weiche Kanten für Freisteller, Änderungen von Helligkeit und Kontrast lassen ein perfekt geschärftes Bild schnell zu einer losen Sammlung unabhängig kristallisierter Pixel werden. Speichern Sie das Bild also vor dem Schärfen ins Archiv.

RGB oder CMYK?

Bevor das Bild zum Belichter oder in die Druckerei geht, wird es »separiert« – es wird vom RGB-Bild in ein CMYK-Bild umgewandelt. Digitale Kamera, Scanner und Monitor auf der einen und Drucker auf der anderen Seite arbeiten in unterschiedlichen Farbräumen. Die digitalen Erfassungsgeräte und der Monitor stellen Farben im additiven Farbraum durch die drei Primärfarben Rot, Grün und Blau dar, gedruckt wird im subtraktiven Farbraum mit Cyan, Magenta, Gelb und Schwarz (CMYK).

Hochwertige Kameras und Scanner verfügen über die Option, sofort Farbauszüge zu erstellen. Allerdings wird auch hier tatsächlich ein RGB-Bild erfaßt und durch die Hardware des Gerätes in den CMYK-Modus umgewandelt. Die Konvertierung der Bilddaten durch die Twainsoftware gewährleistet eine optimale Farbtreue, da sie durchgeführt wird, bevor diese in 24-Bit-Farben digitalisiert und gespeichert werden. Die Bilderfassung in den CMYK-Farbraum empfiehlt sich aber nur dann, wenn Sie zum Zeitpunkt der Erfassung bereits alle Daten des Druckprozesses kennen und das Bild ohne jede weitere Bearbeitung für die Druckausgabe verwenden wollen.

Wenn das Bild noch umfangreich retuschiert werden soll, kann sich die Farbgebung des Bildes wesentlich ändern, so daß es keinen Sinn macht, Arbeitsspeicher und Bildbearbeitungssoftware mit den größeren Dateien des CMYK-Bildes zu belasten. Außerdem kann nicht jede Bildbearbeitungssoftware CMYK-Bilder bearbeiten – selbst der Photoshop stellt seine Funktionen bei CMYK-Bildern nur beschränkt zur Verfügung.

Wann wird das Bild separiert?

Farbkorrekturen werden fast immer so lange wie möglich am RGB-Bild, also am unseparierten Bild, durchgeführt. Die Korrektur im RGB-Farbraum ist nicht nur schneller und weniger speicherintensiv, sie ist auch geräteunabhängig.

Wenn das Bild in den CMYK-Farbraum überführt wurde, kann ein letztes Farbtuning die Farbeinbußen durch die Separation u.U. mildern. Nur so läßt sich das Ergebnis in Hinsicht auf den Druck kontrollieren.

Separation im Photoshop

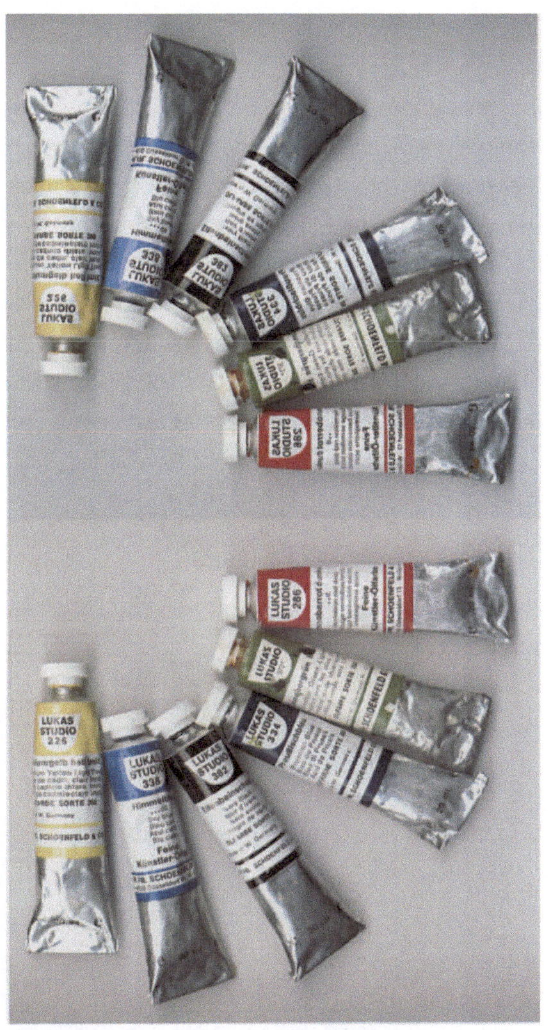

Separation der Twainsoftware

2.1.3 Das 11. Gebot: Du sollst nicht drucken

Wenn sich im Druck statt des erwarteten brillanten Bildes auf dem Bildschirm ein Pixelaufmarsch zeigt, Rudolfs Nase im Profil aussieht wie die Freitreppe des Rathauses, wenn Mitteleuropäer zu Indianern und Chinesen mutieren und der Monitor die irische Berglandschaft noch in frühlingshaften Farben darstellt, die sich auf dem Papier als Sonnenuntergang auf Capri erweisen ..., dann zeigt sich, daß in der Verarbeitungskette eines digitalen Bildes eine Menge schieflaufen kann.

Den Anfang der typischen Fehler macht das Chaos mit der Auflösung des Bildes. »Ein Scanner mit einer physikalischen Auflösung von 300 dpi und einer rechnerischen Auflösung von 600 dpi erfaßt ein Bild mit einer Auflösung von 150 dpi. Die Bildschirmauflösung beträgt 72 dpi bei 600 x 800 Pixeln, der Belichter bringt mit seiner Auflösung von 2.400 dpi eine Druckauflösung von 150 dpi aufs Papier – übrigens in einem 60iger Raster ... «

Treffender als durch dieses Zitat von Dr. Martin Knapp kann man die Auflösungsmisere nicht beschreiben.

Für Hellseher

Stellen Sie sich vor, Sie müßten bei der Aufnahme bereits wissen, in welcher Größe und in welchem Labor Ihr Foto später abgezogen wird. Genau das ist der Fall, wenn Sie ein Bild digital erfassen – sei es nun mit der digitalen Kamera oder mit dem Scanner. Sicherlich kann man im EBV-Programm das Bild in Maßen vergrößern oder verkleinern, aber diese Grenzen sind eng. Das Vergrößern und Verkleinern des Bildes in der Bildbearbeitungssoftware bringt immer einen Qualitätsverlust mit sich. Ungefähr 50% Vergrößerung (und Verkleinerung) verkraftet das digitale Bild – aber auch nur bei entsprechender Nachbearbeitung.

Digitale Kamera und Scanner müssen vor der endgültigen Erfassung des Bildes auf die Ausgabegröße des Bildes eingerichtet werden: Diese setzt sich aus den Maßen des Bildes in Zentimeter und seiner Druckauflösung in dpi zusammen.

Druckauflösung, Druckerauflösung

Die Größe des Bildes auf der Platte wird durch die Anzahl seiner Pixel bestimmt. Ein Bild mit 1800 x 1200 »wiegt« 6,48 MB auf der Platte (1800 x 1200

Vom Bildschirm auf den Drucker – immer ein Kompromiß

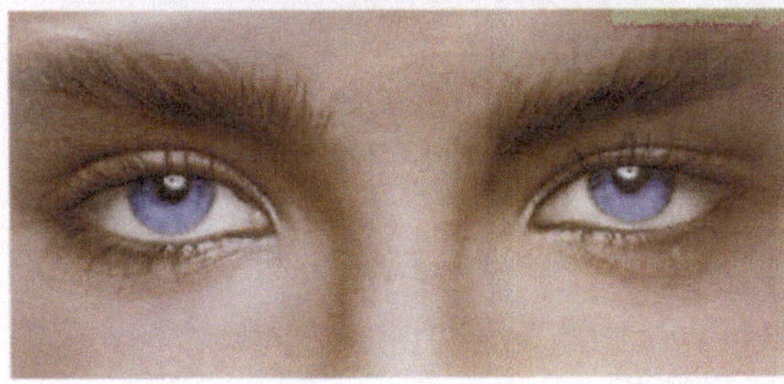

Vom Bildschirm aufs Papier ohne Verluste?

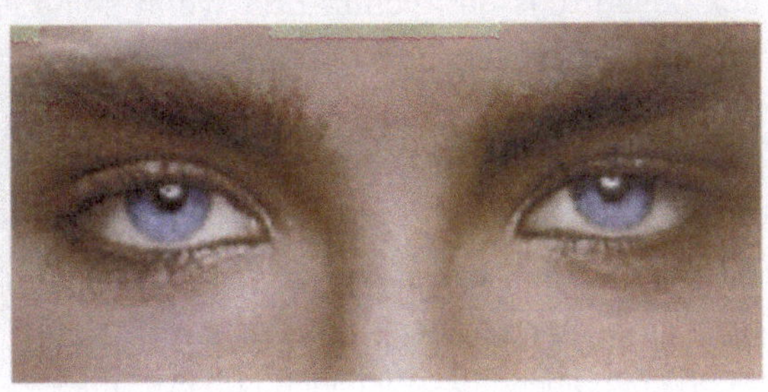

Unscharf oder pixelig? Wahrscheinlich wurde das Bild zu stark oder mit den falschen Einstellungen vergrößert.

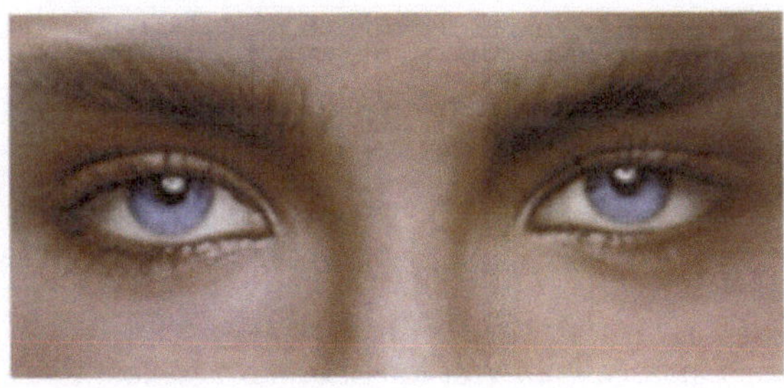

Wenn das Bild vergrößert, verkleinert, rotiert oder verzerrt wurde, muß es nachgeschärft werden.

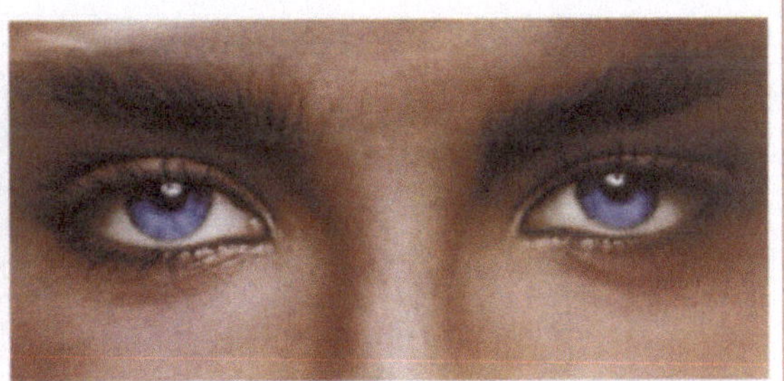

Wenn das Bild zu dunkel ist, können eine zu hohe Auflösung beim Druck oder ein unerwartet hoher Tonwertzuwachs verantwortlich sein.

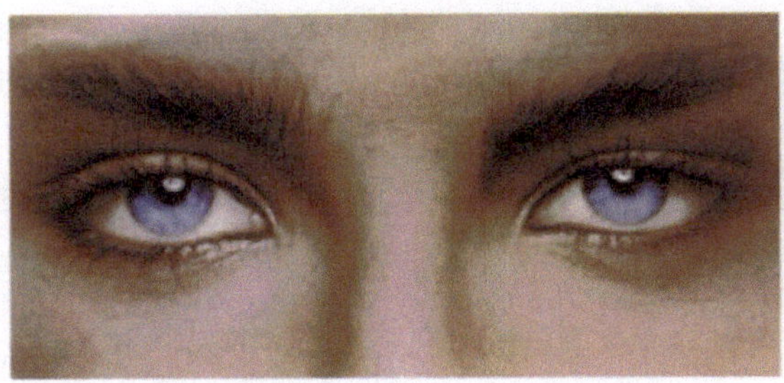

Posterisiert? Eine zu hohe Druckauflösung macht aus feinen Farbverläufen deutlich sichtbare Streifen.

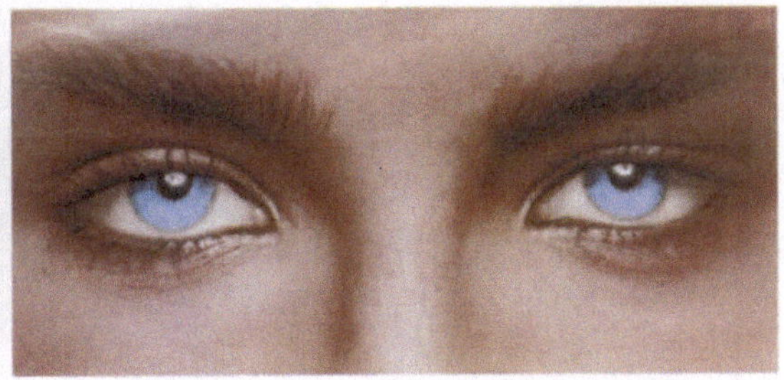

Eine Farbverschiebung beim Druck kann die Folge einer falschen Separationseinstellung sein.

Pixel x 3 Farben / 1024 Bit). Über seine Größe beim Druck besagt das gar nichts. Erst wenn seine Druckauflösung angegeben wird, weiß man, welche Ausmaße es erreicht. Je höher die Druckauflösung, um so näher zusammen und kleiner werden die Pixel gedruckt und um so schärfer erscheint das ausgedruckte Bild. Dabei ist es ein Trugschluß zu glauben, auf einem Drucker mit einer Auflösung von 600 dpi brauche das Bild auch 600 dpi Druckauflösung (Siehe Kap. 3.8.1: Völlig aufgelöst). Höhere Werte als 300 dpi bringen keinen Qualitätszuwachs mehr, können das Bild im Druck aber »zulaufen« lassen.

Das Bild zeigt Pixel (kleine Vierecke)

1. Die Druckauflösung war zu klein. Erfassen Sie das Bild mit der Druckauflösung, die Sie aus der Formel für den Halbtondruck oder den Rasterdruck berechnen.
2. Das Bild wurde zu stark komprimiert. Beim starken Komprimieren verliert das Bild an Informationen. Hoffentlich haben Sie das Original archiviert – denn die Rekonstruktion eines zu stark komprimierten Bildes ist nur sehr bedingt möglich.

Das Bild ist unscharf

1. Das Bild wurde mit einer zu niedrigen Auflösung erfaßt. Hier hilft nur eine erneute Aufnahme.
2. Das Bild verliert an Schärfe, wenn es im EBV-Programm rotiert, verkleinert oder vergrößert wird. Benutzen Sie den Filter *Unscharf Maskieren (USM)* unter den Scharfzeichnungsfiltern des Photoshops.
3. Das Aufrastern des Bildes führt zu einem Verlust an Bildschärfe. Dabei gilt: Je feiner das Druckraster, desto größer der Verlust. Diesem Verlust kann wieder mit dem *USM*-Filter entgegengewirkt werden.

Das Bild ist posterisiert

Das Bild sieht aus wie eine Tonwerttrennung aus der Dunkelkammer: Statt weicher Farbverläufe kommt die Farbe stufig wie in einer Grafik.

1. Das Bild wurde mit 8 Bit statt mit 24 Bit erfasst.
2. Das Bild wurde versehentlich in einem Farbmodus mit weniger als 8 Bit pro Farbe umgewandelt.
3. Das Bild wurde mit einer zu hohen Auflösung gedruckt, so daß nicht genug Farbabstufungen ausgegeben wurden.

Das Bild ist zu dunkel – die Tiefen laufen zu

1. Die Druckauflösung (dpi) ist zu fein für das Papier. Setzen Sie die Ausgabeauflösung im Bildmenü des Photoshops zurück (mit dem Parameter *Neuberechnung*, wenn das Bild dabei seine Druckgröße behalten soll).
2. Einstellungen wurden an einem schlecht kalibrierten Monitor vorgenommen. Öffnen Sie im *Datei-/Ablagemenü* des Photoshops den Dialog *Farbeinstellungen/Monitor*. Wenn Ihr Monitor noch nicht in der Liste der Monitorprofile enthalten ist, gelangen Sie über den Schalter *Kalibrieren* in eine Hilfe bei der Einrichtung des Monitors (siehe Kap. 3.9: Kalibrierung und Colormanagement).
3. Der Tonwert- oder Punktzuwachs des Druckers ist höher als erwartet. Der Tonwertzuwachs beschreibt, um wieviel das Zusammenspiel aus Druckmaschine, Papiersorte und Druckfarben den Rasterpunkt anwachsen läßt. Er kann bei der Separation des Bildes beachtet werden: Im Photoshop im Datei-/Ablagemenü unter *Farbeinstellungen/Druckfarben* läßt sich der Tonwertzuwachs im vorhinein ins Bild rechnen. Er kann auch bei der Gammakorrektur des Bildes vorausschauend eingeplant werden.

4. Viele Scanner scannen zu dunkel, weil ihre CCDs in den dunklen Bereichen die Helligkeitsstufen nicht mehr gut differenzieren können. Gehen Sie in die Tonwertkorrektur Ihres EBV-Programms und heben Sie die Tiefen.

Wo sind meine Farben geblieben?

Die Farben stimmen nicht, insbesondere kräftige und leuchtende Farben sind flau und flach und sehen ganz einfach falsch aus.

1. Das Bild wurde nicht separiert, also in ein CMYK-Bild umgewandelt. Da der CMYK-Farbraum kleiner ist als der RGB-Farbraum des Bildschirms, kann bei der Modusänderung vor dem Druck Farbe verloren gehen – insbesondere leuchtende Farben können beim Vierfarbdruck nicht so wiedergegeben werden, wie sie der Monitor darstellt. Wenn Sie das Bild nicht selber separieren, sondern die Separation dem Drucker oder dem Belichter überlassen, können Sie die Druckfarben nicht beurteilen und eventuelle Farbverluste der Separation ausgleichen.

2. Das Bild wurde mit den falschen Voreinstellungen separiert. Bei der Umwandlung des Bildes in den CMYK-Modus für den Druck muß der jeweilige Druckprozeß angegeben werden. Wenn der nicht bekannt ist, hilft in der Regel die Voreinstellung »Euroscala gestrichen« im Photoshop beim Offsetdruck weiter. Achtung: Der Photoshop wird auch in der deutschen Fassung mit der Voreinstellung »SWOP gestrichen« ausgeliefert. SWOP (Specifications Web Offset Publications) ist der amerikanische Standard für Druckfarben. Ändern Sie die Einstellung auf den deutschen Standard.

2.2 Fang den Pixel – Bildretusche

Was auch immer für das Foto geplant sein sollte: Zu den wichtigsten Werkzeugen einer Bildbearbeitung gehören die Funktionen zur Markierung von Pixelgruppen. Egal, ob Sie die Farbe bestimmter Bildbereiche korrigieren wollen, Motive freistellen oder Collagen aus mehreren Bildern zusammenstellen möchten – immer wieder müssen Pixelgruppen nach den unterschiedlichsten Kriterien zusammengefaßt und für die Manipulation markiert werden.

2.2.1 Maskierfunktionen

Immer wieder kommt es vor, daß nur Teile des Bildes bearbeitet werden sollen: In Montagen werden kleine Bildpartien übereinander geschoben, ein Motiv wird koloriert oder nur das Motiv soll als »Freisteller« das Erscheinungsbild eines strengen Spaltensatzes in einem Magazin auflockern. Um eine Bildpartie vom Rest des Bildes zu trennen, werden die Pixel des Motivs markiert. Dann ist nur noch die markierte Bildpartie den Manipulationen der Bearbeitung unterworfen – alle anderen Bereich des Bildes sind durch eine Maske geschützt.

Im Gegensatz zu den Illustrationsprogrammen, die mit einzelnen, mathematisch beschreibbaren Objekten arbeiten, sind die Kriterien für die Auswahl von Bildbereichen in Bitmapbildern ungleich komplizierter: Motive und Bildpartien unterscheiden sich oft nur durch feine Tonwertunterschiede von anderen Bereichen.

Rechteck- und Ellipsenauswahl

Auswahlrechteck und Auswahloval bietet jedes Bildbearbeitungsprogramm. Halten Sie die Maustaste im Photoshop so lange auf dem Symbol für das Rechteckwerkzeug gedrückt, bis ein Flyoutfenster aufklappt, oder klicken Sie in der Werkzeugleiste doppelt auf das Symbol für das Auswahl-

Die »weiche Auswahlkante« ist die Basis für Retuschearbeiten und Montagen.

viereck. Der Photoshop öffnet damit die Palette für die Auswahlwerkzeuge und Sie können die Form des Werkzeugs ändern. Ziehen Sie das Oval mit gedrückter Umschalttaste auf, damit es kreisförmig wird. Genauso wird das Rechteck zum Quadrat: die Umschalttaste gedrückt halten und das Viereck ziehen.

Nun kommen in Fotos selten so geometrische Formen wie Rechtecke vor. Das Auswahlrechteck findet seine wesentliche Daseinsberechtigung also nicht im Markieren von Bildmotiven, sondern im Festlegen von Ausschnittsgrößen für das Freistellen eines Bildausschnitts.

Die Freihand- oder Lassoauswahl

Freihandmasken gehören ins Repertoire jeder Bildbearbeitung. Ihre Bedienung ist – insbesondere mit der Maus – sehr kompliziert, da sie auf jedes Zittern der Hand und jedes Haken der Maus mit Ausbrüchen reagieren. Solche Auswahlen sind nur für Arbeiten geeignet, bei denen es nicht auf Kantentreue ankommt oder wenn nur sehr kleine Bildbereiche ausgewählt werden sollen. Kontrollierter funktionieren Freihandmasken mit dem Grafiktablett oder –stift.

Die Kontur des Motivs oder der auszuwählende Bereich wird mit dem Lasso nachgezeichnet. Sobald man die Maustaste losläßt, schließt sich die Lassoauswahl.

Der Zauberstab

Der Zauberstab arbeitet nach dem Ähnlichkeitsprinzip. Ausgehend von dem einen Pixel, den Sie als Muster anklicken, werden alle benachbarten Pixel ähnlicher Farbe markiert. Wie groß die Ähnlichkeit sein soll, wird in der Palette des Zauberstabwerkzeugs angegeben, die sich durch einen Doppelklick auf den Zauberstab der Werkzeugleiste öffnet. Die Toleranz legt fest, wie ähnlich die Farben sein müssen, um in die Auswahl aufgenom-

Das Rechteckwerkzeug stellt Bildausschnitte frei.

Der Zauberstab wählt Bereiche mit ähnlichen Farbwerten.

Wenn die Bereiche nicht zusammenhängen, kann »Farbbereich auswählen« Abhilfe schaffen.

Mit dem Lasso werden Ausschnitte gewählt, wenn es nicht auf Exaktheit ankommt.

Für den ovalen Rahmen ist die Kreisauswahl verantwortlich.

Mit gedrückter Umschalttaste werden die Lücken gefüllt.

Die gedrückte Alttaste wählt überflüssige Bereiche wieder ab oder schneidet Löcher in die Auswahl.

Auswahlen lassen sich getrennt vom Rest des Bildes korrigieren, verschieben, skalieren, kolorieren ...

oder freistellen.

men zu werden: Je höher die Toleranz, um so weiter wird die Auswahl.

Wenn die Bildbereiche, die markiert werden sollen, durch andersfarbige Partien getrennt sind, halten Sie die Umschalttaste gedrückt und wählen mit dem Zauberstab weitere Bildbereiche zur bestehenden Auswahl hinzu. Mit *Bearbeiten/Rückgängig* wird die letzte Zauberstabaktion rückgängig gemacht, wenn das Resultat über die gewünschten Grenzen hinausgeht.

Die Auswahl eines Farbbereichs

Um alle Pixel eines Farbbereichs auszuwählen, benutzen Sie im Auswahlmenü den Befehl *Farbbereich*. Geben Sie eine Farbe mit dem Farbpicker vor und setzen Sie die Toleranz so ein, daß sich das Motiv vom Hintergrund trennt. Die Auswahl eines Farbbereichs markiert auch unzusammenhängende Bereiche einer Farbe innerhalb der vorgegebenen Toleranz. Sowohl beim Zauberstab als auch bei der Auswahl eines Farbbereichs kann der Befehl *Auswahl vergrößern* Pixelgruppen mit aufnehmen, die zuvor als Lücken in der Auswahl ausgespart waren.

Auswahlen erweitern

Die Auswahl mit dem Rechteck-/Ovalwerkzeug und mit dem Lasso muß »in einem Rutsch« aufgezogen werden. Aber sie läßt sich erweitern: Wenn Sie die Umschalttaste gedrückt halten, können Sie einen weiteren Bereich hinzufügen. Auf diese Weise erweitern Sie die Grenzen einer bestehenden Auswahl und wählen Bereiche aus, die nicht zusammenhängen.

Alle Auswahlwerkzeuge lassen sich so miteinander kombinieren: Mit der gedrückten Umschalttaste können Sie auch einen weiteren Bereich mit dem Zauberstab oder dem Lasso/Polygonwerkzeug in die vorhandene Auswahl hinzufügen.

Auswahl mit Löchern

Innerhalb einer Auswahl können Sie einen Bereich aussparen, wenn Sie den auszusparenden Bereich mit gedrückter Alt/Optionstaste auswählen. Mit der Alt/Optionstaste ausgewählte Bereiche werden immer von der aktuellen Auswahl abgezogen – sie reduzieren die Auswahl.

Mehr Befehle für Auswahlen

Das Auswahlmenü eröffnet noch eine ganze Reihe von Befehlen für Auswahlen: Wenn Sie eine Auswahl mit dem Zauberstab oder als Farbbereich getroffen haben, in der viele kleine Lücken offen geblieben sind, kann *Auswahl vergrößern* die Lücken schließen. Sie können Auswahlen entlang ihrer Kontur um eine bestimmte Anzahl von Pixeln vergrößern oder verkleinern.

Manchmal ist es einfacher, zuerst die gesamte Umgebung des Motivs zu markieren und dann die Auswahl umzukehren. Mit dem Befehl *Auswahl umkehren* werden alle Pixel markiert, die augenblicklich nicht in der Auswahl enthalten sind.

Semitransparente Auswahl

Im Photoshop läßt sich die Helligkeit als Kriterium für eine semitransparente Auswahl benutzen. Markieren Sie den Kanal, den Sie der Auswahl zugrunde legen wollen. Klicken Sie auf das Symbol *Kanal als Auswahl* laden. Das Ergebnis ist eine Auswahl, in der die dunklen Bildstellen ausgeschlossen sind. In der Auswahl sind die gesättigten Mitteltöne vollkommen opak (undurchsichtig), weniger gesättigte Bereiche erscheinen semitransparent, und die Lichter sind vollkommen transparent. Mit der semitransparenten Auswahl nach Helligkeit gelingt es zum Beispiel, in einem Bild ein Glas ohne seinen Inhalt und Hintergrund auszuwählen.

Bildmasken und Alphakanäle

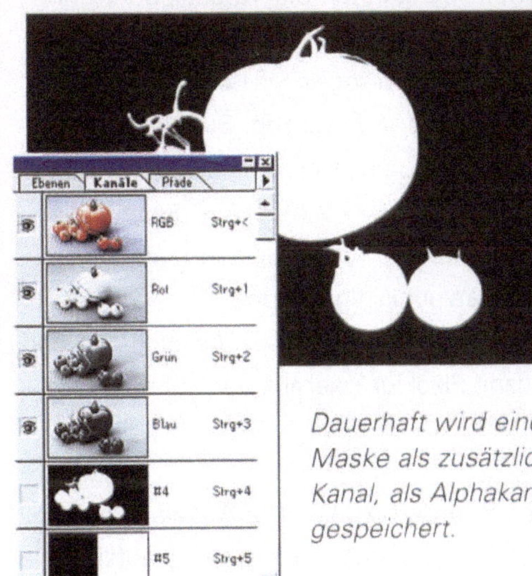

Anstelle des umlaufenden »Ameisenpfades« können Sie die Auswahl auch als Maske darstellen lassen. Praktisch ist das für die Verwendung von Malwerkzeugen.

Dauerhaft wird eine Maske als zusätzlicher Kanal, als Alphakanal, gespeichert.

Luminanzmasken

Auch wenn die Luminanzmaske eine harte Auswahlkante zeigt, sind die Grenzen zwischen den Verläufen natürlich fließend.

Je dunkler der Bereich, desto transparenter wird die Luminanzmaske.

Auswahlen ohne Inhalt verschieben

Eine Auswahllinie können Sie verschieben, ohne dabei den Inhalt mitzunehmen: Benutzen Sie das Auswahlwerkzeug und setzen Sie den Cursor (Mauszeiger) innerhalb der Auswahl an. Ein weißes Viereck zeigt Ihnen, daß Sie jetzt die Auswahllinie ohne den Inhalt verschieben können. Auf diese Weise verschiebt man einen Kreis, für den man nie den richtigen Ansatzpunkt findet, über ein Motiv. Mit *Auswahl verändern/erweitern/verkleinern* läßt sich der Kreis dann Pixel für Pixel auf die Größe des Motivs anpassen.

Gegen den Saumeffekt: Weiche Auswahlkanten

Wie präzise Sie eine Maske auch immer aufziehen – beim Kopieren und Einfügen von Bildteilen in Montagen bleibt immer ein mehr oder minder großer Saum. Für Montagen und viele Retuschearbeiten ist sie darum unverzichtbar: die weiche Auswahlkante. Im Auswahlmenü unter dem Eintrag *Weiche Auswahlkante* bestimmen Sie die Anzahl der Pixel entlang der Auswahlkante, um die eine Funktion oder ein Filter über die Auswahlkante hinaus diffundiert. Kopieren Sie einen Bildteil mit weicher Auswahlkante, so wird der Bildteil in der weichen Auswahlkante semitransparent und paßt sich so nahtlos seiner Umgebung an.

Eine großzügig weiche Auswahlkante mit 2 oder mehr Pixeln erlaubt ein weiches Überblenden verschiedener Bildteile in Montagen, wenn etwa eine Reflexion mit der Entfernung vom Motiv weich ausklingen soll.

Die Ränder einer weichen Auswahlkante werden zum Rand hin immer durchsichtiger. So gelingt es, auch große Bildbereiche butterweich ineinander zu überblenden. Oder benutzen Sie die weiche Auswahlkante, um dem Bild einen neuen, weichen Rahmen zu geben: Markieren Sie den Rand des Bildes, wählen Sie eine weiche Auswahlkante und löschen Sie dann den markierten Rand.

Ein weiteres Mittel gegen den Saum ist die Arbeit mit einer hochauflösenden Bildversion, auch wenn die fertige Montage/Retusche in einem kleineren Format gebraucht wird. Verkleinern Sie das montierte Bild erst dann, wenn die Montagearbeiten abgeschlossen sind.

Der Maskenkanal: Auswahlen sichern

Es kann immer nur eine aktive Auswahl geben. Eine Auswahl kann zwar aus mehreren Bereichen im Bild bestehen, aber immer wird ein Befehl auf die gesamte Auswahl angewendet. Wenn Sie verschiedene Auswahlen, zum Beispiel das Grün des Tomatenstengels und das Rot der Tomaten unterschiedlich behandeln wollen, müssen Sie eine Auswahl speichern, um sie zu einem späteren Zeitpunkt wieder abrufen zu können, ohne sich wieder der Mühe des Auswahlverfahrens zu unterwerfen.

Sie sichern eine Auswahl im Menü *Auswahl/ Auswahl sichern*. Für die Auswahl wird ein separater Kanal – Alphakanal genannt – angelegt, der keine Farbinformationen enthält, sondern die Auswahl als weiße Fläche in einer Bitmap anzeigt. Dann können Sie die Auswahl abwählen, jede beliebige Auswahl zwischendurch bearbeiten, aber jederzeit die gesicherte Auswahl wieder zurückladen. Wenn Sie das Bild als TIFF- oder TGA-Datei sichern, wird die Auswahl dauerhaft gespeichert und kann nicht nur im Photoshop, sondern in den meisten Bildbearbeitungsprogrammen mit dem Bild geladen werden.

2.2.2 Kanalarbeiten

Ein sehr leistungsfähiges Instrument für die selektive Korrektur von Bildern sind die Farbkanäle. Hier finden sich oft die Details, die das Gesamtbild vermissen läßt, in einem einzelnen Farbkanal; manchmal lassen sich eine Unter- oder Überbelichtung hier einfach korrigieren. Und zusätzlich zu den Farbinformationen werden in Alphakanälen Bildmasken gespeichert und manipuliert.

Jedes Bild enthält einen oder mehrere Kanäle, in denen die Farbinformationen eines Bildes gespeichert werden. Ein RGB-Bild etwa besitzt drei Farbkanäle: Rot, Grün und Blau. Insbesondere beim CMYK-Bild mit seinen vier Farbkanälen Cyan, Magenta, Gelb und Schwarz sieht man den Zusammenhang mit den Druckplatten, wie sie im Offsetdruck benutzt werden.

Die Kanäle stellen die Tonwerte jeder einzelnen Farbe dar, die benötigt wird, um übereinander gelegt (oder gedruckt) das bunte Bild mit all seinen Farbtönen zu erzeugen. Darum werden die Kanäle per Voreinstellung auch als Graustufenbilder dargestellt.

Auswahlen in Farbkanälen markieren

Das Erstellen einer Auswahl ist – trotz solcher Hilfsmittel wie Zauberstab und Farbauswahl – immer wieder eine nervenaufreibende Geduldsarbeit. Manchmal allerdings gibt es die Auswahlkontur bereits in einem der Farbkanäle. Dann zeigt ein einzelner Farbkanal oder eine Kombination aus mehreren Kanälen eine bessere Grundlage für eine Auswahl als das Bild mit allen seinen Farben. Schalten Sie Kanal für Kanal ein, um zu überprüfen, ob der Kanal nicht bereits eine Kontur aufweist, die sich mit dem Zauberstab einfangen läßt.

Kopieren Sie den Kanal, in dem sich das Motiv am besten von seiner Umgebung abhebt. Markieren Sie dazu den Kanal und ziehen ihn auf das Symbol *Neuer Kanal* in der Kanalpalette. Sie können auch die Gradationskurve benutzen, um das Motiv noch weiter von seiner Umgebung zu trennen. Erhöhen Sie die Toleranz des Zauberstabs, um eine Auswahl zu erzielen, die sich möglichst eng an die Kontur des Motivs anlehnt.

Alphakanäle

Außer Farbinformationen können Kanäle auch Auswahlen speichern. Mit dem Maskierungsmodus wird eine Maske nur kurzfristig erzeugt. Wird diese Maske nicht als Auswahl gespeichert, verschwindet sie, sobald eine neue Maske erstellt wird, in das Nirwana der Bits und Bytes. Wenn sie in einem Kanal gespeichert wird, ist sie hingegen jederzeit wieder abrufbar.

Einige Bildformate wie TIFF und TGA können zusätzlich zu Farbinformationen solche Kanäle speichern (die man jetzt Alphakanäle nennt). Damit lassen sich Auswahlen auch wiederherstellen, wenn das Bild zwischendurch gespeichert und geschlossen wurde.

Eine Auswahl, die über das Menü *Auswahl/Speichern* in einem Alphakanal gespeichert wurde, wird als Schwarzweißmaske in der Kanalpalette angezeigt. Klicken Sie auf das Auge der Zeile mit der Schablone, dann erscheint im Bildfenster nur die Schablone und ermöglicht ein einfaches Manipulieren der Maske als Bitmap.

Der schwarze Bereich der Maske deckt das Bild vollkommen opak (undurchlässig) ab, während der weiße Bereich frei für Manipulationen bleibt. Die Maske zeigt weiche Auswahlkanten, in denen Filter nur beschränkt wirken, durch Graustufen an. Mit der Tastenkombination Umschalttaste/Strg bzw. Umschalttaste/Befehlstaste auf dem Mac und einem Klick auf den Alphakanal in der Kanalpalette schalten Sie die Auswahl im Bild ein. Die Maske können Sie wie jedes andere Bild auch mit allen Werkzeugen bearbeiten – ja, sogar Filter können Sie auf die Maske selber anwenden.

Kanäle duplizieren

Kanäle lassen sich duplizieren, um sie zum Beispiel für Masken zu verändern, ohne das Bild dadurch anzutasten. Ziehen Sie die Zeile mit dem Kanal, den Sie duplizieren wollen, auf das Symbol »Neuen Kanal erstellen«.

Der rote Kanal zeigt bei einer Unterbelichtung noch die meisten Details in den Tiefen.

Eine leichte Unterbelichtung läßt die Tiefen zulaufen.

Butterweiche Montagen sind eine andere Anwendung der Luminanzmaske.

 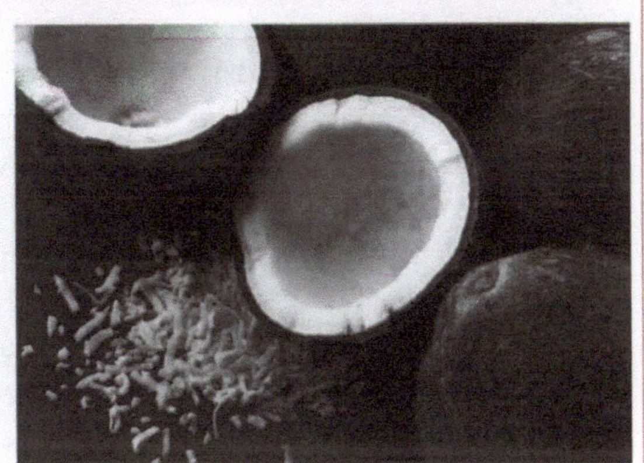

Im grünen und im blauen Kanal ist die
Unterbelichtung wesentlich stärker
ausgeprägt.

Die Luminanzmaske wird auf der Basis
des roten Kanals erstellt.

Unter der Luminanzmaske wird die Gammakorrektur ausgeführt und wirkt sich kaum auf die
hellen Bereiche aus.

Die Luminanzmaske
der Tasse und die
Kaffeebohnen ...

... überlagern sich
weich und semi-
transparent.

Luminanzmasken

Ganz schnell können sie über die Kanalpalette eine Transparenzmaske erstellen – das ist eine Maske, die alle Pixel des Bildes enthält, die einen Farbwert besitzen. Öffnen Sie die Kanalpalette und halten Sie die Strg- bzw. Befehlstaste gedrückt. Klicken Sie mit dem Mauszeiger auf den Kanal, den Sie der Auswahl zugrunde legen wollen.

Oder rufen Sie den Befehl *Auswahl laden* im Auswahlmenü auf.

Das Ergebnis ist eine Auswahl, in der die dunklen Bildstellen ausgeschlossen sind. In der Auswahl erscheinen die weniger gesättigten Bereiche semitransparent, und die weißen Bildbereiche sind vollkommen opak. Dabei sind die Übergänge zwischen Transparenz, Semitransparenz und undurchlässig so weich wie die Tonwertverläufe zwischen den Bereichen.

Korrekturen von Unter- oder Überbelichtung

Die Luminanzmaske ist ein hervorragendes Mittel bei der Korrektur von Unter- und Überbelichtungen. Unter der Luminanzmaske verstärken Sie nur die Lichter eines überbelichteten Bildes, ohne die dunklen Bildpartien zu manipulieren, oder holen Details aus den Tiefen eines unterbelichteten Bildes. Suchen Sie den Kanal des Bildes, in dem noch die stärkste Durchzeichnung erkennbar ist. Sie können den Kanal auch duplizieren und mit der Tonwertkorrektur oder der Gradationskurve die Zeichnung noch weiter herausarbeiten.

Markieren Sie die hellen, ungesättigten Bildbereiche (Menü *Auswahl/Auswahl laden* oder ein Klick auf das Symbol »Auswahl laden« in der Kanalpalette) und korrigieren Sie jetzt den Farbkanal. Da die dunklen gesättigten Stellen der Luminanzmaske transparent werden, müssen Sie die Auswahl umkehren, wenn Sie die dunklen Bildbereiche korrigieren wollen.

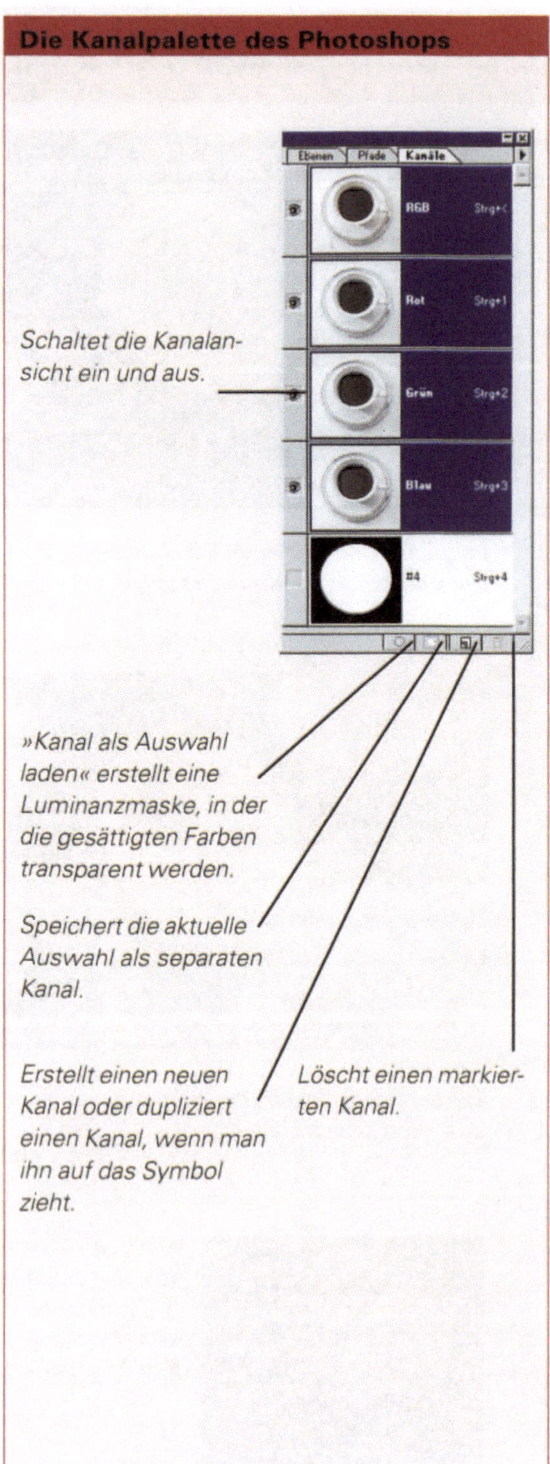

Schaltet die Kanalansicht ein und aus.

»Kanal als Auswahl laden« erstellt eine Luminanzmaske, in der die gesättigten Farben transparent werden.

Speichert die aktuelle Auswahl als separaten Kanal.

Erstellt einen neuen Kanal oder dupliziert einen Kanal, wenn man ihn auf das Symbol zieht.

Löscht einen markierten Kanal.

2.2.3 Stapelweise Bildebenen

Die Ebenen bilden die Grundlage für Montagen. Hier bearbeiten Sie Teile eines Composings, ohne daß die Pixel auf den verschiedenen Ebenen verschmelzen und sich unwiderruflich überlagern. Für den Photoshop-Anwender sind die Ebenen eine Sicherungskopie und die einzige Möglichkeit, auch mal eine Reihe von Arbeitsschritten rückgängig zu machen.

Bei komplexen Montagen, in denen Teile von zwei und mehr Bildern montiert werden oder Schrift und Schatten integriert werden, sind Bildebenen ein unverzichtbares Hilfsmittel. Die einzelnen Bilder oder Bildausschnitte werden auf separaten Ebenen untergebracht – ihre Pixel verschmelzen nicht miteinander und können jederzeit separat bewegt und manipuliert werden.

Ebenenmasken

Auch wenn nur ein Ausschnitt eines Bildes benötigt wird, kann das komplette Bild in eine Ebene übernommen werden. Ebenenmasken sorgen dafür, daß immer nur der gewünschte Bildausschnitt sichtbar wird. Das sorgt für eine Menge Freiraum für Experimente, denn die Ausschnitte lassen sich jederzeit durch eine neue Maske verändern.

In die Ebene gebracht

Wenn Sie die Ebenenpalette eines »frischen« Bildes im Photoshop aufrufen (Menü *Fenster/Ebenen einblenden*), bildet das aktive Bild die Hintergrundebene in einem noch leeren Stapel von Ebenen. Der Aufruf *Neue Ebene* in der Ebenenpalette oder im Menü *Ebene* ist der einfachste Weg, eine neue Ebene

anzulegen. Die neue Ebene ist zunächst noch leer und transparent. Sie können Ebenen durch einen Klick auf das Augensymbol ein- und ausblenden.

Mit den Malwerkzeugen, etwa mit dem Pinsel, malen Sie in der neuen Ebene Striche und Verläufe, ohne daß sich die Farbpixel mit den Pixeln der Hintergrundebene vermischen, oder Sie schreiben Texte in die neue Ebene, die sich jederzeit verschieben, rotieren und skalieren lassen.

Markieren Sie einen Bildausschnitt in der Hintergrundebene, kopieren ihn in die Zwischenablage (Menü *Bearbeiten/Kopieren* oder Strg/Befehl C) und fügen ihn wieder ein (Menü *Bearbeiten/Einfügen* oder Strg/Befehl V). Dafür legt der Photoshop eine neue Ebene an und fügt den Inhalt der Zwischenablage hier ein.

Die Ebenenpalette

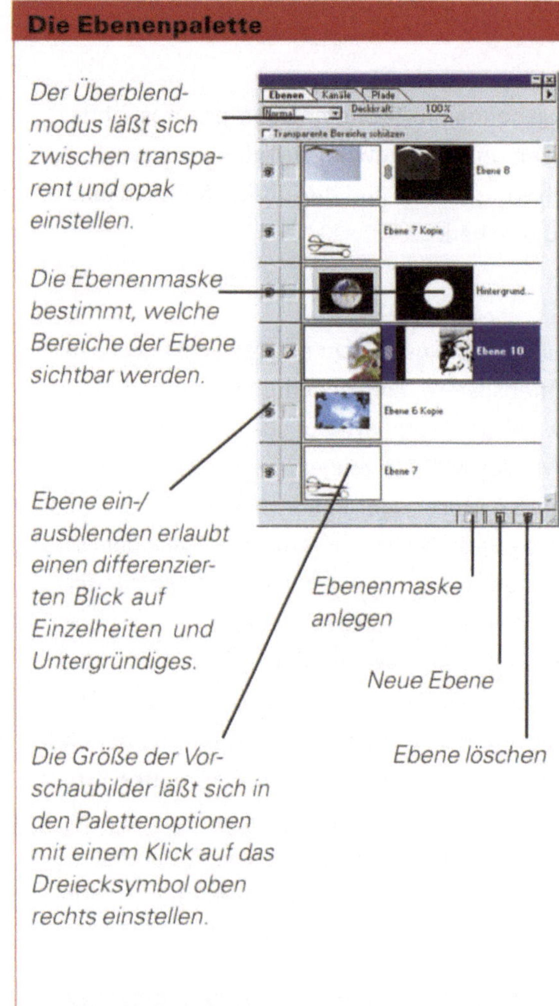

Der Überblendmodus läßt sich zwischen transparent und opak einstellen.

Die Ebenenmaske bestimmt, welche Bereiche der Ebene sichtbar werden.

Ebene ein-/ ausblenden erlaubt einen differenzierten Blick auf Einzelheiten und Untergründiges.

Die Größe der Vorschaubilder läßt sich in den Palettenoptionen mit einem Klick auf das Dreiecksymbol oben rechts einstellen.

Ebenenmaske anlegen

Neue Ebene

Ebene löschen

Die Überblendmodi

Wenn die Farben kräftiger wirken sollen oder eine Überbelichtung zu korrigieren ist

duplizieren Sie die Ebene und stellen den Überlagerungsmodus auf »Multiplizieren«.

Ein grauer Schriftzug in einer separaten Ebene blüht auf mit »farbig Nachbelichten«.

Die Sicherungskopie im Bild

Mit Hilfe der Ebenentechnik legen Sie vor einer Manipulation eine Sicherungskopie an. Kopieren Sie das ganze Bild mit dem Befehl *Ebene duplizieren* in eine neue Ebene – dann manipulieren und korrigieren Sie das Bild und können jederzeit das korrigierte Bild mit dem Original vergleichen, indem Sie die Ebene mit dem Augensymbol ein- und ausblenden.

Wenn Sie im Laufe einer komplexen Bearbeitung immer wieder eine Kopie der aktuellen Ebene anlegen, sichern Sie auf diese Weise mehrere Bearbeitungsschritte und können zu einem beliebigen Schritt zurückkehren. Allerdings kostet diese Technik bei großen Bildern eine Menge des kostbaren RAMs Ihres Rechners.

Retuschearbeiten in Ebenen

Retuschearbeiten wie das Entfernen von störenden Laternenpfählen und Mülltonnen im Bild gehören zu den immer wiederkehrenden Aufgaben in der Bildbearbeitung. Während kleine fehlerhafte Bildstellen mit dem Stempelwerkzeug gesäubert werden, benutzt man für das Abdecken großer Objekte große Bildpartien aus anderen Bereichen des Bildes. Markieren und kopieren Sie solche Bildpartien (am besten mit einer weichen Auswahlkante!), so landen die Bildpartien in der Zwischenablage des Rechners. Werden sie wieder eingefügt, befinden sie sich auf einer neuen Ebene und können frei verschoben, skaliert, gedreht, verkleinert und vergrößert werden – solange, bis sie die fehlerhafte Bildstelle überdecken.

Montagen aus mehreren Bildern

Fügen Sie die Bilder als separate Ebenen über der Hintergrundebene ein. Markieren Sie ein komplettes Bild (Menü *Auswahl/Alles auswählen* oder ziehen Sie die Zeile der Ebenenpalette in ein anderes Bild). Da jedes weitere Bild über das vorangehende gelegt wird, verdeckt es die darunterliegende Ebene, je nachdem, wie groß es ist.

Damit nur ein Bildausschnitt, ein Motiv, über der Hintergrundebene sichtbar wird, muß das Motiv entweder freigestellt oder mit einer Ebenenmaske versehen werden. Sie stellen das Motiv auf einer Ebene mit den Auswahlwerkzeugen frei, indem Sie seine Umgebung löschen. Oder Sie markieren das Motiv und legen mit einem Mausklick auf das Symbol »Ebenenmaske hinzufügen« eine Maske auf das Bild.

Jede Ebene kann also zwei Elemente enthalten: das Bildelement und die Maske. Die Ebenenmaske funktioniert wie ein Alphakanal, nur daß die Maske nicht auf dem gesamten Bild, sondern nur auf der einzelnen Ebene wirkt.

Umgeschichtet

Ebenen lassen sich durch einen Klick auf das Auge ein- und ausblenden. Wenn Sie die Elemente aus mehreren Ebenen im gleichen Ausmaß verschieben, rotieren oder skalieren wollen, klicken Sie in den entsprechenden Ebenen in das Kästchen neben dem Augensymbol. Eine Kette zeigt an, daß die Ebene mit der aktiven, unterlegten Ebene verbunden ist.

Die Reihenfolge der Ebenen ändern Sie, indem Sie die Ebenenzeile mit dem Mauszeiger direkt an die gewünschte Position ziehen. Die Hintergrundebene läßt sich allerdings erst dann auf eine andere Position schieben, wenn Sie umbenannt wurde (klicken Sie doppelt auf die Hintergrundebene und geben ihr einen anderen Namen).

Speichern der Arbeiten

Bilder mit Ebenen speichert der Photoshop in einem speziellen Format ab, das von vielen anderen Programmen nicht gelesen werden kann. Zur Übergabe an ein Layoutprogramm oder an ein anderes Bildbearbeitungsprogramm müssen die Ebenen wieder zusammengeführt werden – sie werden auf die Hintergrundebene reduziert (Menü *Ebene/Auf die Hintergrundebene* reduzieren).

2.2.4 Aus dem Rahmen gefallen – Freisteller

Das tägliche Brot der Bildbearbeitung sind die Freisteller. Sie lockern das Layout des Lifestylemagazins genauso auf wie das wöchentliche Faltblatt vom Aldi. Wenn der Fotograf nicht schon durch die Wahl des richtigen Hintergrunds dafür gesorgt hat, daß sich das Motiv kontrastreich an allen Konturen abhebt, werden ihn unzählige Flüche der Bildbearbeiter treffen.

»Freisteller« wird ein Bildausschnitt genannt, bei dem der Hintergrund des Bildes wegretuschiert wurde, so daß nur noch das Motiv übrig bleibt. Danach wird das Motiv entweder in ein Bild mit einem anderen Hintergrund eingesetzt, oder es schwebt frei und ungebunden im Text. Es gibt wohl kaum eine andere »Bildbearbeitung«, die so oft durchgeführt wird wie das Freistellen von Motiven. Schlagen Sie einen Katalog auf, lesen Sie die Bildzeitung oder ein Kunstmagazin – überall sprengen Motive ohne (fotografischen) Hintergrund den Spaltensatz.

Wer hat nicht zuerst versucht, den Freisteller mit dem Zauberstab oder der Funktion *Farbbereich auswählen* zu erzeugen? Da der Kontrast an den Konturen im seltensten Fall ausreicht, ist das Ergebnis in der Regel eine

zackige Kante, ausgefranst und schlichtweg unbrauchbar.

Nicht immer kann der Fotograf für einen kontrastreichen Hintergrund und schattenfreie Ausleuchtung sorgen (ohne jegliches Gegenlicht, denn das schafft unerwünschte Lichtsäume), bei denen sich das Motiv mit einfachen Mitteln vom Rest des Bildes trennen läßt. Freihandlasso und Zauberstab sind die reinsten Krücken, wenn fliegende Haare und feine Äste von einem grauen Himmel getrennt werden müssen.

Vektoren im praktischen Einsatz

Die flexibelste und mächtigste Methode, eine Auswahl anzulegen, nachträglich zu ändern und dauerhaft zu speichern, stellen die Auswahlpfade in der Bild-bearbeitung bereit. Pfade beschreiben Bildteile als Vektoren. Aus den Illustrationsprogrammen hat der Photoshop die Bézierkurven übernommen. Bézierkurven verhalten sich wie Gummiringe, die sich um ein Motiv

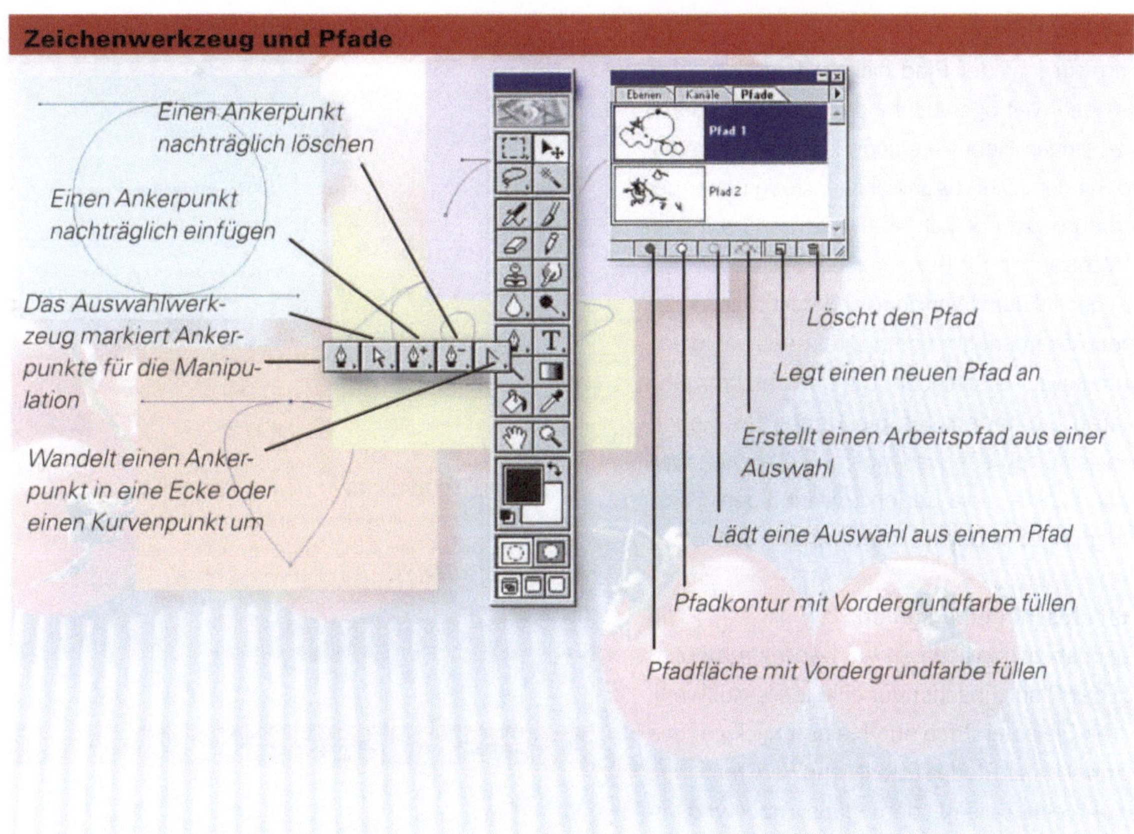

aufspannen. An bestimmten Punkten, den Knoten- oder Ankerpunkten, können Sie die Bézierkurve auseinander- und zusammenziehen und pixelgenau an das Motiv anpassen. Dabei kann die Kurve immer wieder korrigiert werden.

Kurven ziehen

Mit dem Zeichenstift aus der Werkzeugleiste des Photoshops setzen Sie Punkt für Punkt einer Kurve. Legen Sie den ersten Punkt durch einen Klick der linken Maustaste fest. Beim zweiten Punkt halten Sie die Maustaste gedrückt und ziehen die Maus ein Stück. Das erste Kurvensegment – das bislang noch eine Gerade zwischen dem ersten und dem zweiten Punkt war – wird zur Kurve. Je weiter Sie die Maus

ziehen, desto runder wölbt sich die Kurve. Ziehen Sie die Maus soweit, bis sich das erste Kurvensegment an die Kontur des Motivs angepaßt hat.

Rundherum eingeschlossen

Sie können die Arbeit an dem Auswahlpfad jederzeit für andere Arbeiten unterbrechen, Sie können sich auch weiter ins Bild hinein- oder wieder herauszoomen, um sich die Sache einmal aus der Nähe oder im Überblick anzusehen. Haben Sie das Motiv eingeschlossen, klicken Sie mit der Feder auf den ersten Punkt der Kurve (ein kleiner Kreis neben dem Werkzeug dient als Kontrolle, daß Sie den ersten Punkt wieder erreicht haben) und schließen Sie die Kurve durch einen letzten Mausklick.

Den Pfad korrigieren

Bestimmt gelingt der Pfad nicht auf Anhieb. Ausrutscher und weit auswuchtende Kurven, die durch einen zu langen Hebel zustande kommen, korrigieren Sie mit dem Direkt-Auswahlwerkzeug (unter der Zeichenfeder verbirgt sich ein Flyoutmenü mit weiteren Werkzeugen für Bézierkurven: Halten Sie den Mauszeiger auf dem Werkzeug gedrückt). Markieren Sie einen Ankerpunkt mit dem Direkt-Auswahlwerkzeug, um ihn zu verschieben. Die Kurvenkrümmung korrigieren Sie, indem Sie die Hebel des Ankerpunktes verkürzen oder verlängern. Sie können weitere Ankerpunkte in die Bézierkurve einfügen, Punkte löschen und Eck-punkte in Kurven verwandeln.

Auswahl aus Pfaden erstellen

Im Gegensatz zu den anderen Auswahlinstrumenten erzeugt der Pfad zunächst nur eine leere Auswahl. Markieren Sie einen Pfad durch einen Klick auf das Pfadsymbol in der Pfadpalette (Menü *Fenster/Pfade einblenden* – die Zeile mit dem Pfadsymbol wird farbig hinterlegt) und rufen Sie die Funktion *Auswahl erstellen* auf. Dann legt Photoshop eine Auswahl entlang des Pfades an. Dabei können Sie auch angeben, wie »weich« die Auswahlkante sein soll – die weiche Auswahlkante ist wichtig, damit sich das Motiv randlos vor einem anderen Hintergrund einfügt. In der Regel genügt eine weiche Kante von zwei Pixeln Breite – es sei denn, Motiv und Zielbild sind sehr groß (größer als A4).

Beschneidungspfade aufbauen

Manchmal ist die Kontur des Motivs kräftig genug, um mit dem Zauberstab oder der Funktion *Farbbereich auswählen* eine erste Auswahl zu treffen. Aber die Auswahlen, die mit dem Zauberstab oder durch die Vorgabe einer Farbe getroffen wurden, sind zakkig und stufig – ohne weitere Bearbeitung sind sie fürs Layout unbrauchbar. Um mit solch einer Auswahl eine saubere Kante für einen Freisteller zu

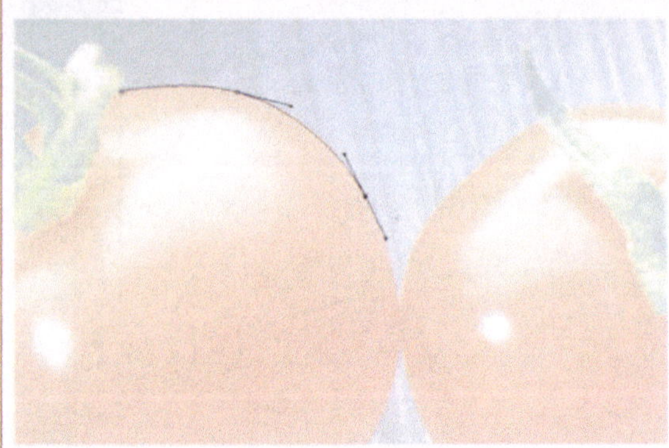

Mit dem Zeichenstift werden Ankerpunkte gesetzt. Klicken mit der Maus setzt den Punkt. Ziehen, ohne die Maustaste loszulassen, manipuliert den Hebel.

Weniger ist mehr ... zu viele Ankerpunkte können den Belichter in der Druckvorstufe in eine Nervenkrise stürzen.

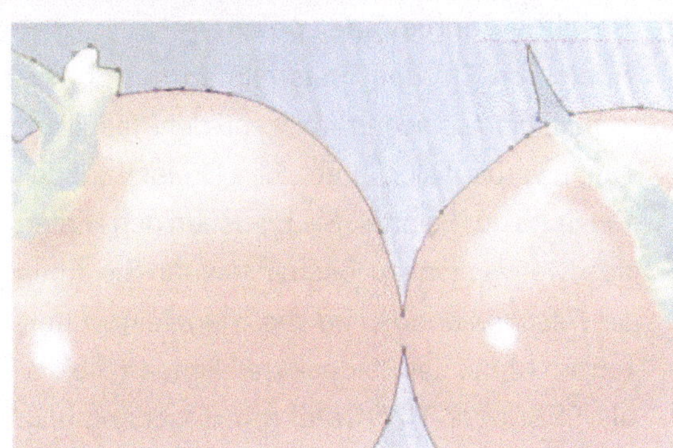

Wenn die Kontur rundherum gezogen ist, schließt der Klick auf den ersten Ankerpunkt den Pfad.

Eine weitere Kurve, die vollkommen innerhalb einer größeren Kurve liegt, sorgt für Aussparungen.

Markieren Sie den Pfad in der Pfadpalette. Die Strg- bzw. Befehlstaste und ein Klick auf den Pfadnamen erstellen automatisch eine Auswahl aus dem Pfad.

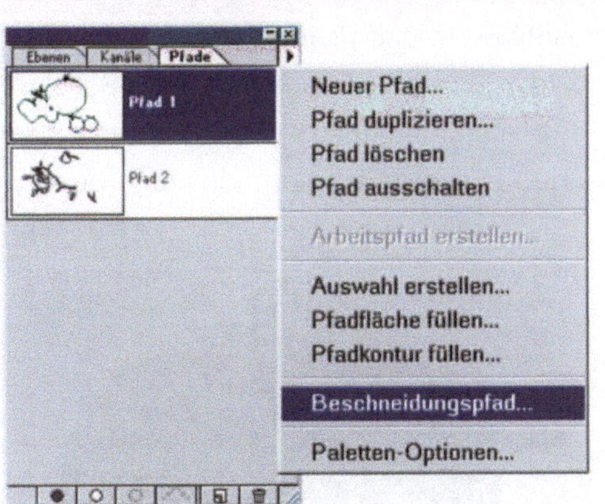

Das EPS-Format kann Pfade als Beschneidungspfade speichern. Deklarieren Sie den gewünschten Pfad in der Pfadpalette. Übrigens versteht sich TIFF auch auf Pfade. Wenn auf einmal nur ein Teil des Bildes im Layout auftaucht, dann hat die TIFF-Datei einen Pfad mitgebracht.

erzeugen, benutzen Sie den Befehl *Pfad erstellen* in der Pfadpalette und geben dem Pfad eine Toleranz von zwei und mehr Pixeln. Sie wandeln damit eine Auswahl in einen Pfad um. Die Toleranz ist nötig, damit der Pfad nicht zu viele Ankerpunkte enthält und ebenfalls zackig und kantig wird.

Fast immer muß der so erzeugte Pfad überarbeitet werden: Sorgen Sie dafür, daß die Kurve in jedem Punkt innerhalb des Motivs bleibt (damit sich später keine Lichtsäume zeigen) und gleichzeitig die Kurve das Motiv sauber einfaßt, ohne Ecken abzuschneiden.

Immer an der Wand lang ...

gilt also nicht für den Freistellpfad. Der muß immer zwei und mehr Pixel innerhalb des Motivs liegen – je nach Größe des Motivs. Überprüfen Sie den Freistellpfad, indem Sie eine Auswahl erstellen (mit Strg-/Befehl-Klick auf das Pfadsymbol in der Pfadpalette – dabei wird auch der Pfad ausgeblendet), das Motiv kopieren (Menü *Bearbeiten/Kopieren*) und sofort wieder einfügen (Menü *Bearbeiten/Einsetzen*). Das Motiv wird in eine neue Ebene eingefügt. Benutzen Sie einen Hintergrund, mit dem Sie die Kante des Motivs gut beurteilen können. »Blitzen« beim Druck

hinter der Kontur des Motivs noch hinterhältige Pixel des Ursprungsbildes hervor?

Beschneidungspfade speichern

Speichern Sie den Freistellpfad mit dem Befehl *Arbeitspfad speichern* im Menü der Pfadpalette (das Menü verbirgt sich hinter dem Dreieck auf der rechten Seite der Palette). Sie brauchen den Hintergrund des Motivs nicht zu löschen – wenn Sie einen Pfad *als Beschneidungspfad speichern* (ein weiterer Befehl im Menü der Pfadpalette), können Sie die Datei als EPS- oder TIFF-Datei mit Beschneidungspfad sichern. Layoutprogramme wie QuarkXPress oder Adobe PageMaker erkennen den Pfad und zeigen nur das freigestellte Motiv an. Der PostScript-Drucker oder –Belichter liest den Pfad und liefert feinere und glatte Kanten (siehe auch Kap. 3.6: Dateiformate). Bei dieser Methode muß man sich auch keine Gedanken um die Farbe des Papiers machen, auf dem der Freisteller gedruckt wird. Wird dagegen der Hintergrund einfach mit weißer Farbe aufgefüllt, das Motiv aber auf getöntem Papier gedruckt, ist eine unangenehme Überraschung vorprogrammiert.

Der Weg in die Freiheit führt über einen sauberen Pfad

Eine Farbauswahl kann eine ordentliche Basis für die Generierung eines Pfades sein.

Aus der Auswahl wird über den Befehl »Arbeitspfad erstellen« in der Pfadpalette ein Pfad mit zwei Pixeln Toleranz erzeugt.

Ein Pfad, der aus einer Auswahl generiert wurde, braucht fast immer eine Nachbehandlung.

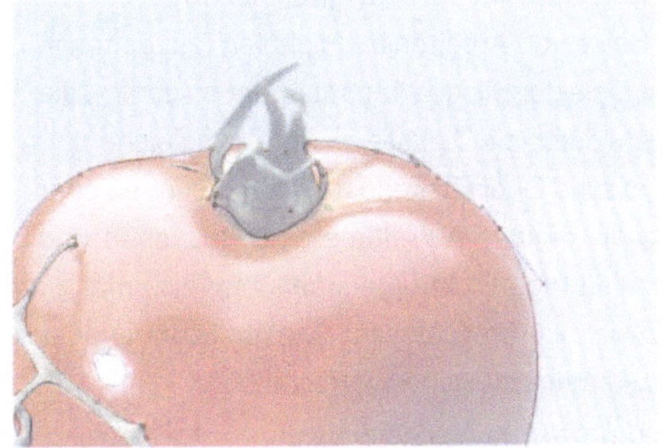

Damit keine »Blitzer« entstehen ...

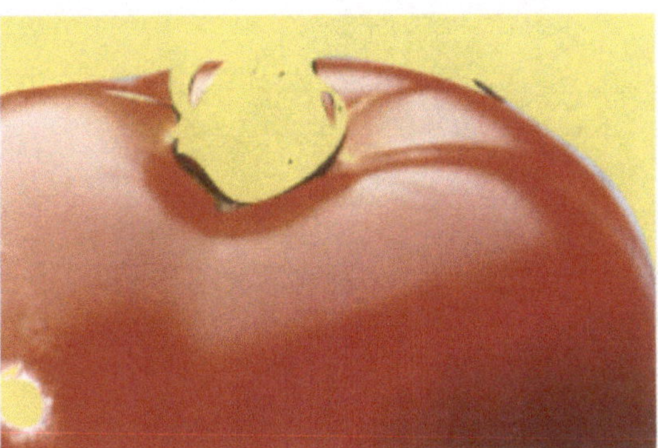

muß der Pfad innerhalb des Motivs bleiben.

2.3 Korrigiert, montiert & verbogen: Retusche

Der dokumentarische Aspekt der Fotografie verliert sich in den Tiefen des Cyberraums und nicht einmal das Negativ kann Beweise tragen. Wer hier den alten Zeiten nachtrauert: Die hat es nie wirklich gegeben. Schon in der Dunkelkammer des 19. Jahrhunderts wurde nachbelichtet und abgewedelt, wurden unliebsame Personen aus Fotos entfernt und die Falten der Diva vertuscht. Der Computer ist also nichts Neues – er perfektioniert nur die technischen Werkzeuge.

2.3.1 Fotografische Schönheitsoperationen

Qualitätsverluste durch Digitalisierung
Eine Reihe von Arbeiten am digitalen Bild gelten in erster Linie der Bildqualität. Hier geht es darum, die Verluste durch die Digitalisierung auszugleichen.

Typische Qualitätsverluste durch Scannen oder durch die digitale Aufnahme sind Rauschen und eine zu dürftige Dichte (geringer Tonwertumfang). Der Dynamikumfang besagt, wie gut Scanner oder Digitalkamera zwischen verschieden hellen Stellen unterscheiden können. Während der fotografische Film winzig kleine Änderungen der Helligkeit registriert, haben digitale Erfassungssysteme nur einen begrenzten Bereich. Mit einem niedrigen Dynamikumfang verlieren die Schatten an Details und gesättigte Bereiche wirken ausgewaschen.

Die Informationen, die ein digitales Eingabesystem aufnimmt, bestehen aus Bildrauschen und Bilddaten. Das Rauschen drückt sich in Variationen der Helligkeit oder der Farbe benachbarter Pixel aus. Flächige Farben, die einen weichen Verlauf bilden sollten, setzen sich – in ausreichender Vergrößerung betrachtet – aus bunten Pixeln zusammen. Die Ursachen liegen auf der einen Seite in der starken Komprimierung des Bildes und auf der anderen Seite auch in einer Schwäche der blauen CCDs. Bester Ansatz für eine Korrektur ist deswegen auch der blaue Kanal.

Gegen bunte Pixelwürfel:
Helligkeit interpolieren
Wenn Sie das Bild zoomen, das mit einer Low-End-Digitalkamera gemacht wurde, fällt Ihnen häufig das schlechte Aussehen von Hautpartien auf: Schon in zweifacher Vergrößerung sieht man bunte Pixel, die keinen sauberen Farbverlauf bilden. Häufig sind die Störungen im blauen Kanal am stärksten

Montagewerkzeuge

Auswahlwerkzeuge markieren Bildteile.

Motivteile erhalten eine angepaßte weiche Auswahlkante, werden kopiert und vor andere Hintergründe gesetzt.

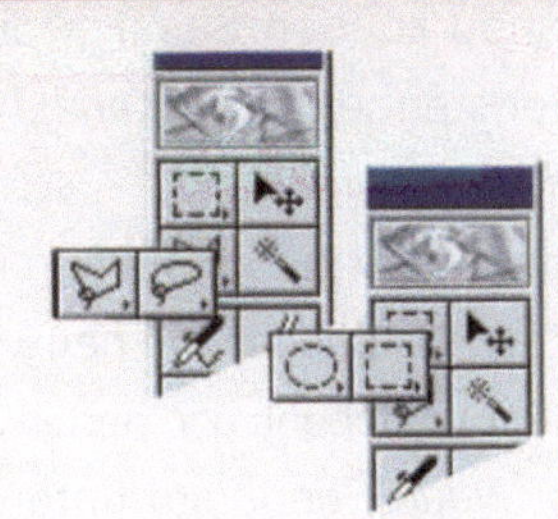

Das Zeichenwerkzeug trennt das Motiv exakt vom Hintergrund.

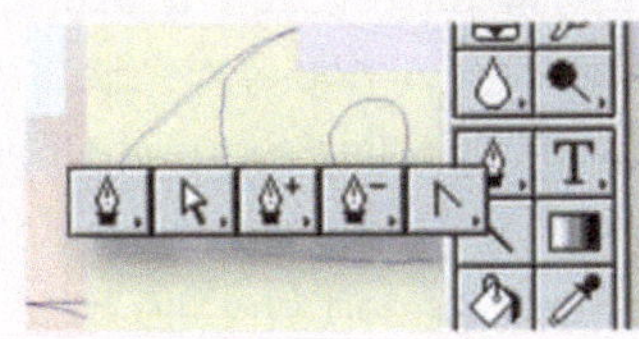

Raster und Hilfslinien helfen, wenn rotiert, skaliert und verzerrt wird, und ermöglichen eine exakte Montage.

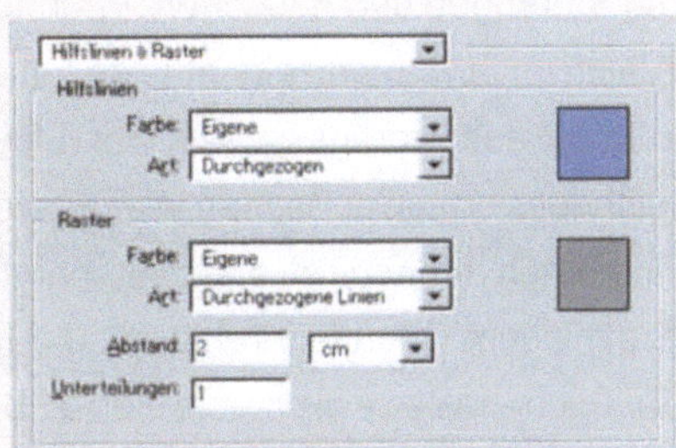

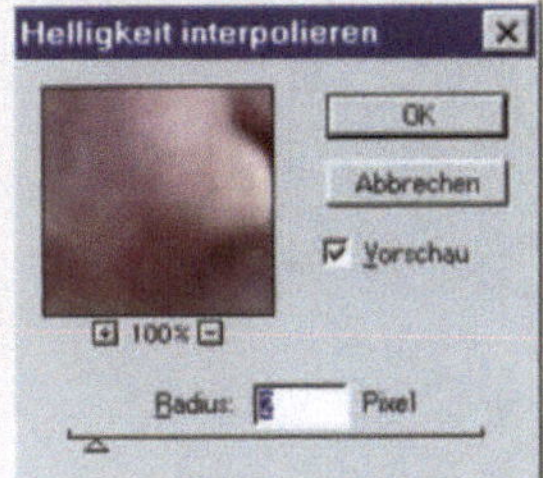

Störungsfilter wie »Helligkeit interpolieren« helfen gegen Rauschen und Störungen.

Unschärfe mildert die Schärfe.

oder auch auf den blauen Kanal beschränkt. Im Photoshop können Sie sich die Farbkanäle aus dem Fenstermenü mit *Kanäle einblenden* laden und einzeln betrachten.

Schalten Sie zurück auf den RGB-Kanal und kopieren Sie das Bild in eine neue Ebene (klicken Sie auf Hintergrundebene und ziehen Sie die Zeile auf das Symbol *Neue Ebene* am unteren Rand der Ebenenpalette). Benutzen Sie den Filter *Helligkeit interpolieren* unter den Störungsfiltern des Photoshops in der Kopie, bis die Störung im Bild verschwindet. Stellen Sie den Überblendmodus auf »Luminanz«. So bleiben die Helligkeitswerte der Pixel unverändert und die Strukturen voll erhalten, nur die Farben der Pixel im Vordergrund und Hintergrund vermischen sich.

Der Filter *Helligkeit interpolieren* gleicht die Farben nebeneinanderliegender Pixel aneinander an und mildert so Störungen und Rauschen. Er bringt dabei einen Weichzeichnungseffekt mit, der allerdings nicht so stark ausgeprägt ist wie der Effekt des Weichzeichnens oder Gaußschen Weichzeichnens. Wenn die Kanten dennoch zu stark verschwimmen, stellen Sie mit dem Überblendregler für die Transparenz in der Ebenenpalette die manipulierte Ebene auf einen Wert unter 100 % ein.

Elektronischer Reparaturservice

Nicht jede Aufnahme gelingt zur vollen Zufriedenheit, Mülleimer und Laternenpfähle verstellen die Aussicht auf das schöne Motiv. Mit den beiden Hilfsmitteln – den Ebenen und den Auswahlen – werden selektive Korrekturen am Bild durchgeführt. Dazu gehören zum Beispiel das Schärfen des Vordergrunds und Weichzeichnen des Hintergrunds, um dem Bild mehr Plastizität und Tiefe zu geben. Auch Unter- und Überbelichtung des Originals lassen sich in einem gewissen Maß korrigieren, schlechte Vorlagen lassen sich puschen.

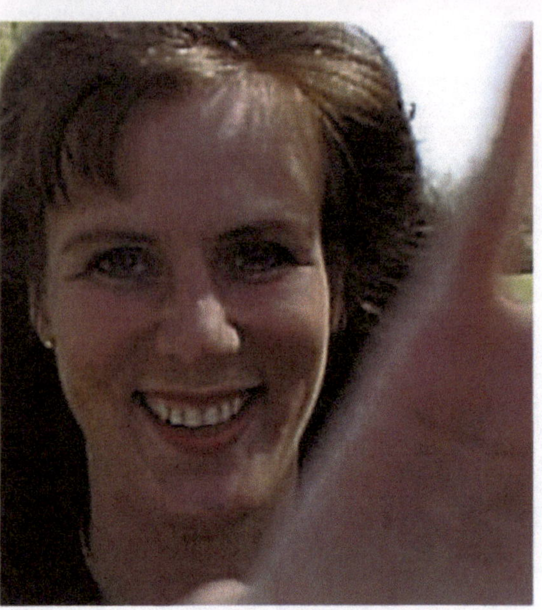

Wenn sich aufgrund der starken Komprimierung die typischen Pixelwürfel zeigen ...

Oft kann man die Korrektur auf einen einzelnen Kanal beschränken, um mehr Bildschärfe zu erhalten. Der rote Kanal ist relativ »heil«.

... mildert der Filter »Helligkeit interpolieren« den
Effekt der heftigen Störungen.

Der Überblendregler der Ebenenpalette regelt den
Grad der Opazität. Links sind es 40%, rechts 80%.

Auch der grüne Kanal zeigt weniger Störungen
als das Gesamtbild.

Der Schuldige ist fast immer der blaue Kanal.
Manchmal ist es einen Versuch wert, Korrekturen
nur im blauen Kanal durchzuführen.

Korrektur der Schärfentiefe

Wenn dem Motiv die volle Aufmerksamkeit des Betrachters zukommen soll, aber auch um das Motiv besonders plastisch hervorzuheben, arbeitet der Fotograf mit der Blende, um den Hintergrund des Motivs weich und unscharf zu gestalten, während der Vordergrund oder das Motiv scharf ins Bild gesetzt wird.

Um diesen Effekt nachträglich ins Bild einzubauen, bearbeiten Sie den Vordergrund mit dem Motiv und den Hintergrund des Bildes getrennt. Wenn der Hintergrund nicht mit einer der automatischen Maskierfunktionen eingefangen werden kann, wird er mit dem Zeichenwerkzeug an seiner Kontur nachgezeichnet. Kopieren Sie den Vordergrund in eine separate Ebene und schärfen Sie ihn mit dem Filter *Unscharf maskieren*. Der Hintergrund wird mit *Gaußschem Weichzeichner* beliebig weichgezeichnet. Genauso gut läßt sich der Effekt

natürlich umkehren und der Zweig im Vordergrund weichzeichnen.

Mit einer Rechteckauswahl über dem Hintergrund einer Landschaft, die eine extrem weiche Auswahlkante bekommt (50 Pixel oder mehr – je nach Bildgröße), läßt sich der Hintergrund einer Landschaft mit einem weichen Übergang von der Schärfe des Vordergrunds zur Unschärfe des Hintergrundes weichzeichnen.

Die Perspektivenkorrektur

Unerwünscht ist in vielen Fällen der Effekt der »stürzenden Wände«, der durch ein Verkanten der Kamera entsteht, wenn das Motiv nicht durch den geraden Aufnahmewinkel der Kamera erfaßt werden kann. Insbesondere wenn die vertikalen Führungslinien den Bildrand kreuzen, empfinden wir Schrägen in der Vertikalen als unangenehm. Wenn die Kamera keine Perspektivenkorrektur bietet, werden die Folgen des Verkantens und des Weitwinkelobjektivs in der Bildbearbeitung korrigiert.

Blendenkorrektur

Soll der Hintergrund nicht vom Motiv ablenken? Im Photoshop stellen Sie das Motiv frei und kopieren es in eine separate Ebene.

Der Hintergrund wird mit Gaußschem Weichzeichner verschwommen und unscharf. Wird der freigestellte Vordergrund vor den verschwommenen Hintergrund gelegt, wirkt das Bild plastisch und tief.

Perspektivenkorrektur

Wenn Bilder aus dem Rahmen fallen, weil die Kamera verkantet wurde, hilft die Perspektivenkorrektur in der Bildbearbeitung weiter.

In jede Richtung wurde hier gezerrt und gezogen, bis alle Linien in der Senkrechten und in der Waagerechten waren.

Mit dem Rechteckwerkzeug wird das Haus freigestellt.

Im Photoshop verbergen sich die Korrekturfunktionen für die Perspektive im Ebenenmenü unter dem Befehl *Transformieren*. Der Befehl ist nur dann aktiv, wenn ein Ausschnitt des Bildes markiert ist oder wenn er auf einer anderen als der Hintergrundebene aufgerufen wird (wenn Sie die erste Ebene umbenennen, zum Beispiel in »Ebene1«, funktioniert die Transformation auch).

Die Hilfsmittel für die Perspektivenkorrektur sind das Skalieren, Drehen, Neigen einer Auswahl, das freie und das perspektivische Verzerren des Bildes. Mit diesen Mitteln lassen sich sowohl stürzende Wände als auch die typische Verzerrung des Weitwinkelobjektivs reparieren. Die Funktion *Verzerrung*

erlaubt, jede einzelne Ecke des Bildes an einen beliebigen anderen Punkt des Bild zu verschieben und so Fluchtlinien zu verlängern oder zu verkürzen.

Hilfe beim Ausrichten: das Raster

Wenn das Bild entzerrt wird, ändert sich seine Form. Vergrößern Sie das Arbeitsblatt mit dem Befehl *Arbeitsblattgröße* im Bildmenü. So erhalten Sie ausreichend Flexibilität, um die Anfaßpunkte der Ebenentransformation in die passende Richtung zu ziehen.

Eine Hilfestellung beim Entzerren des Bildes ist das Raster (Menü *Ansicht/Raster* einschalten), das der Photoshop über das Bild legt. Anhand der Rasterlinien erkennen Sie am besten, ob die Bildlinien im Lot sind oder noch nicht.

Nach jedem Verziehen des Anfaßpunkts berechnet der Photoshop eine Ansicht der Korrektur. Je nach Größe des Bildes muß man etwas Geduld aufbringen, bis die Pixel alle in ihrer neuen Ordnung gezeigt werden. Die Voransicht der Korrektur wird mit verminderter Qualität durchgeführt, damit die Korrekturen schneller auf dem Bildschirm dargestellt werden. Am besten führen Sie zuerst alle notwendigen Korrekturen durch – erst wenn alle Linien im Bild Ihren Vorstellungen entsprechend verlaufen, klicken Sie doppelt in die Bildfläche, damit der Photoshop die neue Form des Bildes berechnet.

Im Zweifelsfall noch mal von vorn

Wenn das Ergebnis Sie nicht zufriedenstellt, rufen Sie die Ebenentransformation nicht erneut auf, sondern machen den letzten Arbeitsschritt rückgängig und versetzen das Bild wieder in seinen Ursprungszustand. Beginnen Sie mit den Korrekturen noch einmal ganz von vorn – das Verzerren der Pixelstruktur ist ein massiver Eingriff in die Qualität des Bildes, die besser erhalten bleibt, wenn die Korrektur in einem Schritt durchgeführt wird. Wenn für die Aufnahme ein stärkeres Weitwinkelobjektiv eingesetzt

Auf der rechten intakten Seite wird ein »Flicken« mit einer weichen Auswahlkante ...

kopiert und wieder eingefügt, gespiegelt und auf den Laternenpfahl geschoben.

Mit der weichen Auswahlkante fügt er sich nahtlos in das Bild ein.

 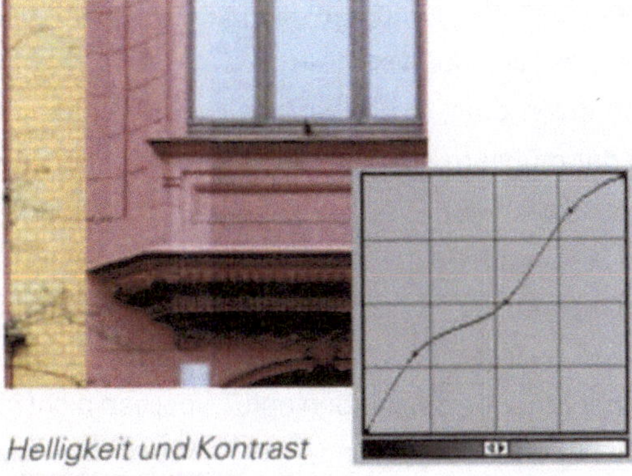

Mit dem Stempelwerkzeug werden »Störfälle« beseitigt, mit dem Wischfinger werden Kanten zwischen montierten Bildteilen verwischt.

Helligkeit und Kontrast der einmontierten Bildteile werden im Kontrastmenü oder über eine Gammakorrektur angepaßt.

Mit der gleichen Technik werden Stückchen des Weges mit einer weichen Auswahlkante markiert ...

und über das parkende Auto geschoben.

Das Stempelwerkzeug sorgt dafür, daß Wiederholungen nicht ins Auge fallen.

wurde, müssen Sie aber bedenken, daß es so gut wie ausgeschlossen ist, alle Linien des Bildes exakt in die richtige Lage zu setzen, da das Weitwinkelobjektiv zu einer unterschiedlichen Verzerrung des Bildes in den verschiedenen Bildpartien geführt hat.

Stimmt die Perspektive, benutzen Sie das Rechteckwerkzeug und stellen Sie den gewünschten Bildausschnitt frei.

Störendes verschwinden lassen

Laternenpfähle, Plakatwände, Mülltonnen, parkende Autos – der Fotograf kann nicht alles beiseite räumen, was ihn stört. Im Bildbearbeitungsprogramm geht das leichter von der Hand. Während man kleinere Fehler mit dem Stempel- oder Klonwerkzeug der Bildbearbeitung gut ausmerzen kann, ist das bei größeren Bildpartien nicht nur mühsam, sondern auch später als Retusche gut zu erkennen.

Unter »Flicken« gut versteckt

Eine Lösung für große Störfaktoren sind »Flicken« aus Bildpartien, die von der Struktur, den Farben und den Helligkeitsverläufen her über das störende Objekt kopiert werden. Beim Laternenpfahl, der das ganze Haus in zwei Teile teilt, gibt es solche

Flicken einfach auf der anderen Seite des Hauses. Bereiche von der Breite des Laternenpfahls werden markiert, bekommen eine weiche Auswahlkante, damit sie sich besser in ihre neue Umgebung einpassen, und werden kopiert (Strg/Befehl C).

Anschließend werden sie als separate Ebene wieder eingesetzt (Strg/Befehl V), horizontal gespiegelt und in gleicher Höhe über den Laternenpfahl geschoben. Damit das Verschieben pixelgenau funktioniert, können Sie anstelle des Verschieben-Werkzeugs auch die Pfeiltasten der Tastatur einsetzen: Sie verschieben einen markierten Bereich um je einen Pixel nach unten, oben oder zur Seite. Bei gedrückter Umschalttaste verschieben Sie den Bereich gleich um 10 Pixel in die gewünschte Richtung. Mit dem Stempelwerkzeug werden eventuelle Helligkeitsunterschiede partiell ausgeglichen oder der Flicken wird in Helligkeit und Kontrast komplett an seine neue Umgebung angepaßt.

Mit einer großen Werkzeugspitze wird passendes Grünzeug über die Mülltonne und die Autos gepinselt. Damit die großen Wiederholungen von Bildpartien nicht ins Auge springen, sorgt man mit einer wesentlich kleineren Werkzeugspitze des Stempels für Variationen in den großen Klonbereichen.

2.3.2 Archivierung alten Filmmaterials

40 Jahre ist die durchschnittliche Lebenszeit eines Dias – dann beginnt es sichtbar zu altern. Anzeichen dieses Prozesses sind ein Ausbluten der Farben, Farbstiche und Ausfälle auf dem Diamaterial.

Die gesunkenen Kosten für die Digitalisierung und elektronische Bearbeitung und Restaurierung alter Dias (und natürlich auch alten Negativmaterials) kann für alte Archive und Sammlungen die Rettung und eine langfristige Archivierung bedeuten: Sie werden eingescannt, korrigiert und derzeit am günstigsten auf CDs gespeichert. Die CD verheißt den alten Fotos eine Langzeitarchivierung von 100 Jahren. Der beste Weg in den Computer sind Scans mit dem Film- oder Trommelscanner mit der entsprechend hohen Auflösung. Rund 3.000 dpi und mehr sind gefordert, will man die volle Information des Dias erhalten. Das ist auch die Auflösung, die für eine Rückbelichtung eines restaurierten Dias auf Diamaterial erforderlich ist, wenn auf die hohe Qualität des fotografischen Prints nicht verzichtet werden kann.

Restaurierung heute oder morgen?

Die Arbeitsschritte der Restaurierung sind:
- die Farbstichkorrektur
- die Korrektur von Farbe und Sättigung
- die Retusche ausgefallener Bildstellen
- das Nachschärfen der Bilder

Mit den Bildbearbeitungsprogrammen der heutigen Generation lassen sich diese Schritte nur teilweise automatisieren. Und da die Nachbearbeitung der digitalisierten Aufnahmen sehr zeitintensiv ist, wird man einen großen Teil der Aufnahmen ohne weitere Korrektur archivieren, wenn sie nicht gerade für aktuelle Zwecke benötigt werden. Wenn die technischen Voraussetzungen es zulassen, sollten die Aufnahmen mit der höchstmöglichen Farbdichte im RGB-Farbraum gespeichert werden. Wenn Sie die Aufnahmen mit einem eigenen Equipment digitalisieren und der Scanner eine höhere Farbtiefe als 8 Bit bietet, sichern Sie die Bilder in der höheren Farbtiefe – der Photoshop erlaubt das sowohl bei TIFF- als auch bei seinen hauseigenen PSD-Dateien. Die Weiterentwicklung der elektronischen Bildbearbeitung wird sicher in der nächsten Zeit Verfahren ermöglichen, die einen höheren Automatisierungsgrad bieten.

Der Farbstich, der durch Alterung zustande kommt, kann oft bereits durch das Setzen des neutralen Punktes beseitigt oder gemildert werden.

Der Filter »Helligkeit interpolieren« unter den Störungsfiltern des Photoshops gleicht die Farben benachbarter Pixel aneinander an. Damit lassen sich die flachen Verläufe wie der Himmel wieder glatt zeichnen.

Die Suche nach der Farbreferenz

Sortieren Sie die Dias, die digitalisiert werden sollen, nach Möglichkeit so, daß Sie die Bilder eines Films nacheinander einscannen. Der Farbverlust und der Farbstich sind bei aufeinanderfolgenden Aufnahmen gleich, so daß die Aufnahmen in der Regel durch ein und dieselbe Gradationskurve und Farbstichkorrektur behandelt werden können. Suchen Sie in den alten Aufnahmen nach Farbreferenzen, um Farben und Sättigung realistisch wiederherzustellen.

Der typische Farbstich vieler alter Dias – insbesondere wenn sie nicht sachgemäß aufbewahrt wurden – ist ein ausgewaschenes Rot. Er kann fast immer durch die Einstellung des »neutralen Tons« in der Tonwertkorrektur beseitigt werden und den Blick auf ein frisch »erbuntetes« Bild freilegen. Fast immer muß die Sättigung der Farben erhöht werden – wer dabei den »alten« Charakter seiner Dias erhalten möchte, geht sehr vorsichtig vor. Das Diamaterial der 50er und 60er Jahre zeigt noch nicht die gleichen starken Farben wie das Filmmaterial der heutigen Zeit.

Speckling und Tüpfel in flachen Verläufen

In großen Flächen mit Verläufen wie dem Himmel fängt man den Himmel mit dem Auswahlwerkzeug ein und benutzt den Filter *Helligkeit interpolieren* unter den Störungsfiltern des Photoshops. Manchmal reicht es schon, den Filter in einem einzelnen Kanal, in dem die Fleckenbildung besonders stark ist, anzuwenden. Hinterher kann man die geglätteten Flächen mit *Störungen hinzufügen* (unter den Störungsfiltern des Photoshops) wieder an das Korn des Films anpassen.

Ausfälle im Diamaterial mit körnigen, fleckigen Flächen in den Strukturen können meistens nur mit dem Stempelwerkzeug repariert werden – hier gibt es keine Automatisierung. Um die Eingriffe so gering wie möglich zu halten, versuchen Sie, die Manipulationen auf einzelne Kanäle zu beschränken.

Ohne die selektive Farbkorrektur, sondern nur durch das Beseitigen des Farbstichs über den »neutralen Ton« wurde der Farbstich entscheidend gemildert. Auch die Gradationskurve blieb unangetastet.

Die Beseitigung des Farbstichs bringt die Ausfälle im Diamaterial zutage. Sie müssen fast immer manuell ausgebessert werden.

Flache Verläufe wie den Himmel kann man einfangen und mit dem Filter »Helligkeit interpolieren« reinigen. Die roten Flecken müssen in Handarbeit ausgebessert werden.

2.3.3 Schwarzweiß gegen Millionen

In der Welt der digitalen Bilder scheint das Schwarzweißbild vergessen. Es mutiert zum »Graustufenbild« und oft genug kommt es als solches aus der Kamera oder aus dem Scanner auf den Bildschirm: flau, flach und charakterlos.

Erfassen von Schwarzweißbildern

Die digitale Welt ist bunt. Digitale Kameras, die Schwarzweißaufnahmen liefern, findet man nur noch in Reproanstalten, und Scanner, die nur Graustufen scannen, sind ausgestorben wie Dinosaurier.

Zwar liefert die Twainsoftware der digitalen Kameras und Scanner fast immer die Möglichkeit, ein Bild in Graustufen zu erfassen oder zu scannen, aber das Ergebnis läßt fast immer zu wünschen übrig. In solchen Fällen wird das Bild besser als RGB/CMYK-Bild erfaßt und im Bildbearbeitungsprogramm in ein Graustufenbild umgewandelt.

Omen est Nomen: flaue Graustufen

Wenn Graustufenbilder von RGB-Bildern stammen, die im Rechner in Graustufen umgewandelt wurden, wirken sie fast immer flau und flach – ganz besonders intensiv schlägt der Grauschleier zu, wenn der Aufnahme die Farbe lieblos durch den Befehl *Entfärben* im Bildmenü entzogen wurde. Fast noch schlimmer ist die Variante, über Farbton und Sättigung die Farbe abzulassen. Funktionen wie *Entfärben* aus dem Bildmenü oder der Entzug der Sättigung im Bildmenü unter *Farbton und Sättigung* sind nicht dazu geeignet, kontrastreiche Bilder entstehen zu lassen.

Das Original in RGB ...

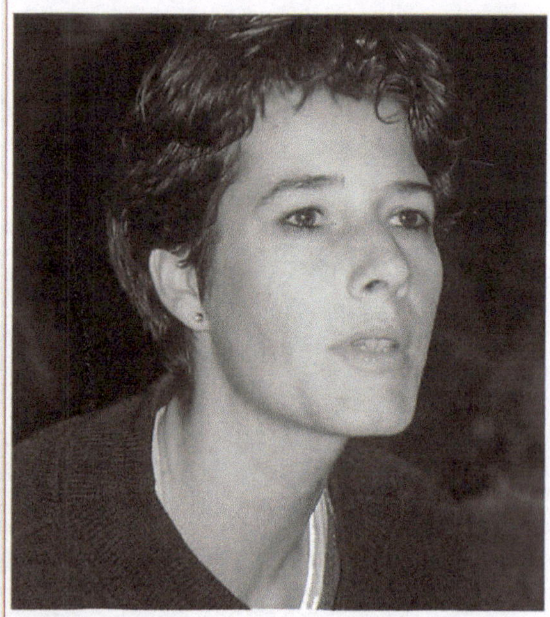

Der rote Kanal läßt die Hauttöne leuchten.

Die Umwandlung in Graustufen liefert kein überzeugendes Ergebnis.

Die Mischung aus rotem und grünem Kanal liefert schöne Hauttöne und kräftige Kontraste.

Der grüne Kanal zeigt eine klare Detailzeichnung.

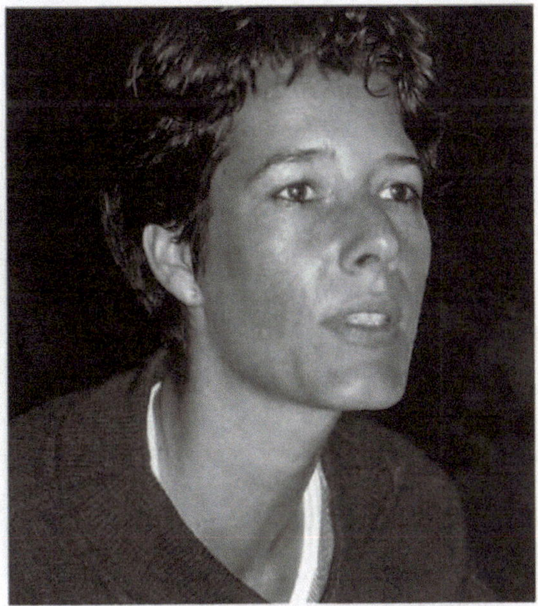

Der blaue Kanal – für Portraits selten geeignet.

Ordentlicher ist es, das Bild sauber in ein Graustufen-bild zu konvertieren. Photoshop setzt die Farben nach ihrer subjektiven Helligkeit um:

– Blau wird mit 11,

– Grün mit 59 und

– Rot mit 30 Prozent

gewichtet. So sticht Grün vor, und Blau wird dunkel. Das Bild wird kontrastreicher. Das Umwandeln in ein Graustufenbild erspart außerdem zwei Drittel des Speicherplatzes.

Dem Bildcharakter angemessen

Den richtigen Schwarzweißcharakter erlangt das Bild, wenn man es nicht auf dem Farbfoto in Grau-stufen umwandelt, sondern wenn man es aus den Farbkanälen mischt:

– Der rote Kanal kann Hauttöne besonders gut ins Bild setzen. Der rote Kanal ist die erste Wahl, wenn die Vorlage sehr dunkel oder unterbelich-tet ist, da er besonders empfindlich ist.

– Erscheint die Vorlage sehr hell, z.B. bei einem High-Key-Bild oder durch Überbelichtung, ver-wenden Sie den blauen Kanal. Blauer Himmel wird hingegen im Blaukanal weiß.

– Landschaften, Gärten und Wälder gedeihen am besten im grünen Kanal. Der grüne Kanal enthält in der Regel den größten Tonwertumfang und eignet sich am besten für ein Graustufenbild, wenn es besonders um Detailstrukturen geht.

(Wenn Sie die Farbkanäle in Farbe sehen, stellen Sie in den *Voreinstellungen/Bildschirm und Zeiger-darstellung* unter dem Datei-/Ablagemenü die Opti-on *Farbauszüge in Farbe* ab.)

Löschen Sie alle anderen Kanäle in der Kanal-palette und wandeln Sie das Bild erst jetzt in eine Graustufendatei um.

Mehr Zeichnung, mehr Kontrast, mehr Dramatik?

Wenn einzelne Kanäle keine befriedigenden Ergeb-nisse bringen, bleibt noch die Verstärkung über die Bildberechnungen im Bildmenü. Als würden zwei Dias übereinander gelegt, kann hier jeder Kanal in verschiedenen Modi verstärkt werden. Das kann auch bei flauen RGB-Bildern zu einer Intensivierung der Zeichnung und Farben führen. Suchen Sie die dem Bildcharakter entsprechende Verstärkung.

Den Effekt von Filtern für die Schwarzweißfoto-grafie erzielen Sie mit den *Kanalberechnungen* unter dem Bildmenü. Duplizieren Sie das Bild (*Bildmenü/ Bild duplizieren*) und mischen Sie die Kanäle der bei-den Bilder in den Kanalberechnungen wieder in ver-schiedenen Modi.

Alternativ können Sie auch zwei Kanäle in zwei Ebenen kopieren und die Überblendung mit der Transparenzeinstellung steuern.

Schmuck gefärbt

Wer gerne Farbe hätte, aber die Kosten für den CMYK-Vierfarbdruck scheut, sollte mal die Duplex-funktion aus dem Photoshop versuchen. Die Duplex-funktion, die eine zusätzliche Schmuckfarbe präzi-se nach einer Gammakurve einrechnet, setzt man gerne ein, um einem Graustufenbild mehr Tiefe und mehr Lebhaftigkeit zu geben.

Anstatt das ganze Bild in den Duplexmodus zu versetzen, konzentrieren Sie die Aufmerksamkeit des Betrachters auf ein einzelnes Objekt: auf das Produkt, auf Augen, Lippen, ein Haus oder ein Auto.

Firmenfarben

Schmuckfarben sind nahezu die einzige Möglichkeit, die exakte Firmenfarbe in einem Logo oder einem Bild wiederzugeben. Da die Vierfarbseparation ein im RGB-Raum erfaßtes Bild nie exakt für den Druck in die Firmenfarben umsetzen kann, ist die Beigabe ei-ner Schmuckfarbe der Weg zur höchsten Präzision.

Landschaft in Schwarzweiß – wer zeigt den Charakter?

1. *True-Color-Bild,*
2. *umgewandelt in Graustufen,*
3. *roter Kanal,*
4. *grüner Kanal,*
5. *blauer Kanal,*
6. *roter und blauer Kanal, über die Kanalberechnungen des Photoshops miteinander multipliziert.*

2.4 Wenn der Computer Augen macht

Das erste Opfer der digitalen Fotografie waren die Fotos – schon seit vielen Jahren werden Fotos in der Druckvorstufe digitalisiert und im Computer bearbeitet. Solange noch auf Film fotografiert wird, öffnet der Scanner dem analogen Foto den Weg in den Computer.

2.4.1 Scannertechnik

Ein Scanner tastet die Bildvorlage ab und wandelt die Bildinformationen in einen digitalen Code um, der dann in einem beliebigen Dateiformat abgespeichert werden kann. Das technische Verfahren des Scannens ist dabei recht simpel: Der Scanner wirft Licht auf die Vorlage, das von dieser reflektiert wird. Die Intensität des reflektierten Lichts wird von Fotodioden gemessen und mit Hilfe eines Analog-Digital-Wandlers in digitale Informationen umgesetzt. Die Anzahl der Fotodioden – die auf CCDs (Charge Coupled Devices) aufgebracht sind – entscheidet über die maximale Auflösung, mit der ein Scanner die Vorlage abtasten kann. Da er im Prinzip genauso arbeitet wie die ebenfalls auf CCDs beruhende digitale Kamera, hat der Scanner ähnliche technische Eckdaten: Farbtiefe, Auflösung und rekonstruierbarer Dichteumfang. Sie entscheiden über Qualität und über den Preis des Scanners.

Auflösung

Im Wettbewerb um die Gunst des Käufers spielt die Auflösung eine zentrale Rolle. Sie wird in der Regel in dpi (*dots per inch*) oder ppi (*pixel per inch*) gemessen. Der dpi-Wert bestimmt, wie detailliert die Vorlage erfaßt wird. Insbesondere läßt sich das Bild nur mit einem höheren dpi-Wert als 300 dpi tatsächlich vergrößern. Dabei bezeichnet dieser Wert die Anzahl der Pixel pro Zoll, die von den Sensoren erfaßt und getrennt werden: Entscheidend ist hier, wie viele CCDs in einer Reihe die Vorlage abtasten.

Wenn für die physikalische Auflösung des Scanners zwei dpi-Werte in der Form 1000 x 2000 dpi angegeben werden, dann entspricht der erste Wert dem gerade genannten, und der zweite Wert beschreibt, wie fein der Steppermotor den Scanschlitten vorwärts bewegt – darum findet man beim Flachbettscanner sehr häufig zwei unterschiedliche Werte.

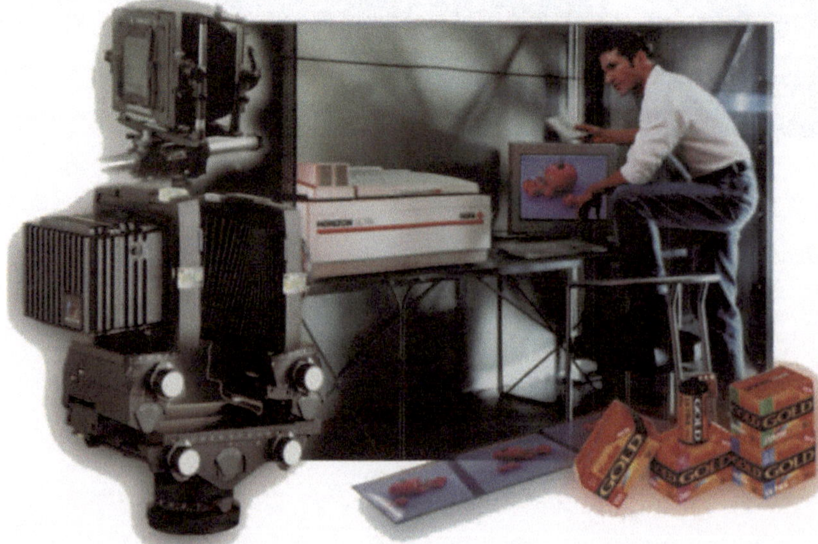

Eckdaten von Scannern

Optische Auflösung

Die Anzahl der von den CCD-Zellen tatsächlich erfaßten Meßwerte pro Inch. Die Auflösung wird in dpi (dots per inch) oder ppi (pixel per inch) angegeben und bestimmt den potentiellen Vergrößerungsfaktor.

Interpolierte Auflösung

Software-Maßnahme zur künstlichen Erhöhung der Auflösung. Die Interpolierte Auflösung erlaubt das Vergrößern der Vorlage über die physikalisch ausgelesenen Werte hinaus.

Farbtiefe

Die Anzahl der Töne oder Farbabstufungen, die ein Pixel haben kann. Für die binäre Speicherung von je 256 Farbabstufungen von drei Farben braucht der Scanner eine Farbtiefe von 3x8 Bit pro Pixel.

Dynamik- oder Dichteumfang

Die Differenz zwischen den Lichtern (dmin) und den Tiefen (dmax). Je größer der Dynamikumfang ist, desto größer ist der erfaßte Kontrast und desto feiner sind die Übergänge zwischen Helligkeitsabstufungen in den Verläufen.

Scanbereich

Die maximale Größe der Vorlage. Typische Größen bei Flachbettscannern sind DIN A4/DIN A3, bei Filmscannern Kleinbild- und Mittelformat. Bei Trommelscannern bestimmt der Trommelradius die Größe der Vorlage.

Einstellbare Belichtungssteuerung

Digitale Kameras, einige Trommelscanner und Filmscanner bieten die Einstellung von Belichtungszeit und Blende.

Interpolierte Auflösung

Die meisten Scanner offerieren dem potentiellen Käufer zwei verschiedene Auflösungen: die optische und die interpolierte. Die optische Auflösung wird durch die tatsächlich vorhandene Anzahl von CCD-Zellen bestimmt, während die interpolierte Auflösung nur abschätzt, was sich zwischen zwei Punkten befindet. Im Grunde genommen erreichen Sie bei einem Foto das gleiche Ergebnis, wenn Sie das Bild im EBV-Programm der Profiklasse vergrößern – manchmal sogar ein besseres Ergebnis, denn die Bildbearbeitungssoftware der Profiklasse bietet in der Regel die besseren Verfahren zur Vergrößerung eines Bildes. Nur bei Texten oder Strichzeichnungen bringt die interpolierte Auflösung zusätzliche Schärfe und Antialiasing mit ein.

Die Interpolation wird nicht nur für extrem hohe Auflösungen benutzt. Auch wenn die optische Auflösung des Scanners unsymmetrisch ist, zum Beispiel 600 x 1200 dpi beträgt, kommt sie ins Spiel. Entweder interpoliert die Formel die Auflösung runter auf 600 dpi oder sie interpoliert sie rauf auf 1200 dpi.

Welche Auflösung braucht der Scanner?

Auf diese Frage gibt es keine generelle Antwort, denn die Auflösung hängt davon ab, wie groß die Vorlagen üblicherweise sind und was Sie mit dem Bild machen wollen. Um ein Foto in hoher Qualität ohne Vergrößerung auszudrucken, brauchen Sie 300 dpi, eine Zahl, die heute jeder Scanner – selbst im Low-Bugdet-Sektor – leistet. Nur wenn das Foto vergrößert werden soll, sind mehr als 300 dpi nötig: Mit 600 dpi können Sie ein Foto beim Scannen auf die doppelten Ausmaße vergrößern.

Sehr hoch muß die Auflösung natürlich sein, wenn nicht vom Abzug gescannt wird, sondern vom Negativ oder vom Dia, weil hier stark vergrößert werden muß: Mit 600 dpi könnte man ein Kleinbilddia oder ein Negativ gerade mal auf 7x4 cm vergrößern.

2.700 dpi benötigt man für den Scan eines Kleinbilddias oder -negativs ins A4-Format.

Bleibt das Bild allerdings im Computer, etwa für eine Multimediaanwendung oder für Web-Seiten im Internet, so sind 72 bis 96 dpi gut genug. Wenn Strichzeichnungen und Texte einge-

scannt werden, wird eine höhere Auflösung (vorzugsweise 800 dpi und mehr) nötig.

Farbtiefe und Dichteumfang

Wie viele Farben braucht der Scanner? Heute liegt die Zahl bei 16,7 bis 6800 Mio. Farben, je nachdem, ob ein Scanner mit 24

oder mit 36 Bit Farbtiefe arbeitet. Und was bringt das, wo doch die meisten Bildformate das Bild mit nur 24 Bit Farbtiefe abspeichern und das menschliche Auge nicht einmal die 16,7 Mio. Farben unterscheiden kann? Während das CCD die Helligkeitsunterschiede völlig linear erfaßt, gliedert das Auge Helligkeitsstufen sehr unterschiedlich. Das, was wir bei einem üblichen Graukeil, der bei der Kalibrierung von Druckern und Scannern benutzt wird, als mittleren Grauwert identifizieren, ist von der wahren Dichte her bereits zu 80% schwarz. Ein Grauwert, den wir noch als sehr hell empfinden, besitzt in Wirklichkeit schon einen Wert von 50%. Im Bereich unterhalb von 50% unterscheidet das Auge nur noch wenige Stufen. Der Scanner kann sich aus den 12 Bit, die ihm für eine Farbe zur Verfügung stehen, das Beste heraussuchen.

Die Anzahl der Bits bei der Kodierung einer Farbe entscheidet darüber, wie viele Helligkeitsstufen erfaßt werden. Bei einem Bit sind es zwei Stufen: Schwarz und Weiß.
Für ein Schwarzweißfoto braucht der Computer 8 Bit für 256 Helligkeitsstufen.
Ein farbiges Bild mit nur 4 Bit für je 3 Farben ähnelt einer Grafik.
Das Foto im Offsetdruck erfordert eine Kodierung mit 3x8 Bit pro Pixel.

Farbtiefe	Abstufungen	Farben insgesamt	Typische Anwendung
1 Bit	2	2	platzsparende Vorschau in Layouts
8 Bit	256	256	Graustufenbilder
16 bit	40	64000	Modus bei der Bildschirmdarstellung
3x8 Bit	256	16,7 Mio.	Druck
3x12 Bit	4096	68,7 Mrd.	Farbtiefe für die hochwertige Reproduktion
3x16 Bit	16384	44 Billionen	dto.

Die Extrabits, die gescannt werden, vermindern Bildrauschen, sorgen für eine größere Farbtreue und korrigieren eine kontrastarme oder schlecht belichtete Aufnahme.

Dynamik- oder Dichteumfang

Werden höhere Farbtiefen als 8 Bit angeboten, dann kann bei der Aufnahme oder bei der Digitalisierung kritischer Bereiche des Helligkeitsspektrums differenzierter vorgegangen werden, was zu einer Steigerung der Bildqualität führt.

Eine höhere Farbtiefe bedeutet also insbesondere auch einen höheren Dichteumfang. Der Dichteumfang ist der Unterschied zwischen den dunkelsten Tiefen und den hellsten Lichtern einer Vorlage und somit die Differenz zwischen der minimalen und maximalen Schwärzung im Original. Aufsichtvorlagen enthalten Helligkeitsunterschiede, bei denen die dunkelsten zu unterscheidenden Bildstellen hundertmal weniger Licht reflektieren als die hellsten. Man spricht hier auch von einem Dynamikbereich, in diesem Fall von 1:100. Der Scanner muß in der Lage sein, in diesem Dynamikbereich Tonwertstufen zu differenzieren. Noch größer und damit für den Scanner noch schwieriger zu erfassen ist der Dynamikbereich bei Durchsichtvorlagen – insbesondere bei Dias.

Fotos haben im allgemeinen einen Dichteumfang von 2,4; Dias weisen einen Dichteumfang zwischen 3,0 bis 3,5 auf. Noch höhere Dichten erreichen Profifilme und gute Schwarzweiß-Diafilme – sie erzielen Dichten von 3,0 bis 4,0. Besonders wichtig ist der Dichteumfang, wenn dunkle Bilder gescannt werden: In den dunklen Bildbereichen fällt es Scannern schwer, die Helligkeitsstufen zu unterscheiden.

2.4.2 Scannertypen

Scanner werden nicht nur anhand ihrer technischen Daten unterschieden. Davon einmal abgesehen, sind sie für unterschiedliches Vorlagenmaterial bestimmt: Abzug oder Dia/Negativ. Auch ihre Technik kann sich grundsätzlich unterscheiden: CCD-Elemente oder Photo-Multiplier.

Flachbettscanner

Flachbettscanner sind der häufigste Vertreter unter den Scannern. In einem Flachbettscanner befinden sich wie in einer digitalen Kamera CCD-Sensoren, die die Helligkeitswerte in digitale Signale umsetzen. Allerdings werden sie hier in einer Zeile angeordnet und an der Vorlage vorbeibewegt.

Die Anzahl der Sensorelemente in einer horizontalen Reihe bestimmt die optische Auflösung. In der Mittelklasse erzielt der Flachbettscanner Farbtiefen zwischen 10 bis 12 Bit pro Farbkanal. Aber nicht nur die Farbtiefe bestimmt den Dynamik- oder Tonwertumfang eines Flachbettscanners – erst der Rauschabstand der CCDs führt zu einer qualitativ hochwertigen Wiedergabe. So kann ein Flachbettscanner mit 10 Bit Farbtiefe und einem hohen Rauschabstand bessere Farben liefern als ein Flachbettscanner mit 12 Bit Farbtiefe und einem geringen Rauschabstand.

Viele Flachbettscanner lassen sich heute mit einer Durchlichteinheit aufrüsten, um damit auch Negative und Dias einzuscannen. Aber erst in der Profiklasse der Flachbettscanner reichen die Ergebnisse an die eines echten Filmscanners heran – um das zu erreichen, fehlt dem Flachbettscanner in der unteren und mittleren Preisklasse in der Regel die nötige Auflösung.

Im Unterschied zu Trommelscannern werden die Vorlagen bei Flachbettscannern auf ein waagerechtes Tablett gelegt und müssen daher nicht unbedingt flexibel sein. Bedingt erlauben sie sogar das Scannen von »dicken« Vorlagen: Bücher, gerahmte Bilder auf Leinwand, Stoffe und kleine Objekte.

Ihre einfache Bedienung trägt zu ihrer hohen Beliebtheit bei: Deckel auf, Vorlage drauf und ein Mausklick. Der Preis tut ein übriges – im Low-Price-Sektor bekommt man für rund 500 DM einen Scanner, der Urlaubsfotos, Texte und Grafiken passabel in Bits und Bytes umsetzt. Das mittlere Preissegment liefert Grafikern und Fotografen mit 3.000 DM bis 10.000 DM reprofähige Scans und das High-End-Segment für Belichtungsstudios, Werbeagenturen und Zeitschriften, die hohe Ansprüche an Qualität und Produktivität stellen, steht mit Preisen von 20.000 DM bis 70.000 DM Trommelscannern heute kaum noch nach.

Filmscanner

Filmscanner scannen alles vom 35 mm- bis zum 4x5 Inch-Dia oder -Negativ. Sie brauchen eine hohe Auflösung von 2000 dpi und mehr: Der Kleinbildscanner muß das Filmmaterial von 24 x 36 mm um das 7 bis 10fache vergrößern. Sie können um einiges teurer werden als die optionalen Durchlichteinheiten der Flachbettscanner, liefern aber auch bessere Ergebnisse, denn sie weisen eine deutlich höhere Auflösung als der Flachbettscanner vor.

Filmscanner in der Preisklasse von 3000 DM bis 20.000 DM sind für die meisten Einsatzgebiete eine hervorragende Wahl, wenn ausschließlich Diamaterial digitalisiert werden muß. Mit einem Dynamikumfang von 3,0 und mehr liefern sie Ergebnisse, die sich hinter dem Trommelscan nicht verstecken müssen.

Trommelscanner

Der klassische High-End-Scanner ist ein Trommelscanner (besondere Kennzeichen: sehr groß, sehr schwer, sehr teuer). Er arbeitet auf Photo-Multiplier-Basis. Der Photo-Multiplier ist wesentlich empfindlicher als der CCD-Sensor – deswegen auch um ein Vielfaches teurer. Die Vorlage wird mit Klebestreifen oder Öl auf einer Trommel, einer Acrylwalze, montiert, die sich um einen einzigen Sensor (respektive um drei, nämlich Rot, Grün und Blau) dreht. Da die Vorlagen flach auf dieser Walze angebracht werden, müssen sie dünn und flexibel sein.

Während einer Umdrehung der Trommel wird eine Zeile der Vorlage digitalisiert. Wegen der hohen Umdrehungsgeschwindigkeit der Trommel, die sich mit 300 bis 2000 U/min bewegt, braucht der Trommelscanner ausreichend Standfestigkeit – nicht zuletzt deswegen sind Trommelscanner platzheischende Gerätschaften.

Der Photo-Multiplier-Sensor bewegt sich entlang der Trommelachse über die Vorlage hinweg. Trommelscanner lösen eine höhere optische Dichte als andere Scannertypen auf. Üblicherweise lesen sie pro Kanal 10 bis 16 Bit Farbtiefe aus und liefern Dichten von 3,6 bis 4,0. Somit sind sie in der Lage, einen extrem großen Tonwertbereich zu erfassen und noch dann die Zeichnung in den Lichtern und Tiefen aufzunehmen, wenn der Flachbettscanner keine Details mehr erkennt. Diesen Vorteil spielt der Trommelscanner insbesondere in Dias und Negativen vom Kleinbildfilm aus, bei denen die Durchlichtaufsätze der Flachbettscanner schnell überfordert sind.

Die hohe Rotationsgeschwindigkeit erlaubt extrem starken Lichtquellen, das Bild ohne Beschädigung der Vorlage abzutasten. Die punktuelle Abtastung sorgt für einen guten Rauschabstand – es besteht keine Gefahr der Überstrahlung durch benachbarte Pixel.

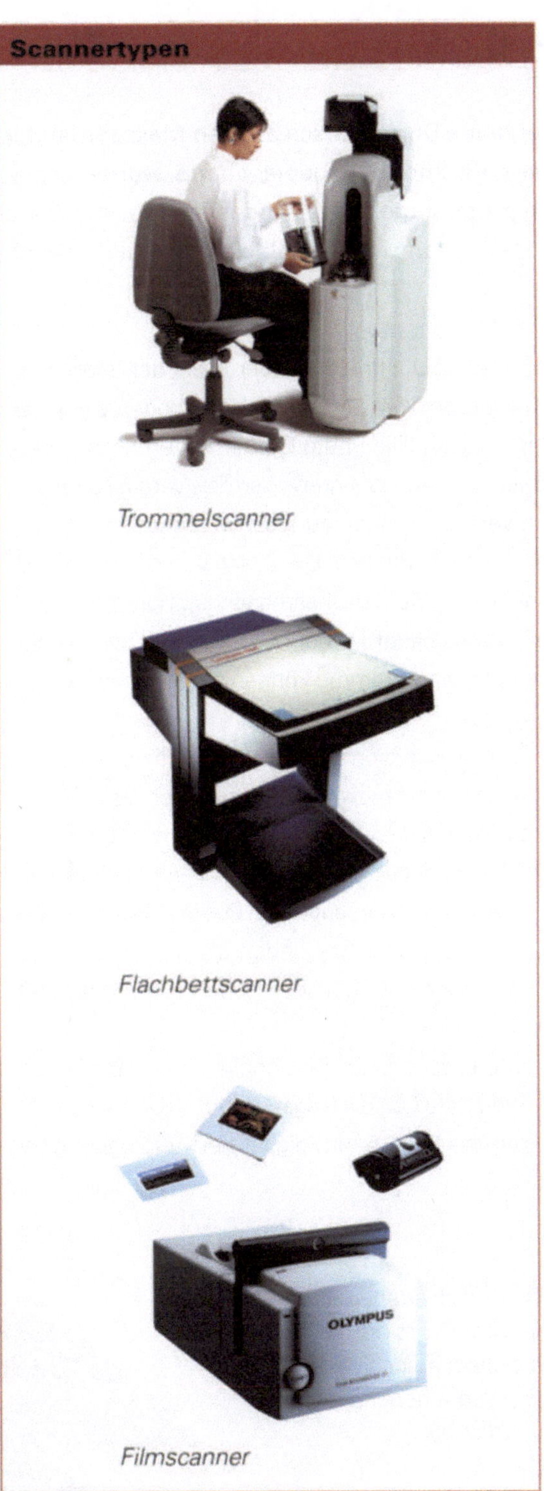

Trommelscanner

Flachbettscanner

Filmscanner

2.4.3 Die Photo CD

Der heiße Durchmarsch auf den Massenmarkt, den Kodak für seine digitale Vision des Amateurfotos, die Photo CD, geplant hatte, wurde nicht einmal zu einem lauen Lüftchen. Dafür freut sich die professionelle Druckindustrie über das Geschenk, das ihr ungeplant in den Schoß fiel: Professionelle Scans in reprofähiger Qualität und ein hervorragendes Archivierungssystem.

Die Photo CD ist nichts anderes als der Scan vom Dia oder vom Negativ, der in ein besonderes Format gepackt wird. Die Photo CD bietet den Scan in verschiedenen Auflösungen an, so daß Vergrößerungen und Verkleinerungen nur noch in einem sehr geringen Ausmaß anfallen. Die Scans von der Photo CD können mit jedem Bildbearbeitungsprogramm geöffnet und bearbeitet werden. Auch in viele Layout- oder Illustrationsprogramme können die Scans direkt importiert werden.

– Die Basisversion ist für Kleinbildfilm gedacht und reicht für die meisten Anwendungen nicht nur im privaten Bereich, sondern auch im DTP-Sektor. Sie verarbeitet Kleinbildmaterial und ist das preiswerte Arbeitstier unter den Photo CDs. Etwa 100 Dias oder Negative finden als digitale Abzüge Platz auf einer CD, die zwischen 100 DM bis 250 DM kostet.

– Interessant für professionelle Fotografen ist die Pro-Photo CD, die Negative und Dias von 56 x 56 mm bis 8 x115 mm digitalisiert und dabei eine Auflösung von 4096 x 6144 Bildpunkten erreicht. Eine Kodierung verhindert die unerlaubte Weiterverarbeitung des Bildmaterials, so daß der Profi die CD auch als Exposé bei Agenturen vorlegen kann.

– Für Werbeagenturen wurde das Printformat für die Photo CD entwickelt, um Farbauszüge, Seitenlayouts und Fotos zu speichern. Die Bilder werden in einer unkomprimierten Auflösung von 4096 x 6144 Pixeln gespeichert und sind Trommelscans – auf Wunsch druckfertig im CMYK-Format.

Attraktiv + preiswert

Insbesondere, wenn eine große Anzahl von Kleinbildnegativen oder -dias digitalisiert werden soll, lohnt sich der Weg über die Photo CD. Vorteile des Photo CD-Systems sind die hohe Qualität der Scans bei einem vergleichsweise niedrigen Preis. Kleinbildfilme lassen sich bereits ab 1 DM bis 3 DM über die Photo CD digitalisieren, der Scan eines Mittelformats ko-

Die verschiedenen Auflösungen der Photo CD machen ein übermäßiges Vergrößern und Verkleinern der Fotos überflüssig.

Die Photo CD-Auflösungen

Base	Auflösung	Druckgröße	Dateigröße	Typische Verwendung
Base/16	128x192		73 KB	Vorschaubilder
Base/4	256x384	2x3 cm	288 KB	Übersichten, Multimedia
Base	512x768	4x6 cm	1,1 MB	Druck, Multimedia
Basex4	1024x1536	8x12,5 cm	4,6 MB	Hochwertiger Druck
Basex16	2048x3072	17x25 cm	18,5 MB	Hochwertiger Druck
Basex64	4096x6144	34x50 cm	72 MB	Großformatiger Druck Ausschnittsvergrößerungen

Aus den Imagepacks der Photo CD lassen sich 5 (bei der Profi CD 6) Auflösungen des gescannten Bildes auspacken.

stet zwischen 10 DM und 30 DM. Wer Wert auf die hohe Auflösung der ProfiCD (Basex64 mit 4096 x 6144 Pixeln) legt, muß bedenken, daß der Rechner rund 200 MB RAM braucht, um die 72 MB großen Bilddateien zügig zu bearbeiten.

Der Weg über die Photo CD kann auch den eigenen Scanner in Hinsicht auf den Preis schlagen, denn schließlich braucht ein guter Scan auch seine Arbeitszeit. Dazu kommt der Vorteil des Photo CD-Formats, das jedes Foto in vier verschiedenen Auflösungen – vom daumengroßen Vorschaubild bis DIN A4 – speichert und dafür nur ca. 5 MB verbraucht, so daß in der Regel etwa 100 Kleinbildfotos auf eine CD passen. Sie ist damit ein seriöses Bildarchiv: Auf kleinstem Raum, billiger als das Aufbewahrsystem für Dias, mit komfortablen Suchfunktionen in speziellen Bilddatenbanken, und nach dem heutigen Kenntnisstand das sicherste Archivierungssystem, in dem Dias und Negative nicht verblassen.

Auf 3 bis 5 MB komprimiert liegen die Fotodateien auf der goldenen Scheibe. Doch wehe, wenn sie losgelassen – sobald man sie im Bildbearbei-

tungsprogramm öffnet, werden die Bilddateien wieder auf volle Größe »aufgeblasen«. Alle heute gebräuchlichen Komprimierungsmethoden arbeiten nach dieser Methode: Sie lassen beim Komprimieren die Luft aus der Bilddatei ab, aber zur Bearbeitung werden sie wieder auf die volle Größe gebracht. Nach der Bearbeitung muß das Bild in einem der herkömmlichen Bildformate wie TIFF, JPEG oder EPS gespeichert werden, denn kein Bildbearbeitungsprogramm speichert heute Bilddateien im Photo CD-Format. Eastman Kodak, die das Verfahren entwickelt haben, legen das Photo CD-Format nicht offen.

Schema F oder darf's ein bißchen mehr sein?

Die Qualität der Photo CD-Bilder kann je nach Dienstleister differieren. So gibt es Dienstleister, die stark am Massenmarkt ausgerichtet sind und mit Angeboten von 100 DM pro Photo CD mit 100 Aufnahmen agieren. Kundenorientierte Dienstleister und Fachlabore korrigieren die Scans bereits am Prescan und erzielen so wesentlich bessere Ergebnisse. Wie der Dienstleister vorgeht, läßt sich anhand einer Anfrage klären.

Das Scanverfahren der Photo CD berücksichtigt selbst beim unkorrigierten Scan Filmtyp und Filmempfindlichkeit (bei Dias funktioniert das nur bei ungerahmten Exemplaren!). Der Operator am Scanner kann allerdings auch mit der Einstellung *Universal Film Terms* arbeiten – dann bleiben die Farbcharakteristika eines bestimmten Filmtyps erhalten. Wer die Farb- und Tonwertqualitäten eines bestimmten Films für Effekte ausnutzt oder wer Aufnahmen bei künstlicher Belichtung macht, bestellt die Scans der Photo CD mit der Option *Universal Film Terms*.

Photo-to-Disk

Nicht nur ganze Archive auf CDs, sondern auch einzelne Filme werden heute vom Labor gleich auf digitalen Medien geliefert. Auf einer normalen Diskette erhält man die Photo-Disk. Da die 1,4 MB große Diskette kaum für das Speichern eines einzelnen Fotos ausreicht, werden die Bilder in sehr kleiner Auflösung gespeichert und zusätzlich sehr stark komprimiert. Die Enttäuschung beim ersten Ausdruck ist dementsprechend groß: Die Bilder sind unscharf, ausgefranst und wirken natürlich pixelig.

FlashPix: Schön und bescheiden

Das Photo CD-Format erfüllt keinesfalls die kühnen Träume der Bildbearbeiter, auch große Fotos ohne wasch-maschinengroße Rechnersysteme in den Griff zu kriegen – schließlich bläst das Bildbearbeitungsprogramm die komprimierte Datei beim Öffnen sofort wieder auf und fordert lauthals Rechenkraft und teuren RAM-Speicher.

Nach dem ersten Anlauf schickt Kodak jetzt ein neues Pferd ins Rennen: FlashPix. FlashPix ist eine Entwicklung von Kodak, Hewlett Packard und Live Picture. Auch das FlashPix-Format speichert Bilder in mehreren Auflösungen und komprimiert sie in einem ähnlichen Verfahren wie das Photo CD-Format. Aber die Philosophie des FlashPix-Formats bringt ein paar revolutionäre Neuerungen auf den Bildschirm:

– Das Original wird bei der Bearbeitung nicht mehr überschrieben, so daß Original und bearbeitetes Bild nicht mehrfach gespeichert werden müssen.
– Auf den Bildschirm wird nicht mehr die hochauflösende Fassung geladen, die nicht nur einfache Bürorechner schnell an den Rand ihres Leistungsvermögens bringt, sondern eine Bildschirmauflösung. Erst wenn die Bearbeitung durchgeführt ist, wird sie für die volle Größe der Bilddatei berechnet.

All das sind Funktionen, die Bildbearbeiter und Fotografen schon lange für ihre digitalen Bilder gefordert haben.

Das Ende der Probleme mit der Auflösung verspricht uns FlashPix. Jedes FlashPix-Bild besitzt eine Auflösung fürs Drucken, eine Auflösung für das Internet oder Multimediaanwendungen und eine Vorschaugröße.

2.4.4 Vor dem Scannen

Das gute Scannen beginnt nicht erst mit der Montage der Vorlagen auf dem Scanner – vielmehr spielen Klassifikation und Qualität der Vorlage eine große Rolle. Aber ist das Bild erst einmal im Rechner, gibt es hervorragende Werkzeuge für die Qualitätssteigerung und auch für die Korrektur flauer und farbstichiger Vorlagen.

Moderne Scannertreiber messen die Vorlage aus und regeln die Belichtung der Vorlage automatisch. Im Regelfall liefert die Autokorrektur auch farbechte und kontrastreiche Ergebnisse. Ausgesprochene High-Key- oder Low-Key-Bilder, Bilder mit einem dominanten Anteil einer Farbe und Bilder mit einem Farbstich erfordern ein differenziertes Vorgehen: Der Scansoftware fällt es naturgemäß schwer, zwischen High Key und Überbelichtung, zwischen Low Key und Unterbelichtung sowie zwischen beabsichtigtem Farbüberhang und Farbstich zu unterscheiden.

Klassifikation von Vorlagen

Die Scansoftware bietet darum verschiedene Einstellungen, mit denen sich die Abweichungen vom »Standardbild« vorgeben lassen. Da jeder Scanner den Tonwertumfang der Vorlage komprimieren muß, bestimmt diese Klassifikation, auf welche Bildstellen großen Wert gelegt wird, so daß hier weniger komprimiert wird und dominante Farben nicht als Farbstich behandelt werden.

High Key

High-Key-Vorlagen sind helle Motive, die nur sehr wenig Kontrast aufweisen. Winterszenen mit Schnee oder eine weiß verputzte Mauer sind klassische Beispiele. Damit die zarten Kontraste eines High-Key-Bildes erhalten bleiben, braucht es beim Scannen besondere Einstellungen.

Low Key

Low-Key-Vorlagen sind im Gegensatz dazu dunkle Motive mit wenig Kontrasten. Genauso wie das High-Key-Bild erfordert es besondere Einstellungen in der Scansoftware, damit das Bild nicht »absäuft« und die Zeichnung in den Tiefen erhalten bleibt.

Farbstichige Vorlagen

Alte Fotos und Dias, aber auch Bilder, die mit dem falschen Licht oder dem falschen Film aufgenommen wurden, weisen oft einen prägnanten Farbstich auf. Bilder, die einen überwiegenden Anteil einer Farbe aufweisen, wie Landschaftsbilder und Sonnenuntergänge stellen die Scansoftware vor eine schwierige Aufgabe: Ist die große Menge Grün im Bild gewollt, oder handelt es sich um einen unbeabsichtigten Farbstich?

Andere Einstellungen der Scansoftware beziehen sich auf die Art der Vorlage:

Aufsicht- und Durchsichtvorlage

Als Aufsichtvorlage bezeichnet man alle gedruckten Bilder und fotografischen Abzüge, die auf einem kompakten, undurchsichtigen Medium vorliegen. Für Dia- und Negativmaterial verwendet man hingegen den Begriff Durchsichtvorlage.

Halbton-Farbvorlagen

Fotografische Farbabzüge sind im Gegensatz zu den Erzeugnissen von Rasterdruckern wie Tintenstrahl- und Laserdrucker Halbtonvorlagen. Wenn Sie Halbtonvorlagen genau betrachten, werden Sie feststellen, daß das Bild aus Farbschattierungen besteht, die ineinander übergehen.

Halbton-Graustufenvorlagen

Diese Vorlagen werden gemeinhin als »Schwarzweißfotos« bezeichnet. Sie bestehen nur aus Schwarz-, Weiß- und Grautönen und liegen als Dia oder als Papierabzug vor.

Gerasterte Vorlagen

Gedruckte Bilder aus Büchern und Zeitungen sind – egal ob sie in Schwarzweiß oder in Farbe gedruckt wurden – aufgerastert. Je nach Qualität des Drucks weisen sie ein mehr oder minder feines Druckraster auf. Wer sie unkorrigiert einscannt, erlebt eine Überraschung: Wird das eingescannte Rasterbild erneut gedruckt, werden fast immer Moirémuster sichtbar.

Strichvorlagen

Strichvorlagen bestehen nicht unbedingt aus grafischen Strichen, wie etwa Feder- oder Bleistiftzeichnungen, sondern zu den Strichzeichnungen zählen alle Vorlagen, die ausschließlich nur aus schwarzen und weißen Bildpunkten bestehen. Auch dieser Text ist – aus der Sicht der Scansoftware – eine Strichvorlage.

Bilderputz

Wenn Sie ein eingescanntes Foto auf dem Bildschirm vergrößern, fallen Ihnen kleine Fusseln, Staubpartikel und Kratzer auf, die von den CCDs ebenso sorgfältig digitalisiert wurden, wie der Grashalm am Flußufer. Insbesondere beim Rasterdruck können ein Staubkorn und ein paar Rasterpunkte eine unheilige Allianz eingehen: Dann schwillt das Staub-

Dias und Negative bezeichnet man als »Durchsichtvorlage«.

Das Scanprogramm komprimiert die dunklen Bereiche weniger, um die Zeichnung in den dunklen Stellen zu vertiefen.

Strichvorlagen erfordern eine höhere Druckauflösung als Farbbilder.

Schwarzweißfotos werden »Graustufenbilder« genannt, wenn sie digitalisiert wurden.

Das Farbfoto ist eine »Halbtonvorlage« für den Scanner.

Ein typisches Mitteltonbild, es wird meistens als »Standard« in der Scansoftware bezeichnet.

Um die Zeichnung in der hellen Mauer nicht zu verlieren, wird das Bild als High-Key-Bild gescannt.

Bilder aus dem Rasterdruck weisen oft ein typisches Moirémuster auf.

Grafiken und gemalte Bilder scannt man zusammen mit einer Farbreferenzkarte, damit man die Farben besser korrigieren kann.

korn, das auf dem Bildschirm nur in der doppelten Vergrößerung sichtbar war, zu einem Klecks im blauen Himmel an. Faustregel ist: Alles, was Sie in der 200%-Darstellung noch auf Ihrem Bildschirm sehen, muß gereinigt werden.

Filter wie *Staub und Kratzer entfernen* (unter den Störungsfiltern des Photoshops) können Ihnen nur begrenzt die Arbeit beim Reinigen des Scans abnehmen: Sie zeigen einen hochgradigen Weichzeichnungseffekt und eignen sich nur für die Reinigung von Flächen und Verläufen wie etwa einem Himmel. Damit Sie bei der Nachbearbeitung der gescannten Bilder nicht zuviel Zeit für das Säubern des eingescannten Bildes aufwenden müssen, reinigen Sie das Vorlagenglas regelmäßig und halten es staubfrei.

Digitale Staubfänger

Fotografische Abzüge kann man kaum staubfrei halten: Die beschichtete Oberfläche des Papiermaterials zieht Staubpartikel elektrostatisch an. Fotopapier reflektiert den Schmutz und verstärkt ihn beim Scannen. Dabei liefern ausgerechnet hochglänzende Fotopapiere die besten Ergebnisse, denn sie haben einen größeren Dichteumfang als matte Fotopapiere.

Der Scanablauf

Sie starten den Scan mit der Montage der Vorlagen. Zwar können Sie das Bild später in der EBV-Software beliebig drehen, wenn es nicht winkelgenau auf dem Vorlagenglas oder der Trommel montiert war, aber jedes Drehen des Bildes beeinträchtigt die Pixelstruktur und damit die Bildqualität.

Liegt die Aufsichtvorlage nicht plan auf dem Vorlagenglas, beschweren Sie das Bild mit dem Telefonbuch – eine Vorlage, die absolut plan aufliegt, liefert schärfere Scans. Durchsichtvorlagen müssen mit Klebestreifen in die Montagevorrichtungen des Scanners montiert werden, um Streulicht zu vermeiden.

Der Scan erfolgt in drei Arbeitsgängen: Ein Overview-Scan zeigt Ihnen die gesamte Fläche des Vorlagenglases. Verkleinern Sie den Markierungsrahmen soweit, daß nur noch der Bildausschnitt eingerahmt ist, der auch tatsächlich gescannt werden soll. Ränder verfälschen die Tonwerte des Bildes und verbrauchen unnötig Zeit beim Scannen.

Der zweite Durchgang, auch Prescan genannt, zeigt Ihnen den ausgewählten Bildausschnitt in einer höheren Auflösung, mit der Sie jetzt die Einstellungen korrigieren, um zu einem ausgewogenerem Ergebnis zu kommen. Die Korrektur wird am Prescan angezeigt. Der letzte Arbeitsgang ist das endgültige Scannen des Bildausschnitts.

Vergrößern und Verkleinern beim Scannen

Wollen Sie die Größe des Bildes ändern, müssen Sie dies bei der Berechnung der Scanauflösung berücksichtigen. Eine gute Scansoftware wird Ihnen die Berechnung der Auflösung durch integrierte Formeln abnehmen. Sie müssen nur noch die gewünschte Größe und die Rasterweite in dpi eingeben. Technische Details finden Sie auch im Kap. 3.8.1.

Vergrößern nach Art der Vorlage

Die Art der Vorlage setzt der Scanauflösung Grenzen. Selbst der Abzug auf den besten Fotopapieren (im Sinne des Scanners) gerät bei einer drei- bis vierfachen Vergrößerung an seine Grenzen, auch wenn der Scanner die dafür erforderlichen 1200 dpi leistet. Das Dia oder das Negativ weisen hingegen mehr »Informationen« auf ... ihre Dichte ist größer. Einen Film mit 100 ASA kann man durchaus mit 2700 dpi einscannen und dabei um den Faktor 10 vergrößern. Besonders hochwertige Diafilme gestatten eine Vergrößerung um den Faktor 10 bis 20 – hier muß ein Trommelscanner oder ein Filmscanner in Betracht gezogen werden.

1. Die Vorlagen werden so sorgfältig wie möglich ausgerichet und auf dem Vorlagenglas oder der Trommel montiert.

2. Wenn der Scanner keine Montagehalterungen bietet: Bei Aufsichtvorlagen kann es nie schaden, das örtliche Telefonbuch auf die Vorlagen zu legen, damit sie plan auf dem Glas liegen.

3. Am ersten Schnelldurchlauf des Scanners, dem Prescan, werden die Vorlagen lokalisiert und der Bildausschnitt gewählt.

4. Am – möglichst bildschirm-füllenden – Prescan werden die Korrekturen durchgeführt.

5. Wenn der Scanner einen Stapelbetrieb erlaubt, werden die Einstellungen für alle Vorlagen getroffen, bevor der Scanner automatisch alle Vorlagen scannt.

2.5 Photoshop-Nachlese

Tastatur im Einsatz gegen Klickmenüs

Hohe Funktionalität unter der Benutzeroberfläche zeichnet den Photoshop aus. Aber der Weg durch die zahlreichen Klickmenüs und die Suche nach der richtigen Werkzeugpalette und eine Vielzahl von geöffneten Fenstern strapazieren Maus und Nerven. Also zeichnet sich der richtige Photoshop-Profi durch den virtuosen Umgang mit der Tastatur aus.

Das Popupmenü in der unteren linken Ecke des Fensters zeigt Ihnen vier Informationsgruppen zu den Themen Dateigrößen, Ausnutzung des RAM-Speichers, Effizienz und Zeitverhalten an.

Dateigrößen

Die Zahl auf der linken Seite gibt die *Druckgröße* der Datei an – also die Datenmenge, die zum Drucker geschickt wird. Die rechte Zahl ist die aktuelle Größe der Datei, die ja unter Umständen auch Pfade, Alphakanäle und Ebenen enthalten kann. Wenn die Datei komprimiert wurde, z.B. als JPEG-Datei oder als TIFF-Datei mit LZW-Komprimierung, zeigt das Fenster trotzdem immer die unkom-primierte Größe der Datei an, da die Datei zur Bearbeitung wieder dekomprimiert wird.

Arbeitsdateigröße

Die *Arbeitsdateigröße* zeigt, wieviel Platz das Programm momentan braucht, um alle geöffneten Dateien auf dem Monitor darzustellen. Diese Zahl beinhaltet übrigens auch die Größe der Zwischenablage, des Clipboards. Wenn die Zahl auf der linken Seite größer ist als die Zahl auf der rechten Seite, braucht der Photoshop also zusätzlich zum RAM-Speicher noch Platz im virtuellen Speicher auf der Platte. An diesem Punkt bemerkt man eine deutliche Leistungsminderung des Photoshops – da alle Operationen auf dem virtuellen Speicher auf der Platte und nicht im schnellen RAM des Rechners durchgeführt werden.

Effizienz

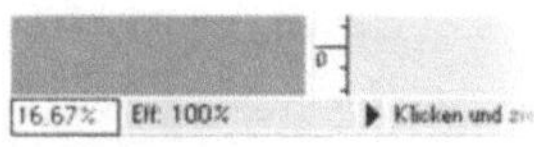

Die *Effizienz* zeigt an, wie viele der Operationen auf dem virtuellen Speicher, also auf der Platte, durchgeführt werden. Liegt die Zahl unter 100%, so rührt das von den Festplattenzugriffen her.

Timing

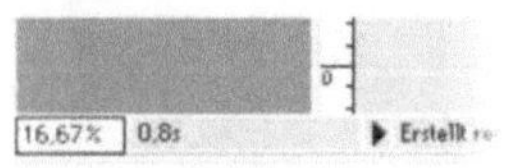

Wieviel Zeit die letzte Operation in Anspruch genommen hat, zeigt die Einstellung *Timing*.

Noch ein Wort zum Mac: Ganz gleich, ob Sie den virtuellen Speicher eingeschaltet haben oder nicht – der freie Platz auf der Scratch Disk muß immer mindestens genauso groß oder größer sein als der Platz im RAM, der dem Photoshop zugewiesen wurde. Um nämlich eine gute Performance sicherzustellen, schreibt der Photoshop in den Pausen den gesamten Inhalt des RAMs auf die Scratch Disk. Und wenn die Scratch Disk dabei nicht genug freien Speicherplatz bietet, kann der Photoshop schnell abstürzen.

Beim Speichern einer Datei können Sie auch eine Bildvorschau mitspeichern. Wenn Sie die Datei wieder öffnen, erscheint eine daumennagelgroße Vorschau im Dialogfenster. Diese Vorschau wird bei jedem Speichern der Datei aktualisiert und braucht zusätzlichen Platz und eine längere Speicherzeit. Wenn Ihnen das Speichern zu langsam erscheint, können Sie die Vorschaugröße ändern oder ganz ausschalten.

Öffnen mit Vorschau

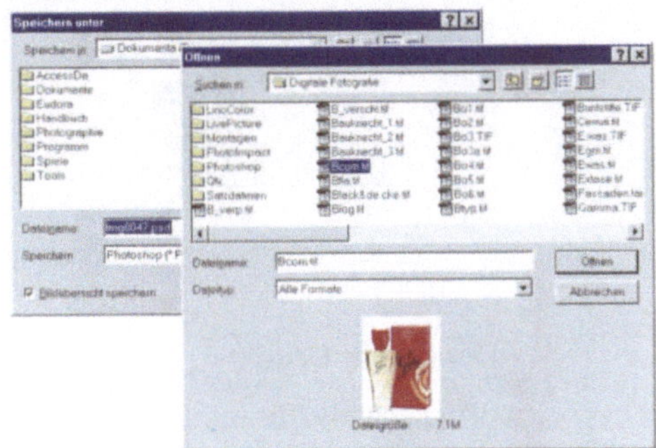

Sie können ganz schnell ein neues Fenster mit den Maßen eines geöffneten Fensters erzeugen, indem Sie *Datei (Ablage)/Neu wählen* und dann in der Menüleiste das Pulldownmenü *Fenster* öffnen. Wählen Sie das Fenster, dessen Maße Sie übernehmen wollen.

Dateigrößen übernehmen

Läuft Ihr Bildschirm über?
TAB versteckt alle Paletten.
Umschalten+TAB versteckt alle Paletten außer der Werkzeugpalette. Die Ränder der Paletten sind leicht magnetisch. So lassen sich alle geöffneten Paletten leicht exakt zusammenschieben, ohne einander zu überlagern.

Alle meine Fenster

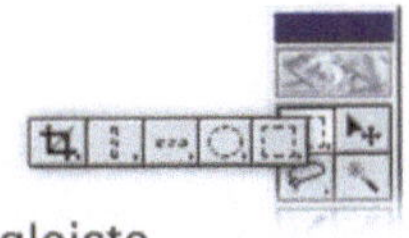

Halten Sie den Mauszeiger eine kleine Weile gedrückt auf einem Werkzeug, und die Variationen des Werkzeugs werden eingespielt.

Die Werkzeugleiste

Auf dem Mac halten Sie die Befehltaste gedrückt, während Sie auf ein Werkzeug in der Werkzeugleiste klicken. Sie bekommen ein kontextsensitives Menü zu diesem Werkzeug.

Werkzeugoptionen

Wenn Sie einen numerischen Wert in einem Dialogfeld eintragen müssen, können Sie mit der Pfeil-nach-oben-Taste oder der Pfeil-nach-unten-Taste die Zahlenwerte auch automatisch nach oben oder nach

Die Pfeiltasten

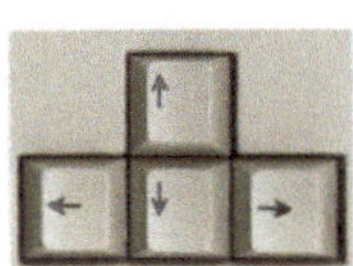

unten laufen lassen. Halten Sie dabei auch noch die Umschalttaste gedrückt, laufen die Werte in Zehnersprüngen.

Eine Auswahl wird mit den Pfeiltasten nach rechts, links, oben oder unten um je einen Pixel verschoben. Wenn Sie wieder die Umschalttaste gedrückt halten, wird die Auswahl um jeweils 10 Pixel verschoben. Wenn das Bewegenwerkzeug ausgewählt ist, verschieben Sie die aktive Ebene um einen Pixel und bei gedrückter Umschalttaste um jeweils 10 Pixel mit den Pfeiltasten.

Das Freistellwerkzeug

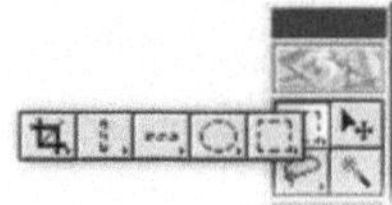

Um ein Bild auf die Maße eines anderen zuzuschneiden, klicken Sie das Freistellwerkzeug in der Werkzeugleiste an. Wählen Sie das Bild, dessen Maße Sie übernehmen wollen, und aktivieren Sie die Optionspalette für das Freistellwerkzeug. Wählen Sie *Feste Zielgröße* und *Vorderes Bild*. Jetzt gehen Sie zurück zu dem Bild, das Sie freistellen wollen.

Deckkraft, Druck und Belichtung

Sie können die Deckkraft, den Druck und die Belichtung bei allen Malwerkzeugen (Zeichenstift, Pixel, Nachbelichter, Abwedler, Airbrush ...) durch eine numerische Eingabe auf der Tastatur ändern. Drücken Sie 1, um die Einstellung auf 10 % zu setzen; 2, um die Einstellung auf 20 % zu ändern; 0, um die Einstellung auf 100 % zu setzen. Drücken Sie zwei Zahlen schnell hintereinander, um Werte wie 54 % einzustellen.

Auswahlwerkzeuge

Zu den Auswahlwerkzeugen gibt es eine ganze Reihe nützlicher Tastaturkürzel:

– Umschalttaste = Neue Auswahl zu einer vorhandenen hinzufügen.

– Alttaste = Von einer bestehenden Auswahl subtrahieren.

– Leertaste = Werkzeug (»Grabberhand«) zum schnellen Verschieben.

Auswahlen füllen

Umschalttaste + Del/Backspace öffnet den Dialog *Fläche füllen*.

Arbeiten mit Ebenen

Klicken Sie auf das Symbol »Neue Ebene« in der Ebenenpalette, um sich den mühsamen Gang über das Ebenenmenü zu ersparen, wenn Sie eine neue Ebene erzeugen wollen.

Ziehen Sie eine Ebene auf das Symbol »Neue Ebene«, um die Ebene ohne den Umweg über die Zwischenablage zu duplizieren.

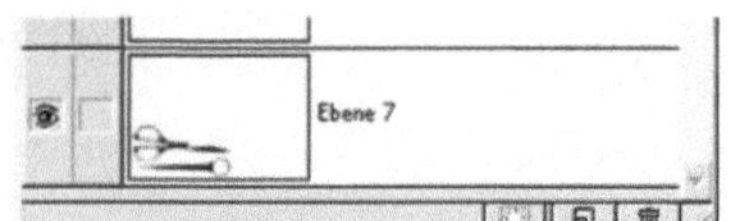

Option/Alttaste + Klick auf das Augensymbol (zum Ein/Ausblenden der Ebene) versteckt alle Ebenen außer der ausgewählten.

Sie können die Reihenfolge der Ebenen einfach ändern, indem Sie das Ebenensymbol an die neue Position ziehen.

Da sich die Ursprungsebene, die Hintergrundebene, nicht verschieben läßt, klicken Sie die Hintergrundebene doppelt und geben ihr einen anderen Namen. Dann läßt sie sich auch verschieben.

Ebenenreihenfolge ändern

Öffnen Sie die Kanalpalette (Menü *Fenster/Kanalpalette einblenden*) und klicken Sie auf das Symbol »Auswahl als Kanal speichern« , um eine Auswahl auch über das Speichern der Bilddatei hinaus in einer TIFF-, EPS- oder JPEG-Datei zu speichern. Oder benutzen Sie den Befehl *Auswahl speichern* im Auswahlmenü. Die Auswahl erscheint als Schwarzweißbitmap in der Kanalpalette.

Arbeiten mit Kanälen

Laden Sie eine Auswahl aus einem Kanal, indem Sie den Kanal mit einem Klick auf den Kanal aktivieren und auf das Symbol »Kanal als Auswahl laden« klicken.

Der Befehl *Auswahl laden* (sowohl über das Menü als auch über die Palette) funktioniert nicht nur, wenn eine Auswahl zuvor als Alphakanal gespeichert wurde, sondern auch bei den Farbkanälen. Die Auswahl ist dann eine Luminanzmaske, die Bildbereiche je nach ihrer Helligkeit auswählt. Die dunklen Bereiche in der Luminanzmaske sind opak, die hellen Bereiche semitransparent, und Weiß wird vollkommen transparent.

Ziehen Sie den Kanal auf das Symbol »Neuen Kanal erstellen«, um ihn ohne den Umweg über die Zwischenablage zu duplizieren.

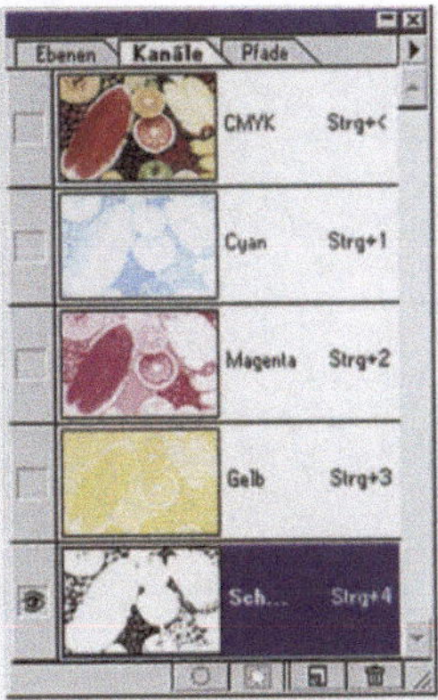

- Befehl/Strg-Taste + Klick auf das Ebenensymbol = Auswählen aller nicht- transparenten Bildteile.
- Befehl/Strg-Taste + Klick auf das Pfadsymbol = Direkte Auswahl entlang eines Pfades.
- Befehl/Strg-Taste + Klick auf das Kanalsymbol = Auswahl aus einem Kanal.

Schnelle Auswahlen auf Ebenen, Pfaden und Kanälen

Es ist nicht genug, zu wissen, aber man muß auch anwenden;
es ist nicht genug zu wollen, man muß auch tun.
Johann Wolfgang von Goethe

3 Technik der digitalen Fotografie

3.1 Grundlagen der digitalen Fotografie   130

3.2 Die digitale Kamera   135
   3.2.1 Kamerakonzepte   135
   3.2.2 CCD-Sensoren zur Bildaufzeichnung   139
   3.2.3 Das Farbsehen von digitalen Kameras   141
   3.2.4 Digitalisierung und Farbtiefe   144
   3.2.5 Bildfehler   146
   3.2.6 Belichtungssteuerung   150
   3.2.7 Einstellmöglichkeiten   152

3.3 Lichtquellen   158

3.4 Speicherung der Bilder in der Kamera   160

3.5 Datenübertragung   164

3.6 Dateiformate   170

3.7 Speicher, Archivierung und Datentransport   176

3.8 Ausgabe von Bildern   180
   3.8.1 Völlig aufgelöst –
       Schuld hat immer die Auflösung   180
   3.8.2 PostScript   184
   3.8.3 Druckverfahren   192
   3.8.4 Filmrekorder   196

3.9 Kalibrierung und Colormanagement   197
   3.9.1 Kalibrierung   197
   3.9.2 Colormanagement   202

*Nun, hier angekommen, haben Sie den trockensten Abschnitt des Buches vor sich.
Deshalb nehmen Sie am besten ein schönes warmes Bad oder vielleicht machen Sie
eine ausgedehnte Sauna-Session, denn mit einer halben Stunde kommen Sie für das
folgende »Studium« sicher nicht aus. Selbiges habe ich an der Fachhochschule Köln im
Fachbereich Fotoingenieurwesen etwa 4 1/2 Jahre genossen. Die freiberufliche Arbeit in
Reprobetrieben und bei diversen Herstellern digitaler Bildverarbeitungsprodukte haben
aus mir neben einem Trainer und Berater nun auch einen Buchautor gemacht.
Also viel Spaß beim Lesen, und wenn es zwischen den Zähnen mal wieder knirscht,
denken Sie an das warme Bad...
Dietmar Wüller*

3.1 Grundlagen der digitalen Fotografie

Wenn Sie an dieser Stelle des Buches angelangt sind, haben Sie – vorausgesetzt Sie haben vorne begonnen – schon eine ganze Menge über digitale Fotografie erfahren. Um Ihnen zu zeigen, was bei der digitalen Fotografie vor sich geht, haben wir den nun folgenden Teil mit Grundlagen gefüllt. Es ist sicherlich der trockenste Abschnitt, aber ohne Grundlagen wird es schwer zu beurteilen, welche Geräte für die eigene Anwendung die richtigen sind.

Grundlagen

Ein Computer »sieht« Bilder. Um die digitale Bildverarbeitung zu verstehen, müssen wir zunächst einen Blick auf die Art und Weise werfen, in der ein Computer Bilder »sehen« kann.

Das deutsche Alphabet besteht aus 26 Zeichen, die einmal groß und einmal klein geschrieben werden können. Umlaute, Zahlen und Sonderzeichen hinzugenommen, kommt man auf etwa 200 Zeichen. Das Alphabet eines Computers besteht hingegen nur aus zwei Zeichen (die als Bit bezeichnet werden), und zwar aus 0 und 1. Im Gegensatz zu unserer Sprache hat man bei einem Computer schon sehr früh die Anzahl der Buchstaben für ein Wort auf 8 Buchstaben (8 Bit = 1 Byte) festgelegt. Diese Zahl ergab sich nicht zufällig, sondern aus der Notwendigkeit heraus, unsere Buchstaben mit »Computerwörtern« darzustellen. Mit 8 Nullen oder Einsen lassen sich 256 verschiedene Zeichen darstellen.

Die ersten PCs waren aus diesem Grunde in der Lage, 8 Zeichen, also einen Buchstaben unseres Alphabets, gleichzeitig von einem Baustein zum anderen (Festplatte zu Prozessor oder zum Monitor) zu übertragen.

Bei der Überlegung, wie sich Bilder auf einem Monitor darstellen lassen, ist man darauf gekommen, daß ein solches Computerwort auch stellvertretend für einen Grauwert stehen könnte. Demnach lassen sich auf einem Monitor 256 verschiedene Grauwerte darstellen. Der Wert 0 steht für Schwarz und der Wert 255 steht für Weiß. Wie die Wahrnehmung des Lichtes und die Übersetzung in die Computersprache erfolgt, erfahren Sie im Abschnitt über CCD-Sensoren, dem lichtempfindlichen Baustein digitaler Kameras.

Die Farbfotografie, sowohl die analoge wie auch die digitale, macht sich zwei Eigenschaften des menschlichen Sehens zunutze.

Die eine ist die Begrenzung des Auges bei der Wahrnehmung feiner Strukturen, die im Fachjargon als Auflösungsvermögen bezeichnet wird. Und die andere ist die Anzahl der unterschiedlichen Zellen, die für das Farbsehen verantwortlich sind.

Bild aufgenommen mit Nikon E2

Bild aufgenommen mit Agfa e-photo 307

Vergrößerung von Aufnahmen mit digitalen Kameras

Auflösung	Betrachtungsentf.: 25 cm	Betrachtungsentf.: 1m
640 x 480 Pixel	4,6 cm x 3,5 cm	19 cm x 14 cm
1000 x 800 Pixel	7,3 cm x 5,8 cm	29 cm x 23 cm
1280 x 1000 Pixel	9,3 cm x 7,3 cm	37 cm x 29 cm
3060 x 2036 Pixel	22 cm x 15 cm	89 cm x 59 cm

Das Auflösungsvermögen

Bei einer Betrachtungsentfernung von etwa 25 cm kann das durchschnittliche menschliche Auge zwei Punkte nicht mehr als getrennte Punkte erkennen, wenn diese maximal ca. 1/15 mm auseinander liegen. Beträgt die Betrachtungsentfernung 1 m, so dürfen die Punkte maximal ca. 1/3 mm auseinander liegen, um nicht als getrennte Punkte wahrgenommen zu werden.

Wird von einem herkömmlichen Kleinbildnegativ oder -dia eine Vergrößerung im Format 9 x 13 cm angefertigt, so ist bei einer Entfernung von ca. 25 cm und mehr die Struktur des Filmes nicht mehr wahrnehmbar. Ein Poster im Format von z.B. 50 x 70 cm läßt bei einer Entfernung von 25 cm jedoch deutlich die Filmstruktur erkennen. Da ein Poster aber in der Regel aus mindestens einem Meter Entfernung betrachtet wird, kann die Qualität durchaus ausreichend sein.

In der digitalen Fotografie gelten diese Bedingungen analog. Nur wird hier die Struktur nicht von einem Film, sondern von lichtempfindlichen Sensoren auf einem sogenannten CCD-Chip (Charge Coupled Device) gebildet. Diese Sensoren bestehen aus vielen lichtempfindlichen Bildpunkten, die als Pixel (Picture Elements) bezeichnet werden.

Die Zahl der Bildpunkte ist ein Maß dafür, wie groß ein Bild bei gegebener Betrachtungsentfernung vergrößert werden kann, um noch unter den Begriff »Fotoqualität« zu fallen. Bei der Be-

Betrachtungsentfernungen für Druckverfahren		
Druckverfahren	**effektive Auflösung**	**Betrachtungsentfernung**
Offsetdruck (60er Raster),	ca. 220 dpi	40 cm
Thermosublimation (300 dpi)	ca. 300 dpi	30 cm
Tintenstrahler (300 dpi)	ca. 40 dpi	2,2 m

Die Werte stellen nur eine Angabe der Größenordnung dar und sind stark vom verwendeten Rasterverfahren und der Druckunterlage abhängig.

trachtungsentfernung spielt natürlich das Verfahren, mit dem das Bild ausgegeben wird, eine entscheidende Rolle. Die Betrachtungsentfernungen, bei denen Ausgaben mit den einzelnen Druckverfahren nicht mehr gepunktet wahrgenommen werden, sind der Tabelle zu entnehmen.

Die genannte »effektive« Auflösung ist wichtig, da z.B. beim Tintenstrahlverfahren die Grauwerte durch die unterschiedliche Zahl von schwarzen Punkten innerhalb eines Feldes gebildet werden. Die hier genannten Werte sind allerdings nur Richtwerte. Sie unterscheiden sich stark je nach Rasterverfahren und Druckunterlage. Nähere Erläuterung zu den Druckverfahren finden Sie in Kap. 3.8.2.

Die mögliche Vergrößerung, also die Bildauflösung, ist derzeit auch die Eigenschaft, in der die digitalen Kameras – insbesondere diejenigen mit einem Flächensensor – von den konventionellen Kameras noch am weitesten entfernt sind.

Als übliche Betrachtungsentfernung für Fotos in der Standardgröße 9 x 13 cm oder 10 x 15 cm können wir zwischen 25 und 30 cm annehmen. Als notwendige Auflösung für das ausgegebene Bild ergeben sich damit etwa 300 dpi (dots per inch). Dieser Wert hat sich als ein Standardwert in den Köpfen der Bildverarbeiter festgesetzt, und die mögliche Vergrößerung eines digitalen Bildes

wird oft in Zusammenhang mit diesem Wert angegeben.

Das menschliche Farbsehen

Das menschliche Auge besitzt drei verschiedene Zapfentypen, die für das Farbsehen verantwortlich sind. Durch die sogenannten Spektralwertkurven wird die Fähigkeit des Auges, einzelne Farben zu unterscheiden, beschrieben.

Welche Bedeutung hat das für die Fotografie?

In einem fotografischen Film gibt es drei Schichten, deren Farbempfindlichkeit derjenigen des menschlichen Auges nachempfunden ist. Bei der Entwicklung werden in den Schichten Farbstoffe gebildet, die zusammen die vom Betrachter gesehene Farbe ergeben.

Mit diesen drei Farbschichten lassen sich nahezu alle Farben, die der Mensch wahrnehmen kann, erzeugen bzw. die Farben des aufgenommenen Originals wieder rekonstruieren. In der digitalen Fotografie werden die Farben über die Belichtung der lichtempfindlichen Zellen durch drei Farbfilter gebildet. Diese Rot-, Grün- und Blauauszüge ergeben das farbige Gesamtbild.

Auf dem Monitor wird das Bild durch rote, grüne und blaue Phosphore erzeugt, deren Punkte

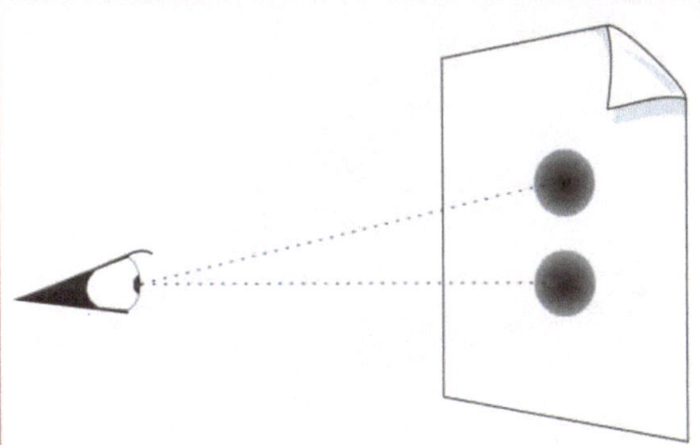

Zwei Punkte können bei einer Betrachtungsentfernung von 25 cm nicht mehr als getrennte Punkte aufgelöst werden, wenn sie weniger als 1/15 mm auseinanderliegen.

Die Bildpunkte im linken Bild sind deutlich zu sehen, um dann im rechten Bild zu einem Bild in »Fotoqualität« zu verschmelzen.

dicht zusammenliegen. Wird das Bild ausgedruckt, so werden als Farbstoffe die vier Farben Cyan, Magenta, Gelb und Schwarz gedruckt. Warum gibt es nun die Unterscheidung zwischen Rot, Grün und Blau, die auch als additive Grundfarben bezeichnet werden, und den subtraktiven Farben Cyan, Magenta, Gelb und Schwarz?

Das additive Farbsystem

Mit rotem, grünem und blauem Licht kann nahezu jede beliebige Farbe gemischt werden. Alle drei Farben zusammen ergeben weißes Licht.

Das subtraktive Farbsystem

Wie der Name bereits andeutet, wird beim subtraktiven Farbsystem etwas weggenommen. Das heißt, wenn eine Vorlage (z.B. ein Bild) mit weißem Licht beleuchtet wird, bewirken die verwendeten Farbstoffe, daß bestimmte Farben, die im weißen Licht enthalten sind, herausgefiltert werden.

Ein gelber Farbstoff entzieht dem weißen Licht beispielsweise den blauen Anteil, was zu der gelben Färbung führt. Aus diesem Grunde kann Gelb auch als minus Blau (Magenta = minus Grün, Cyan = minus Rot) bezeichnet werden. Der schwarze Farbstoff wird nur benötigt, weil die drei anderen Farbstoffe nicht perfekt sind und daher nur ein dunkles Braun ergeben, wenn sie übereinander gedruckt werden. Um ein sattes Schwarz zu erzeugen, wird der schwarze Farbstoff noch zusätzlich verwendet.

Für den Ausdruck auf Papier müssen die digitalen Bilder, die als RGB-Bilder vorliegen, in die Farbstoffwerte für Cyan, Magenta, Gelb und Schwarz (CMYK) umgewandelt werden. Dieser Vorgang wird als Farbseparation bezeichnet.

Die additive Farbmischung aus Lichtquellen unterschiedlicher Farbe.

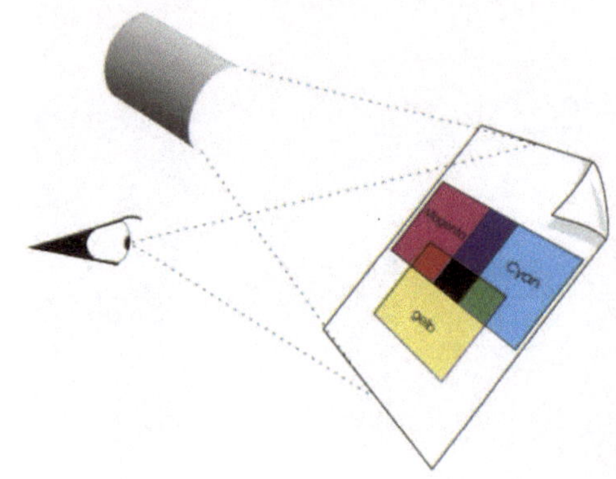

Die subtraktive Farbmischung mit weißem Licht und Druckfarben.

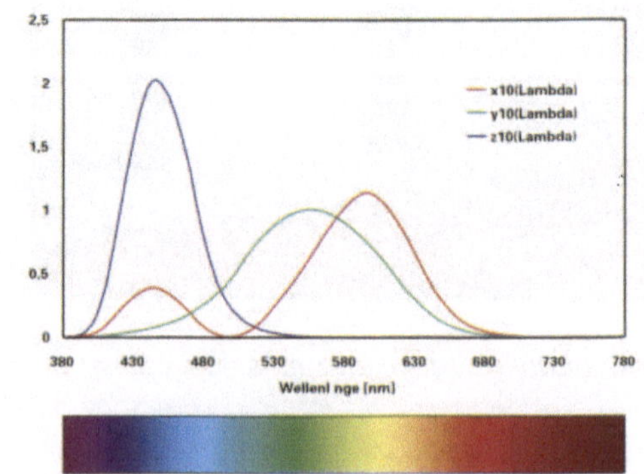

Die Spektralwertkurven der drei Zapfentypen des menschlichen Auges, die für das Farbsehen verantwortlich sind.

3.2 Die digitale Kamera

Der Dolmetscher zwischen dem, was das menschliche Auge sieht, und dem, was der Computer darstellt, ist die digitale Kamera. Ihre Vokabeln beherrscht sie – nur mit der Länge der Sätze (Auflösung) hapert es manchmal.

3.2.1 Kamerakonzepte

Unterschiedliche Kamerakonzepte

Wie in der konventionellen Fotografie gibt es auch in der digitalen Fotografie unterschiedliche Kamerasysteme.

Ausstattung finden sich, je nach Kamera, Wechselspeicher, LCD-Display, Zoomoptik, Blitz, schwenkbare Optik, Makroeinstellung, Tonaufzeichnung und vieles mehr.

Die Sucherkamera

Für den Amateurbereich, aber auch für eine Reihe professioneller Anwendungen sind Sucherkameras auf dem Markt, die in ihrer Ausstattung stark variieren. Ein großer Teil dieser Kameras besitzt derzeit noch eine niedrige Auflösung, 300.000 bis 800.000 Bildpunkte, und ist, da im Moment noch teurer als herkömmliche Sucherkameras, auf einige wenige professionelle Anwendungen ausgerichtet.

Diese sind zum Beispiel Archivfotos für Sachverständige und Versicherungen, technische Dokumentationen oder aktuelle Fotos für Medien wie das Internet. Also alles Anwendungen, die eine niedrige Auflösung akzeptieren bzw. voraussetzen. Eine Reihe von Kameras wird aber auch an engagierte Computerspieler und Fotoamateure verkauft. In der

Die angepaßte konventionelle Kamera

Viele der erhältlichen Kameras, die mobil, also nicht im heimischen Studio, eingesetzt werden, bestehen aus herkömmlichen Kleinbild-Spiegelreflex-Gehäusen, die für den digitalen Einsatz modifiziert wurden. Der Grund, warum es nicht genügt, die Rückwand dieser Kameras gegen eine digitale auszutauschen, liegt im wesentlichen in der Größe des lichtempfindlichen Empfängers, dem sogenannten CCD-Chip. Dieser ist derzeit in der Regel kleiner als das Kleinbildformat, so daß der Bildausschnitt, der auf den Chip fällt, im Sucher eingespiegelt wird. Je nach Art und Weise, wie die Farbzerlegung bzw. -aufnahme und eine eventuelle Anpassung an die Chipgröße erfolgt, sind zusätzliche optische Elemente im Strahlengang notwendig.

Beispiele für Sucherkameras

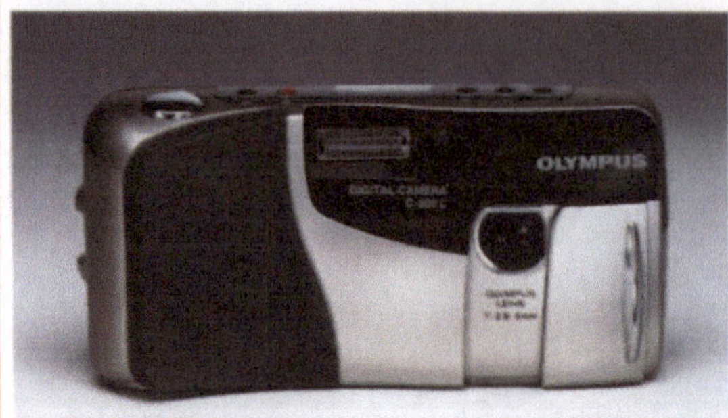

Olympus Camedia C-800 L

Canon PowerShot 600

Casio QV 300

Fuji DS 300

Beispiele für spezielle Kameras

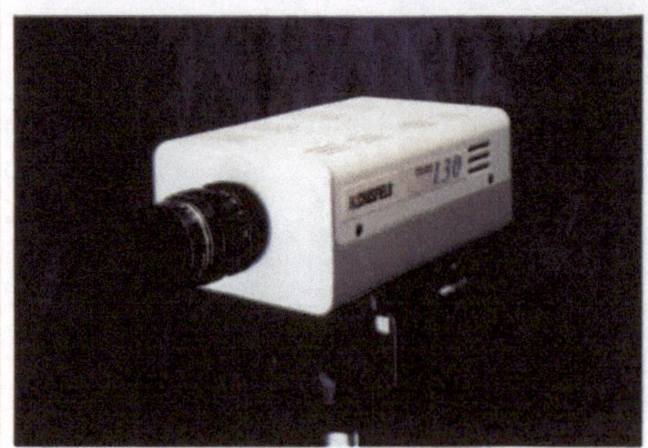

Kontron ProgRes (baugleich mit Crossfield
Celsis 130)

Agfa StudioCam

Beispiele für angepaßte konventionelle Kameras

Agfa ActionCam, Kodak DCS 410, Nikon E2
(baugleich mit Fuji DS-5xx)

Beispiele für digitale Kamerarückteile

Kontron Eyelike

Dicomed BigShot

Die spezielle Kamera

Einige Kameras wurden speziell für die digitale Fotografie entwikkelt. Sie unterscheiden sich häufig im Design von den herkömmlichen Kameras. Einen Vorteil haben diese Kameras jedoch: Die Objektiv- und Zubehörpalette ist in der Regel optimal auf das Aufgabengebiet abgestimmt.

Das Kamerarückteil

Die einfachste Variante digitaler Fotografie wird bei vielen Mittelformat- und Großbildkameras verwendet, die eine austauschbare Rückwand besitzen. Hier wird die konventionelle Rückwand lediglich durch eine solche mit digitalem Empfänger ersetzt. Ein großer Teil des Zubehörs der Kameras, das auch sonst eingesetzt wird, läßt sich auch mit der digitalen Rückwand verwenden, und durch Austausch derselben kann auch weiterhin konventionell fotografiert werden. Doch Vorsicht! Der Chip oder auch die Scanfläche hat andere (in der Regel kleinere) Abmessungen als das Filmmaterial. Aus diesem Grunde kommt nicht alles, was die Mattscheibe für den konventionellen Film zeigt, auch auf das digitale Bild, und damit wird die Normalbrennweite für das Großbild unter Umständen sehr schnell zu einem recht starken Teleobjektiv (siehe Kap. 3.2.7).

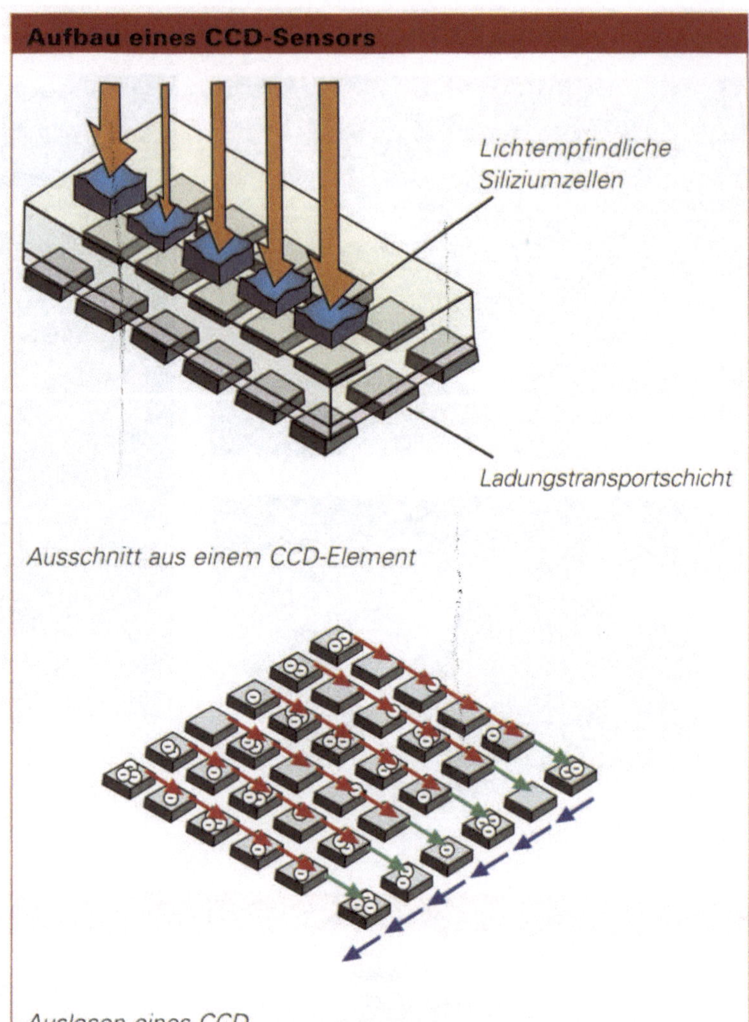

Ausschnitt aus einem CCD-Element

Auslesen eines CCD
Wie auf einem Fließband werden durch Lichteinfall frei gewordene Ladungen transportiert. Hierbei muß das »blaue Fließband« um den Faktor der Zeilenanzahl schneller laufen.

3.2.2 CCD-Sensoren zur Bildaufzeichnung

Das Kernstück einer digitalen Kamera ist ein sogenannter CCD-Sensor (Charge Coupled Device). CCD-Sensoren sind Halbleiterelemente, die z.B. in Form eines Schachbrettmusters lichtempfindliche Siliziumzellen tragen.

Diese lichtempfindlichen Zellen erzeugen in Abhängigkeit von der auftreffenden Lichtmenge (Intensität) einen elektrischen Strom. Der Clou bei den CCD-Elementen ist, daß aufgrund der physikalischen Eigenschaften die Möglichkeit besteht, jede einzelne Zelle »auszulesen«. Bleiben wir bei dem Schachbrettvergleich. Es ist möglich, nacheinander jedes Feld abzufragen, welche Figur auf ihm steht bzw. in unserem Fall, wie stark der Lichteinfall ist.

Je mehr Zellen nun ausgelesen werden müssen, desto komplizierter ist der Auslesevorgang. Diese Tatsache und das Problem, die Chips fehlerfrei herzustellen, begrenzen die Anzahl der lichtempfindlichen Zellen, und die hochauflösenden Chips mit sehr vielen dieser Zellen sind entsprechend teuer. Jede Zelle wird als ein Pixel (picture element) bezeichnet und markiert in der Regel einen Punkt im späteren Bild mit dem dazugehörigen Helligkeits- bzw. Farbwert. Je größer nun diese einzelnen Pixel sind, desto größer ist die Strecke, die von den Elektronen bis zum Auslesen zurückgelegt werden muß. Auf dieser Strecke können Störungen die Zahl der Elektronen, die ein Maß für die eingefangene Lichtmenge darstellt, beeinflussen. Das ist der Grund, warum es erst seit kurzer Zeit möglich ist, CCD-Sensoren in der Größe eines Kleinbildformates herzustellen und warum es noch einige Zeit dauern wird, bis ein 9 x 12 cm Großbild mit einem CCD-Sensor gefüllt werden kann, der auch noch in etwa die Auflösung des derzeitigen Filmmaterials besitzt.

Sensor der Jenoptik Eyelike mit IR-Sperrfilter und halb geöffnetem Verschluß.

Flächen- und Zeilensensoren

Es gibt zwei Arten von CCD-Sensoren. Die sogenannten Flächensensoren sind Sensoren, die mit lichtempfindlichen Zellen in Form eines Schachbrettmusters versehen sind, nur daß sie nicht über 64, sondern über bis zu 6.000.000 Pixel verfügen. Die Zeilensensoren bestehen aus nur einer Zeile bzw. bei Farbsensoren aus 3 Zeilen (je eine für Rot, Grün und Blau) mit lichtempfindlichen Sensoren. Beim Flächensensor, einem CCD-Chip, wird die gesamte Fläche gleichzeitig belichtet und anschließend ausgelesen. Der Zeilensensor hingegen tastet (scannt) das Bildfeld zeilenweise ab und benötigt hierfür entsprechend Zeit. Das heißt, es wird immer eine Zeile belichtet, ausgelesen und danach verschoben. Dann erfolgt die gleiche Prozedur mit der nächsten Zeile etc. Der Zeilensensor bietet den Vorteil, daß er aufgrund des geringeren technischen Aufwandes bei der Herstellung einerseits preiswerter ist und andererseits aus mehr Pixeln besteht als eine Zeile eines vergleichbaren Flächensensors. In Verbindung mit der zeilenweisen Abtastung und einem langen Verstellweg wird daher eine höhere Auflösung erreicht.

Beide Sensoren werden anstelle des fotografischen Filmmaterials in die Bildebene der Kamera eingesetzt. Wichtig ist nur eines: Die klassischen Aufgaben des Fotografen bezüglich Motivkomposition und Lichtsetzung bleiben erhalten, nur das Werkzeug für die Aufzeichnung hat sich verändert.

3.2.3 Das Farbsehen von digitalen Kameras

Versuch, in Farbe zu fotografieren (zwischen 1861 und 1874):
»Die Farbfotografie mit Kollodiumplatten führte zu den abstrusesten Experimenten. Von Zucker über Honig zu Melasse, Malz, Kaffee, Bier, Tee oder gar Sherry versuchte man alles beizumischen. Die Ergebnisse dieser – wie man spöttisch sagte – »kulinarischen Photographie « waren alle unwesentlich.«
Aus *Die Kunst der Photographie*

Wie sieht ein CCD-Sensor Farben?

Durch additive Mischung von rotem, grünem und blauem Licht können Farben gemischt werden. Ebenso kann das Licht über rote, grüne und blaue Filter wieder in die drei Grundfarben zerlegt werden. Genau diesen Effekt macht man sich zunutze. Werden die Helligkeitswerte eines Motivs hintereinander durch die drei genannten Filter (RGB) aufgenommen, so erhält man die farbige Information. In der Praxis gibt es unterschiedliche Varianten bei der Aufnahme der farbigen Information.

CCD-Zeile mit RGB-Filter

Bei Scankameras und Scannern gibt es das sogenannte »One-Pass« bzw. »Three-Pass Scanning«. Beim »One-Pass Scanning« besitzt der Scanner drei CCD-Zeilen, die mit jeweils einem Rot-, einem Grün- und einem Blaufilter versehen sind. Er kann deshalb ein farbiges Bild mit einem Scandurchgang erfassen. Der »Three-Pass«-Scanner hingegen enthält nur eine CCD-Zeile und muß deshalb drei Scandurchgänge ausführen, bei denen nacheinander jeweils ein Rot, Grün- und Blaufilter in den Strahlengang eingeschwenkt wird.

CCD-Chip mit Filterrad

Analog zum »Three-Pass«-Scanner sind einige Kameras mit nur einem CCD-Chip ausgestattet, der lediglich schwarz/weiß sieht. Nacheinander werden drei Aufnahmen mit dem jeweiligen Filter vor dem Objektiv oder dem Sensor erstellt.

CCD-Chip mit Prismen

Dann gibt es Kameras, die drei CCD-Chips enthalten, auf die das Licht über Strahlteiler (Prismen) gelangt. Hierbei ist es allerdings in der Regel nicht so, wie in der Aufstellung auf der übernächsten Seite dargestellt, daß jeweils ein Chip für die drei Grundfarben existiert. Vielmehr gibt es zwei CCDs, die grünempfindlich sind, und ein CCD, das auf Rot/Blau empfindlich reagiert. Rot/Blau-empfindlich heißt hier, daß die Pixel wechselweise mit einem roten und einem blauen Filter bedampft sind. Die Filter sitzen nicht mehr vor dem Objektiv, sondern direkt auf dem Chip.

CCD-Chip mit aufgedampften Filtern

Am häufigsten verbreitet, insbesondere in der Amateurfotografie, ist die 1-CCD-Technik, bei der jeweils benachbarte Pixel mit unterschiedlichen Filtern bedampft werden. Die Sensoren bestehen aus Zeilen, die abwechselnd mit rot/grünen bzw. mit blau/grünen Pixeln versehen sind. Es gibt daher doppelt so viele grünempfindliche wie blau- und rotempfindliche Pixel. Begründet ist dieses durch die Empfindlichkeit des menschlichen Auges, die im grünen Bereich sehr hoch ist. Die Farbinformation für jeweils einen Pixel im Bild wird bestimmt durch den jeweiligen Filter, den dieser Pixel trägt. Handelt es sich beispielsweise um einen roten Pixel, so erhält man den Wert für den roten Kanal direkt von diesem Pixel. Die Werte für Blau und Grün an dieser Stelle werden über die Mittelwerte der umliegenden blauen und grünen Pixel berechnet. Das tatsächlich aufgenommene Bild eines Sensors, der beispielsweise 640 x 480, also 307.000 Pixel aufzeichnet, besteht also gar nicht aus 307.000 roten, 307.000 blauen und entsprechend vielen grünen Pixeln, sondern aus 76.750 roten, 76.750 blauen und 153.500 grünen Pixeln. Zu welchen Farbfehlern es hierbei kommen kann, erfahren Sie in Kap. 3.2.5.

Four-Shot

Die oben beschriebene Berechnung der fehlenden Farbinformation aus den Mittelwerten der Nachbarpixel kann mit der sogenannten »Four-Shot«- Methode umgangen werden. Hierbei werden vier Aufnahmen nacheinander gemacht, zwischen denen der Sensor um jeweils eine Pixelbreite verschoben wird. Dadurch liegt an jeder Position mindestens einmal ein Rot-, ein Grün- und ein Blaupixel. Die vier Bilder werden ineinander zu einem Bild »verkämmt«. Hierdurch wird die Farbdarstellung insbesondere feiner Stukturen wesentlich verbessert. Der Nachteil dieser Methode besteht aber darin, daß vier Aufnahmen benötigt werden und daher nur ruhende Objekte als Motive in Frage kommen. Die Kameras, die diesen »Four-Shot«-Modus anbieten, erlauben aber üblicherweise auch den »One-Shot«-Modus für bewegte Objekte.

Microscanning

Eine weitere Methode zur Verbesserung der Bildqualität ist das sogenannte »Microscanning«. Bei CCDs, die diesen Modus erlauben, sind die lichtempfindlichen Bereiche der einzelnen Pixel des CCD-Empfängers kleiner als die Pixel selbst. Durch die Aufnahme mehrerer Bilder und eine Verschiebung des Sensors zwischen den einzelnen Aufnahmen um Bruchteile der Pixel wird eine höhere Bildauflösung erzielt. Die aufgenommenen Bereiche können sich hierbei leicht überschneiden, was die Bildung einer Moiréstruktur verhindert (siehe Kap. 3.2.5).

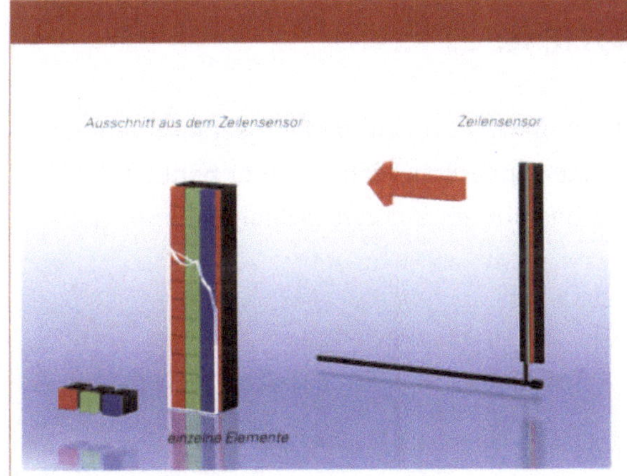

CCD-Zeile mit RGB-Filtern

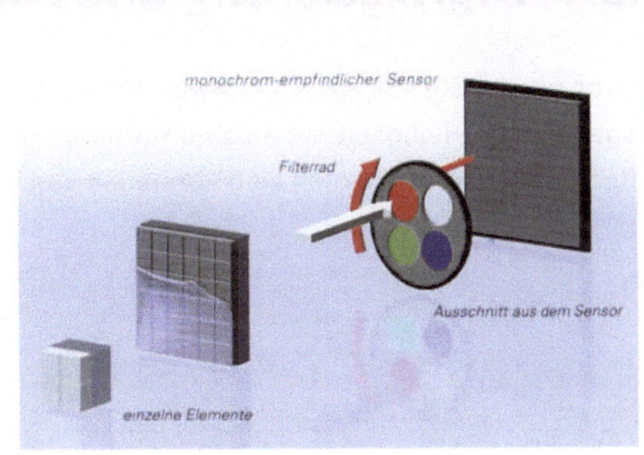

Monochromsensor mit RGB-Filterrad

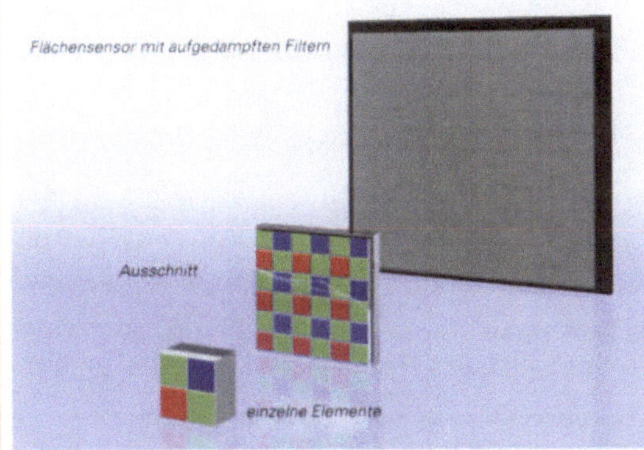

Flächensensor mit aufgedampften RGB-Filtern

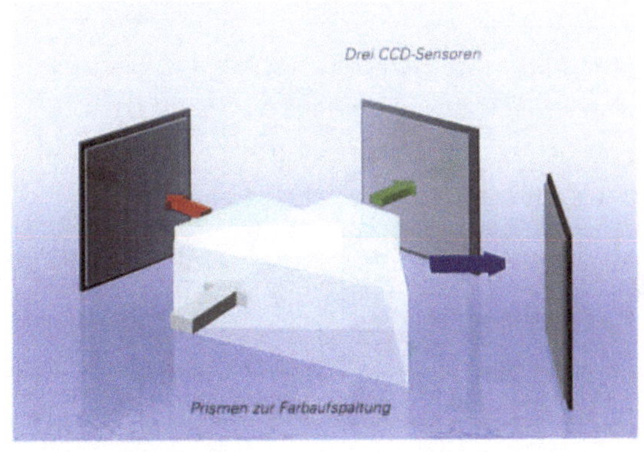

Drei CCD-Sensoren in Verbindung mit Prismen

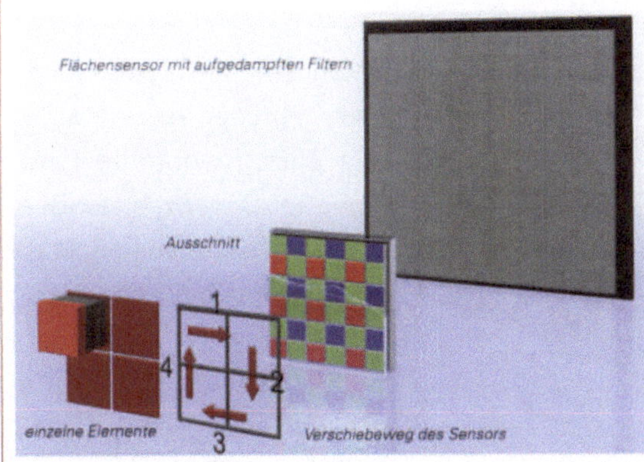

Prinzip des Macroscannings

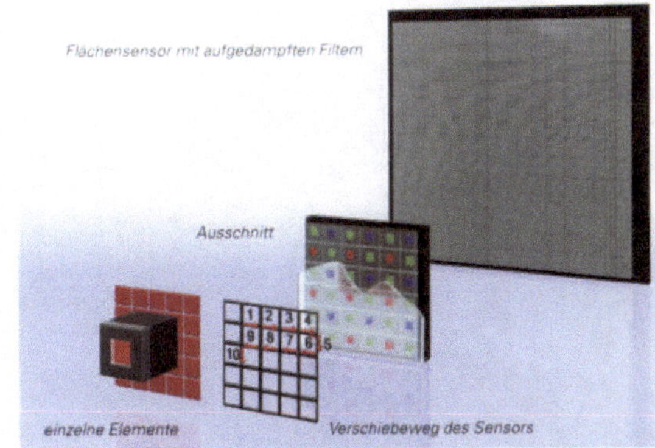

Prinzip des Microscannings

3.2.4 Digitalisierung und Farbtiefe

Die von einem CCD-Sensor mit nachgeschalteter Elektronik in Form einer elektrischen Spannung ausgegebenen Helligkeitswerte sind für einen Computer unverständlich, denn er benutzt die einfachste Sprache, die man sich vorstellen kann. Sie besteht nur aus zwei »Buchstaben«, dem binären Code 0 und 1.

Nun muß eine Übersetzungseinheit, ein sogenannter Analog-Digital-Wandler, dafür sorgen, daß der jeweilige Spannungswert in eine Kombination aus 0 und 1 umgewandelt wird. Je nach Kamera werden die Spannungen in 8, 10 oder 12 Nullen und Einsen (also Bit) übersetzt.

Mit 8 Bit lassen sich 256 verschiedene Werte darstellen. In der Regel sind dieses die Zahlen 0 bis 255. Sie reichen aus, um mehr Helligkeitswerte zu erfassen, als der Mensch unterscheiden kann.

Ein Problem bereitet die Tatsache, daß der Mensch Helligkeitsunterschiede in den hellen Bildbereichen eher wahrnimmt als in den dunklen. Man spricht hier von einer logarithmischen Helligkeitsempfindung. Dem elektronischen CCD-Chip ist diese Eigenart fremd. Er sieht nur die Menge an Licht (Beleuchtungsstärke), die auf die Pixel

trifft. Damit die aufgenommenen Bilder für den Menschen aussehen wie die originale Szene, werden die übersetzten Werte angepaßt. Um möglichst viel Spielraum bei dieser Anpassung zu haben, wandeln einige Kameras die Spannungswerte nicht in 256, sondern in 1024 oder 4096 Stufen um, benötigen also 10 bzw. 12 Bit. Dieses macht sich besonders bei der Detailwiedergabe in den dunklen Bildbereichen bemerkbar.

Kameras, die mit einem 10- oder 12-Bit-Wandler versehen sind, können also in den einzelnen Bereichen die Helligkeiten besser differenzieren und daher einen Objektumfang (Vorlagenkontrast) von bis zu 12 Blendenstufen aufnehmen. Kameras mit einem 8-Bit-Wandler ermöglichen die Abbildung eines Kontrastes von etwa 8 Blendenstufen.

Für die Digitalisierung der Farben gelten diese Bedingungen analog. Für jeden Farbkanal werden die Spannungswerte gewandelt und ergeben nach dem Zusammenfügen zu einem Bild die entsprechenden Farbwerte. Die Anzahl der Bits, mit der die Spannung übersetzt wird, bezeichnet man als Farbtiefe.

Farbtiefe

Bild mit 2 Graustufen

Bild mit 8 Farben

Bild mit 2 Graustufen, »gedithert«

Bild mit 32 Farben

Bild mit 8 Graustufen

Bild mit 256 Farben

Bild mit 256 Graustufen

Bild mit 16,7 Mio. Farben

3.2.5 Bildfehler

Alles hat seine Fehler – auch die digitale Fotografie. Welche es sind und wie sich diese Fehler bemerkbar machen, erfahren Sie auf den nächsten Seiten.

UV-IR-Sperrfilter in der digitalen Fotografie
Die CCD-Sensoren besitzen eine Empfindlichkeit, die sich in den infraroten Spektralbereich hinein erstreckt. Das führt zu Problemen bei der Farbwiedergabe, weil der Sensor etwas »sieht«, was der Betrachter mit dem Auge nicht wahrnehmen kann. Auch die Vergütung der Objektive reicht nicht in den Infrarotbereich hinein, was auf den Bildern zu deutlich sichtbaren Reflexionen innerhalb des Objektives führt. Häufig ist bei kleinen Öffnungen eine Abbildung der Blende erkennbar, wie sie sonst bei Gegenlichtaufnahmen auftritt.

Digitale Kameras sind vom Hersteller üblicherweise mit einem hinreichenden IR-Sperrfilter ausgestattet. Das gilt aber leider nicht für alle Kameras. Zur Verbesserung der Farbwiedergabe wird daher der Einsatz eines IR-Sperrfilters empfohlen. Für die digitale Fotografie kann der standardmäßig zum Schutz des Objektivs verwendete UV-Filter durch den neuen Filter ersetzt werden. Hersteller sind unter anderem Rodenstock und Tiffen.

Rauschen
»Rauschen, Störeffekt bei der elektr. Nachrichtenübertragung, wird durch unregelmäßige Elektronenbewegung in Widerständen und in Röhren hervorgerufen.« (Brockhaus der Naturwissenschaften und der Technik, F.A. Brockhaus, 1958)

»Infolge der Wärmebewegung der Elektronen entsteht in jedem Widerstand eine Rauschspannung, deren Frequenzband von der tiefsten bis zur höchsten technischen Frequenz reicht.« (Halbleiter-

Schaltungstechnik, Tietze/Schenk, Springer-Verlag, 1990)

Der in den Definitionen beschriebene Effekt tritt auch in der digitalen Fotografie auf und ähnelt im Erscheinungsbild der Struktur auf dem Abzug eines unterbelichteten Negativs. Er tritt insbesondere bei langen Belichtungszeiten (> 1 Sek.) in Erscheinung. Aber auch die Bemühungen der Kamerahersteller, die Empfindlichkeit der Kameras durch eingebau-

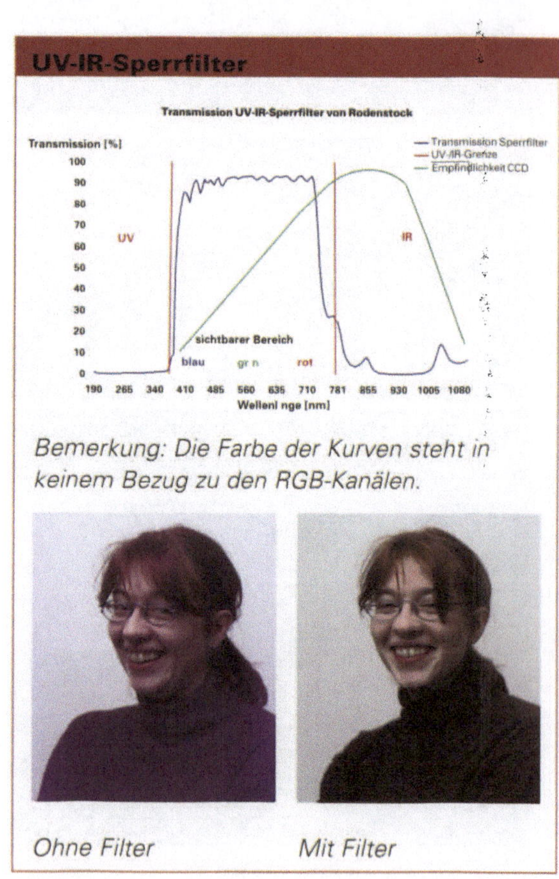

Bemerkung: Die Farbe der Kurven steht in keinem Bezug zu den RGB-Kanälen.

te Verstärkerelektronik zu steigern, können diesen Effekt hervorrufen. Gefördert wird er durch hohe Temperaturen, was dazu führt, daß Kameras für technische Anwendungen und in der Meßtechnik gekühlt betrieben werden.

Am ehesten erkennt man das Rauschen im blauen Bildkanal der Aufnahmen, da das Silizium-CCD in diesem Spektralbereich am unempfindlichsten und die Verstärkung damit am größten ist. Bei Kameras der neueren Generation wurde dieses Manko zwar weitgehend beseitigt, aber bei einigen Kameras kann es durchaus noch auftreten.

Blooming

Neben dem Rauschen gibt es noch weitere Bildfehler, die bei digitalen Kameras auftreten können. Einer davon ist das Blooming. Zu Erklärung des Bloomings stellen Sie sich einen Sensor vor, aus dem bei Auftreffen des Lichtes Bälle (Elektronen) heraus in einen Eimer fallen. Bei einer sehr großen Lichtmenge fallen so viele Bälle in den Eimer, daß er überläuft. Die überlaufenden Bälle fallen in die Eimer der benachbarten Pixel und simulieren dort eine größere Lichtmenge, als tatsächlich vorhanden war. Die Fläche im Bild, an der die extrem hohe Lichtmenge aufgetreten ist, wird also größer wiedergegeben, als sie eigentlich ist. Häufig sind diese Bereiche im digitalen Bild auch von Farbsäumen umgeben. Dieser Effekt tritt bei Kameras der neueren Generation so gut wie nicht mehr auf und kann durch entsprechendes Setzen der Beleuchtung vermieden werden.

Moiré

Ein weiterer Bildfehler ist der Moiréeffekt. Werden Strukturen fotografiert, deren Muster so fein sind, daß sie gerade über wenige Pixel reichen, so kommt es zu einer »Schwebung«, die als groberes Muster im Bild erkennbar wird. Ein solches Moiré kann auch beim Fernsehen auftreten, wenn beispielsweise

Rauschen

Das oben stehende Bild wurde mit der Agfa ActionCam aufgenommen und absichtlich um 3 Blenden unterbelichtet. Die anschließende Tonwertkorrektur läßt das Rauschen deutlich erkennbar werden.

Das richtig belichtete Bild zeigt diesen Effekt nicht.

der Moderator ein Jackett mit einem sehr feinen Muster trägt.

Farbsäume in grauen Flächen
Dieser Bildfehler tritt bei Kameras auf, die mit einem CCD-Sensor mit aufgedampften Farbfiltern bestückt sind (siehe auch Kap. 3.2.3). Durch den Algorithmus zur Berechnung der fehlenden Farbwerte an den einzelnen Pixeln kommt es bei einigen Kameras zu einer dem Rauschen ähnlichen farblichen Strukturierung von grauen Flächen. Diese Erscheinung wird häufig als »Farbrauschen« bezeichnet. Da sie jedoch keinen physikalischen Ursprung besitzt, sondern allein durch die Software der Kamera bestimmt wird, ist der Begriff *Rauschen* eigentlich fehl am Platz. Dieser Bildfehler läßt sich nicht durch Maßnahmen vor und während der Aufnahme verhindern. Lediglich in der Nachbearbeitung kann über die Auswahl der betroffenen Flächen und Filtern wie *Helligkeit interpolieren* die Erscheinung gemindert werden. Feine Strukturen gehen dabei allerdings verloren.

Wie sich ein Moiré im digitalen Farbbild niederschlägt, zeigt dieses Bild: Die feingemaserte Rückwand des Schreibtisches weist blau/gelbe Streifen auf, wo eigentlich eine feines graues Gitter zu sehen sein sollte.

Das Blooming erkennen Sie hier an den senkrechten Farbstreifen der Spitzlichter.

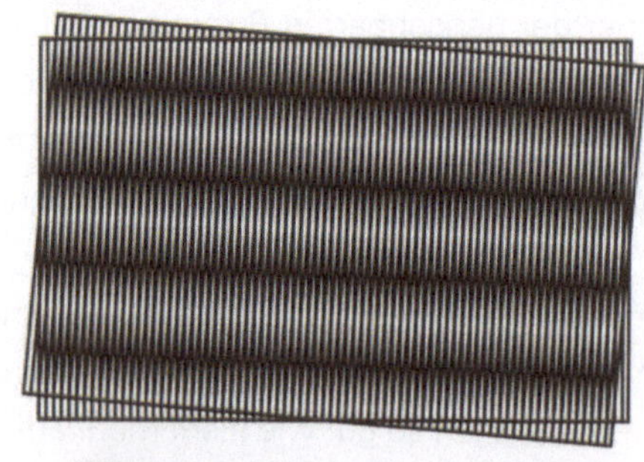
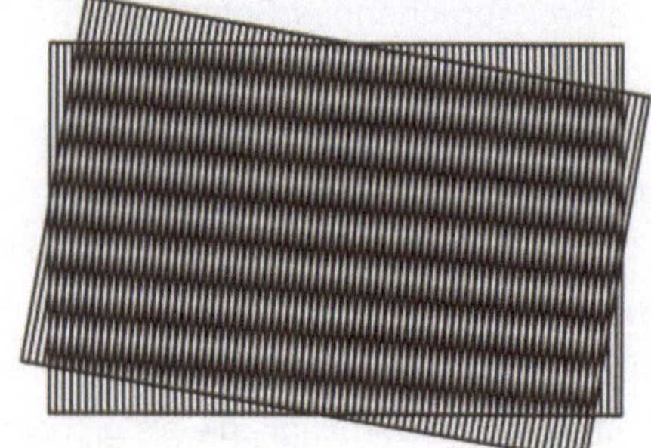

Die Bilder zeigen ein Moiré, das durch Übereinanderlegen von zwei schwarzweißen Gittern entstanden ist. Je nach dem, wie diese Gitter übereinanderliegen, ändert sich die Moiréstruktur (Frequenz).

Der Ausschnitt des Bildes zeigt
deutlich die farbigen Strukturen
in der grauen Fläche des
Badeanzuges.

3.2.6 Belichtungssteuerung

Die Lichtmenge, die auf die lichtempfindliche Schicht in einer Kamera trifft, wird über die Belichtungszeit und über die Öffnung des Objektivs (Blende) gesteuert. Dies geschieht unabhängig von der Art des Empfängers und gilt damit sowohl für den Silizium-CCD-Chip als auch für das Filmmaterial.

Empfindlichkeit

Wie sieht es nun mit der Empfindlichkeit von digitalen Kameras aus? Eine internationale Norm zur Bestimmung der Empfindlichkeit digitaler Kameras steht kurz vor ihrer Verabschiedung (ISO-Norm 12232). Hierin haben sich die Teilnehmer des Normenausschusses an die Zahlen zur Filmempfindlichkeit angelehnt. Wenn Sie also zukünftig eine Kamera mit der Angabe ISO 100 finden, so ist die Empfindlichkeit dieser Kamera mit der Verwendung eines ISO-100-Filmmaterials gleichzusetzen. Das heißt, es werden bei gleichem Licht die gleichen Zeit-/ Blendenkombinationen gewählt.

Die Norm läßt den Herstellern jedoch einigen Spielraum, was die Stärke des zulässigen Rauschens anbelangt. Aus diesem Grund ist es empfehlenswert, die jeweilige Kamera vor dem Kauf zu testen bzw. einschlägige Tests der Fachpresse zu Rate zu ziehen.

Belichtungszeit

In der klassischen Fotografie entspricht die Belichtungszeit derjenigen Zeit, innerhalb derer Licht auf eine Stelle des Films trifft. Für digitale Kameras mit Flächensensoren gilt das ebenso. Kurze Belichtungszeiten ermöglichen das Fotografieren aus der Hand. Bei längeren Belichtungszeiten muß ein Stativ zu Hilfe genommen werden, um das Verwackeln zu verhindern.

Bei CCD-Scankameras wird es etwas schwieriger. Hier ist die Belichtungszeit diejenige Zeit, innerhalb derer eine Zeile belichtet wird. Die Zeit für den Scan über das gesamte Bild, also die Summe der Belichtungen der einzelnen Zeile und der Zeit für die Verschiebung derselben, wird als Scanzeit bezeichnet.

Blende

Mit Hilfe der Blende kann die Öffnung des Objektivs variiert werden. Je kleiner die Blendenzahl hierbei wird, desto größer ist die Öffnung und desto mehr Licht gelangt auf den Film oder den CCD-Empfänger.

Mit größer werdender Öffnung wird der Entfernungsbereich, der scharf abgebildet wird, kleiner. Wird die Öffnung dagegen verkleinert, so vergrößert sich der Bereich, der scharf abgebildet wird (Schärfentiefe).

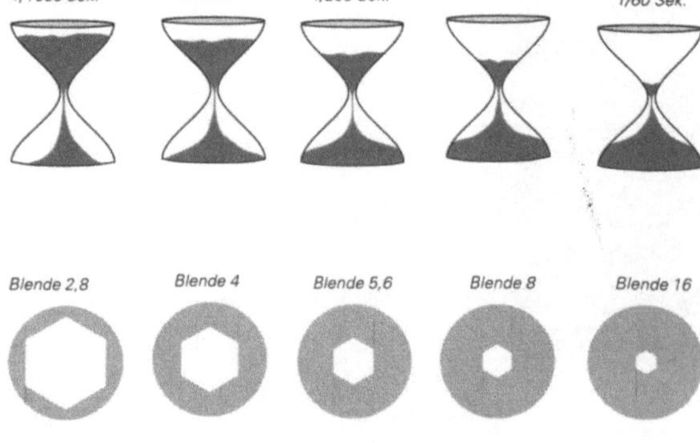

Blenden- und Belichtungszeitpaare

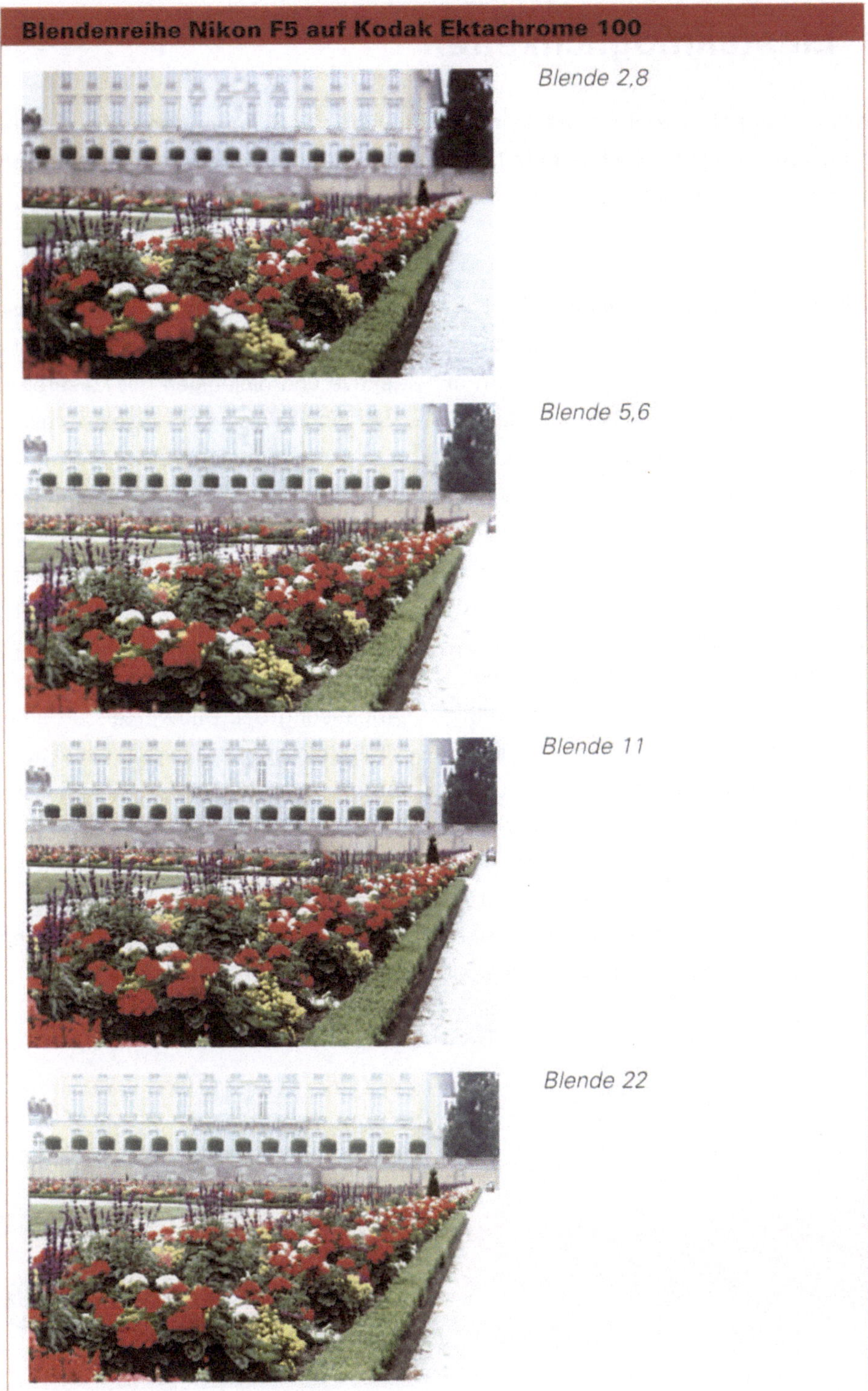

Blendenreihe Nikon F5 auf Kodak Ektachrome 100
Blende 2,8
Blende 5,6
Blende 11
Blende 22

3.2.7 Einstellmöglichkeiten

Über die Wahl der richtigen Brennweite, das Ausnutzen der Scheimpflugbedingung und die Verstellmöglichkeiten einer Fachkamera lassen sich viele Bildaussagen unterstreichen. Daran ändert auch der Chip anstelle des Films in der Kamera (fast) nichts.

Bildwinkel und Objektivbrennweiten

In der Fotografie mit der Kleinbildkamera wird ein Objektiv mit einer Brennweite von 50 mm als Normalbrennweite bezeichnet. Das bedeutet, daß der auf den Film abgebildete Ausschnitt des Umfeldes in etwa dem entspricht, was ohne größere Bewegung auch vom menschlichen Auge wahrgenommen wird.

Genauer gesagt, stimmen die Winkel, unter denen die Umgebung betrachtet wird, überein. Dieser beträgt für das menschliche Auge etwa 50°.

Wird nun ein Objektiv mit einem kleineren Bildwinkel verwendet, so ist der Ausschnitt, der auf den Film abgebildet wird, kleiner, und das Objekt erscheint bei der Betrachtung des Bildes näher (Teleeffekt). Wird der Bildwinkel größer, ist der abgebildete Ausschnitt des Umfeldes größer, und das Objekt erscheint weiter entfernt (Weitwinkeleffekt). Diese Änderung wird in der Praxis über ein Objektiv mit einer anderen Brennweite erreicht. Objektive mit längeren Brennweiten sind Teleobjektive und diejenigen mit kürzeren Brennweiten werden als Weitwinkelobjektive bezeichnet.

In der digitalen Fotografie mit modifizierten Kleinbild- oder Sucherkameras ergibt sich nun das Problem, daß der lichtempfindliche Chip in der Regel wesentlich kleiner als das 35-mm-Kleinbildformat ist. Demnach wird bei einer 50-mm-Brennweite nur ein Ausschnitt des Ursprungsbildes abgebildet, was dem Teleeffekt gleichkommt. Die Anpassung des Bildwinkels an einen kleineren CCD-Chip erfolgt über ein Objektiv mit kleinerer Brennweite. Die Umrechnung geschieht über einen sogenannten Brennweitenfaktor. Als Faustregel gilt: Die Normalbrennweite entspricht in etwa der Bilddiagonalen, d.h. bei digitalen Kameras der Chipdiagonalen bzw. der Diagonalen des Scanfeldes.

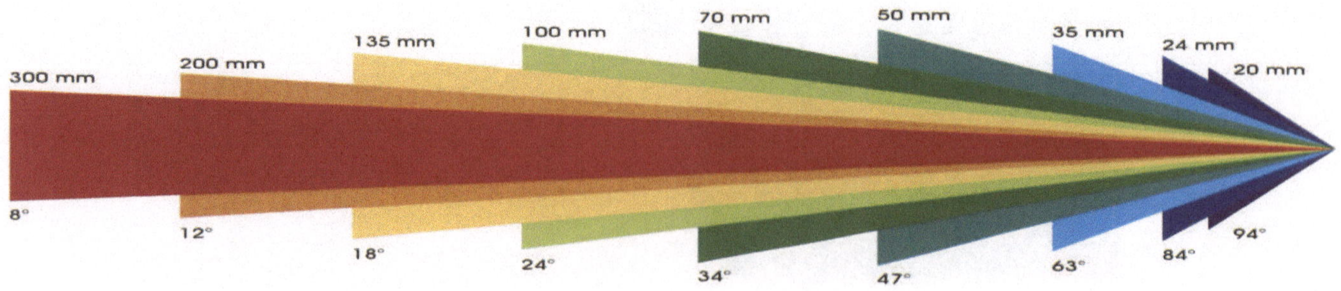

Neben der Anpassung des Bildwinkels über ein Objektiv anderer Brennweite gibt es auch die Möglichkeit, in die digitalen Kameras eine nachabbildende Optik zu integrieren, die den Bildwinkel anpaßt. Diesen Weg haben Fuji und Nikon mit ihrer DS-505 bzw. E2 gewählt. Hier ist ein 50-mm-Objektiv weiterhin die Normalbrennweite. Der Nachteil ist jedoch, daß die Nachabbildung die offene Blende auf 6,7 begrenzt – egal, welche maximale Öffnung das Objektiv zuläßt. Auch gibt es bei einigen Objektiven, insbesondere mit den preiswerteren, Probleme hinsichtlich Vignettierung und Farbkorrektion.

Bei der Anpassung des Bildwinkels über ein Objektiv anderer Brennweite tritt allerdings häufig das Problem auf, daß der Ausschnitt im Sucher sehr klein und ein geeignetes Weitwinkelobjektiv unterhalb der 20-mm-Marke meist nicht gerade preiswert ist.

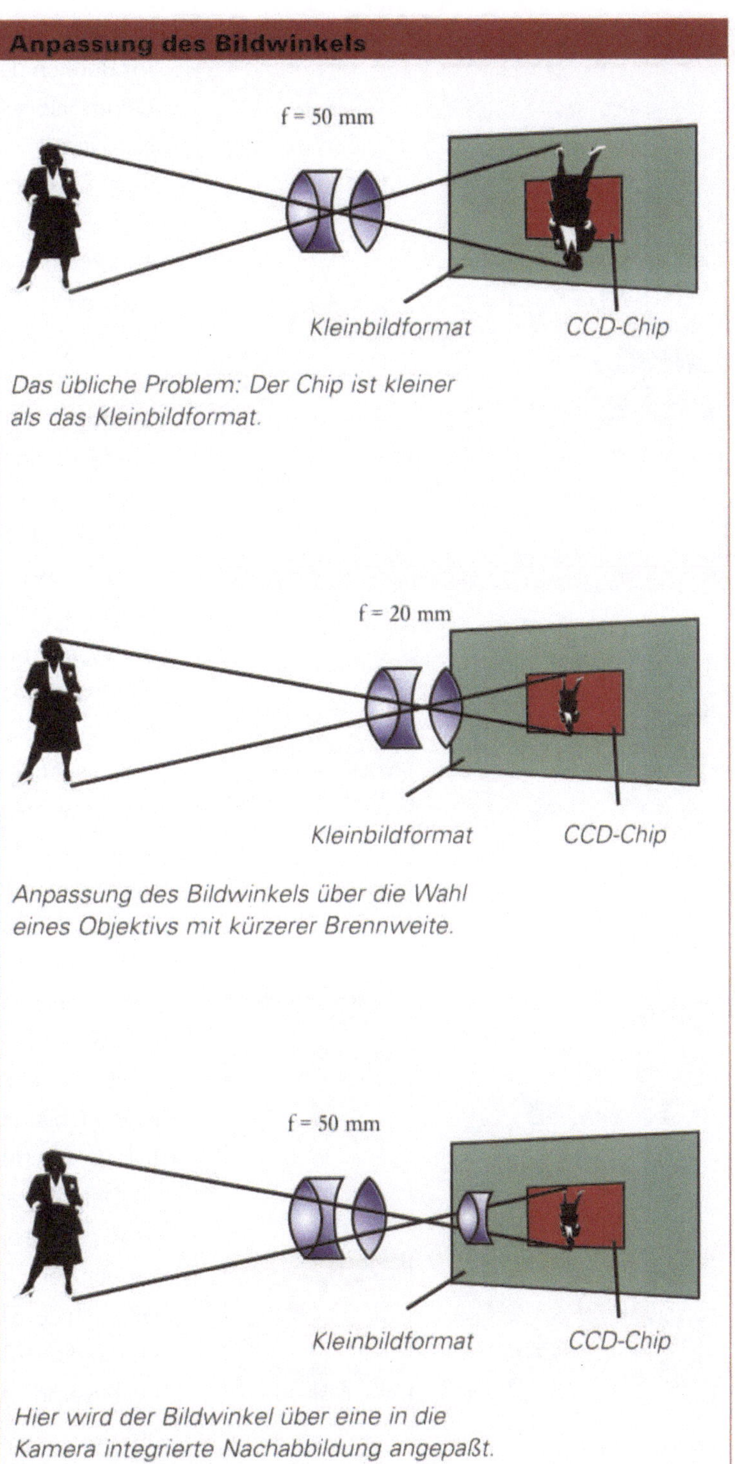

Das übliche Problem: Der Chip ist kleiner als das Kleinbildformat.

Anpassung des Bildwinkels über die Wahl eines Objektivs mit kürzerer Brennweite.

Hier wird der Bildwinkel über eine in die Kamera integrierte Nachabbildung angepaßt.

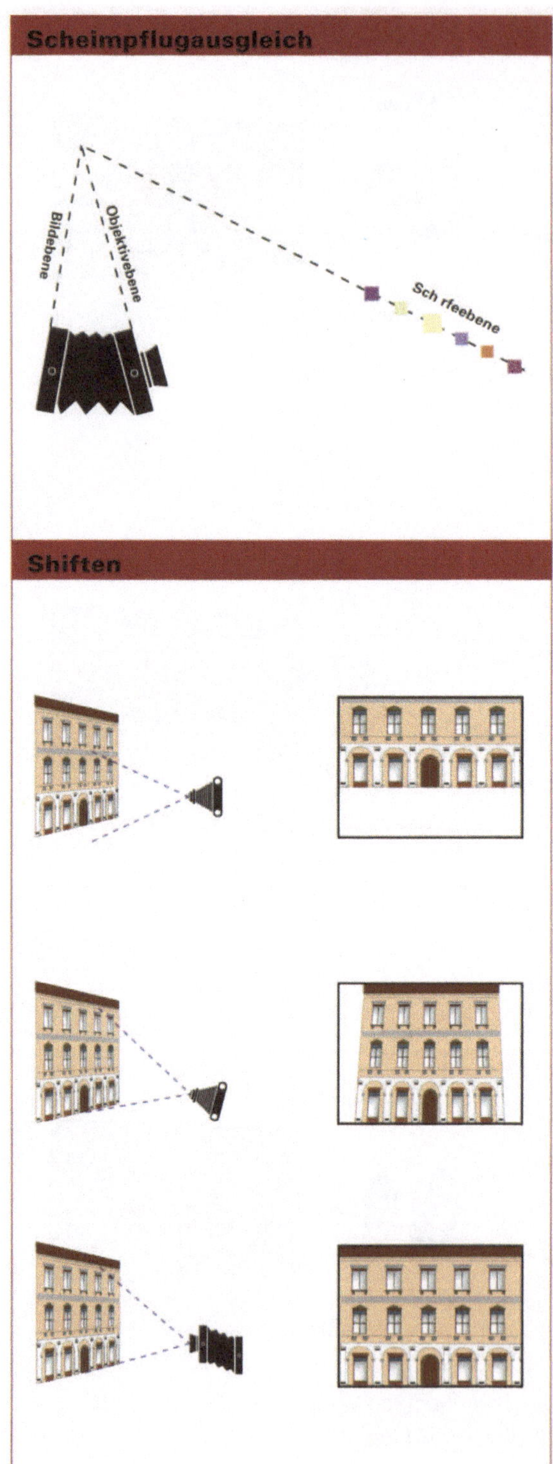

Scheimpflug

Im Bereich der Studiofotografie kann der Bereich, der im Bild scharf abgebildet wird, vergrößert werden, indem das Objektiv und der Bildempfänger (egal ob CCD oder Film) gekippt werden. Treffen sich die Objektebene, die Objektivebene und die Bildebene in einem Punkt, so ist die Scheimpflugbedingung erfüllt, und das Objekt wird von vorne bis hinten scharf abgebildet.

Shiften

Häufig kommt es vor, daß ein größeres Objekt mit einem Weitwinkelobjektiv fotografiert werden muß, damit es das Bildfenster vollständig ausfüllt. Nehmen wir an, daß es sich hierbei beispielsweise um ein Gebäude handelt. Bleibt die Kamera in der Waagerechten, so wird der obere Teil des Gebäudes abgeschnitten. Wird die Kamera bei der Aufnahme nach oben gekippt, so treten stürzende Linien auf (die senkrechten Linien laufen nach oben hin zusammen). Als ideale Lösung gibt es hier das Shiften, bei dem die Objektivebene gegenüber der Bildebene verschoben wird. Die senkrechten Linien bleiben senkrecht, und der Gegenstand füllt das Bildfenster voll aus – ohne daß wesentliche Teile abgeschnitten werden. Das Shiften stellt jedoch einige Ansprüche an den Bildkreis des Objektivs. So wird z.B. beim Shiften mit einer Kleinbildkamera ein Objektiv benötigt, das ein Mittelformatbild (z.B. 6 x 6 cm) belichten könnte.

Das Shiften wird in der Werbefotografie auch häufig eingesetzt, wenn es um Fotos von Verpackungen geht. Im rechten Bild auf der nächsten Seite läßt sich der Deckel einer Verpackung noch erkennen, ohne daß die senkrechten Linien nach unten hin zusammenlaufen.

Oben ohne Scheimpflugausgleich und mit stürzenden Linien, rechts hingegen die volle Schärfe und senkrechte Linien – »so wie es sich für die solide Produktfotografie gehört«.

20 mm

80 mm

28 mm

135 mm

50 mm

300 mm

Brennweitenreihe mit Digitalkamera Nikon E2 (mit Nachabbildung)

20 mm

80 mm

28 mm

135 mm

50 mm

300 mm

3.3 Lichtquellen

Das Licht, der Ursprung allen Lebens, bestimmt auch das Wesen der Fotografie – der Kunst »mit Licht zu schreiben«.

Lichtquellen für One-Shot-Kameras

Bilder digitaler Kameras mit Flächensensoren und One-Shot-Verfahren können auf die gleiche Weise aufgenommen werden wie mit konventionellem Filmmaterial. Es sind also Aufnahmen mit Tageslicht, Blitz- oder Kunstlicht möglich. Der CCD-Chip reagiert ähnlich wie ein Film auf Verschiebungen der Farbtemperatur. Durch einen Weißabgleich, also eine Abstimmung der Kamerakennlinie auf das vorhandene Licht, ist es jedoch möglich, Farbstiche zu mindern. Die Eliminierung eventueller Restfehler wird durch eine selektive Nachbearbeitung der Farben im digitalen Bild erreicht.

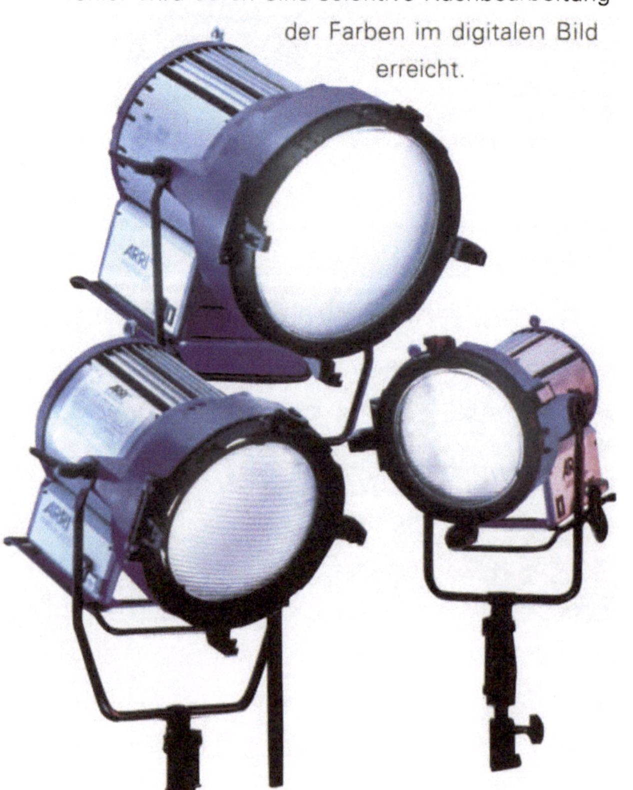

Lichtquellen für Three-Shot- und Four-Shot-Kameras

Kameras, die mit mehreren Aufnahmen arbeiten (»three-shot«, »four-shot«), stellen schon etwas höhere Anforderungen an die Lichtquelle. Bei den Einzelaufnahmen muß immer die gleiche Lichtmenge auf den Sensor treffen. Insbesondere bei Studioblitzanlagen ist daher der zeitliche Abstand zwischen den einzelnen Aufnahmen so lang zu wählen, daß der Kondensator im Netzteil sich vollständig aufladen kann.

Lichtquellen für Scankameras

Leuchten, die ohne Zusatzgeräte mit Strom aus der Steckdose betrieben werden, haben eine Eigenschaft, die sie für Scankameras ungeeignet machen. Sie gehen aufgrund der Wechselstromfrequenz von 50 Hz 50mal pro Sekunde an und aus. Dieses bewirkt, daß bei dem schnellen Auslesen der Scanzeilen einige Zeilen in die »Dunkelphasen« geraten und im Bild ein feines Streifenmuster entsteht.

Nun gibt es einige Kameras, die das Auslesen der Zeilen mit der 50-Hz-Frequenz synchronisieren.

Diese Kameras können dann mit normalem Kunst- oder Halogenlicht betrieben werden. Für alle anderen gilt aber, daß nur spezielle Lichtquellen geeignet sind. Die Verwendung von Halogenleuchten ist möglich, sofern diese mit einem speziellen Netzteil betrieben werden, das die Spannung gleichrichtet und konstant hält.

Im wesentlichen werden jedoch für Scankameras zwei weitere Arten von Lichtquellen eingesetzt. Fluoreszenzlicht, also Leuchtstoffröhren, mit einer dem Tageslicht ähnlichen Lichtfarbe, die jedoch den Nachteil haben, daß sie Flächenleuchten sind und sich daher für eine Ausleuchtung nur bedingt eignen. Die zweite, allerdings sehr teure Lichtquelle sind HMI-Leuchten (Halogen-Metalldampflampen). Diese sind speziell für den Foto-, Film- und Videobereich entwickelt worden und können mit entsprechenden Reflektoren sowohl als Flächen- wie auch als Punktlichtquelle dienen. Sie haben einen sehr hohen Wirkungsgrad, d.h., sie setzen einen sehr großen Teil der benötigten elektrischen Energie in Licht um.

Nicht nur die Frequenz der Betriebsspannung ist wichtig, sondern auch die Langzeitstabilität. Die abgegebene Lichtleistung muß über den gesamten Scanvorgang konstant sein, damit keine Lichtschwankungen auftreten.

Tageslicht macht den meisten Kameras zwar keine Probleme, jedoch ist es selten über einen längeren Zeitraum konstant. Es ändert seine spektrale Zusammensetzung über den Tag oder wenn eine Wolke vor die Sonne zieht.

3.4 Speicherung der Bilder in der Kamera

Die Gratwanderung zwischen Geschwindigkeit, Speicherplatz, kleinen Dateien und optimaler Bildqualität.

Fest eingebaute Speicher

Im professionellen Bereich gibt es nur wenige Kameras, die einen fest eingebauten Speicher besitzen. Der Grund dafür besteht in der Notwendigkeit, den Speicher, wenn er voll ist, über den Computer auszulesen, bevor ein weiteres Fotografieren möglich ist. Die professionellen Kameras, die für den mobilen Einsatz ausgelegt sind, bedienen sich überwiegend Wechselspeichermedien, wie sie nachfolgend beschrieben werden. Studiokameras – insbesondere solche, die einen Zeilensensor besitzen – werden üblicherweise vom Rechner gesteuert und benötigen deswegen keine eigenen Speicher. Im mobilen Einsatz gibt es einige Kameras, die (optional) über ein Batteriepack und eine externe Festplatte als Datenspeicher verfügen und über ein Laptop bedient werden können (z.B. Dicomed 7520).

Den Festspeicher, der in die Kamera eingebaut ist, findet man heute nur noch in den niedrigauflösenden Kameras bis ca. 2000 DM, und selbst hier weicht er zunehmend den preiswerter werdenden Wechselspeicherkarten. Für diese Kameras werden sogenannte Flash-RAM-Bausteine als Speicher verwendet. Diese Bausteine bestehen aus Halbleiterelementen, deren Informationsspeicher gelöscht und wieder beschrieben werden kann. Das Ausschalten der Kameras löscht die Bildinformation nicht.

Wechselspeicher: PC-Card

Langsam wird es unübersichtlich, das Kartenwirrwarr rund um die digitalen Kameras. Gemeint sind die Wechselmedien für die Speicherung von Bildern in digitalen Kameras. Eins haben alle diese Wechselmedien aber gemeinsam: Der Datenimport in den Rechner erfolgt, sofern die Kamera keine direkte Computerschnittstelle besitzt, über einen »PC-Card-Reader«.

PCMCIA

Die PCMCIA (Personal Computer Memory Card International Association) ist eine Organisation, in der sich mehr als 450 Hersteller zusammengeschlossen und einen De-facto-Standard für Karten (»PC-Card«) zur Datenspeicherung in PCs geschaffen haben. Die PCMCIA wurde 1989 gegründet.

PC-Card

In den letzten Jahren wurde der PC-Card-Standard auch für Karten verwendet, die andere Aufgaben als die Datenspeicherung besitzen. So gibt es Netzwerkkarten, Modems, ISDN-Karten, Schnittstellen für Handys, Framegrabberkarten, Soundkarten, CD-ROM-Adapter, serielle (RS 232) Schnittstellen, Satellitennavigationskarten, Sicherheitskarten etc.

Definiert werden in dem Standard zunächst die Abmessungen der Karten, die in drei Typen eingeteilt werden. Die elektrischen Anschlußwerte sind festgelegt, und alle Karten besitzen eine Steckerleiste mit 68 Pins in zwei Reihen.

Speicherkarten

Für die Speicherkarten, wie sie in der digitalen Fotografie eingesetzt werden, läuft einem häufig die Bezeichnung ATA über den Weg. ATA steht für »AT

Abmessungen von PC-Card-Typen			
	Länge	Breite	Dicke
Typ I	85,6 mm	54,0 mm	3,3 mm
Typ II	85,6 mm	54,0 mm	5,0 mm
Typ III	85,6 mm	54,0 mm	10,5 mm

PC-Card und Card-Reader

Copyright Bail & Spiegel

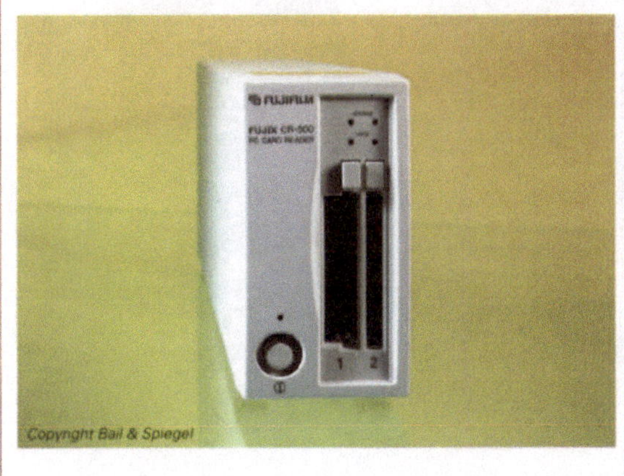

Copyright Bail & Spiegel

Attachment« bzw. »Advanced Technology Attachment«. Das bedeutet, daß die Karten gemäß dem für IBM-kompatible PC geschaffenen AT-Standard angesprochen werden. Das Verschieben der Daten ist also mit dem »Datenhandling« von Standardfestplatten vergleichbar. Die Daten können geschrieben, ausgelesen und wieder gelöscht werden.

Diese Karten können rotierende Festplatten enthalten und entsprechen in diesem Falle aufgrund des hierfür notwendigen Platzes üblicherweise dem Typ-III- Standard. Die Speicherung der Daten erfolgt analog zu Festplatten mit Hilfe eines Magnetkopfes auf einer rotierenden Scheibe. Die Kapazität solcher Platten beträgt derzeit bis zu 520 MB. Aufgrund der beweglichen Teile kann es auch bei diesen Platten zu dem gefürchteten »Head Crash« kommen, wenn der Magnetkopf die Scheibe berührt. In diesem Falle sind die gespeicherten Daten unwiderruflich verloren. Das Verschicken der Platten mit der Post und ungeschickte Handhabung haben deshalb schon manchem Fotografen schlaflose Nächte beschert.

Die erhältlichen Flash-RAM-Karten beinhalten keinerlei bewegliche Bauteile. Die Datenspeicherung erfolgt auf sogenannten Flash-RAM-Bausteinen, die in Silikon eingegossen sind. Die Datenübertragungsraten, also die Schreib- und Lesegeschwindigkeit, und leider auch der Preis sind bei diesen Karten wesentlich höher als bei den Festplatten, aber die Kapazität fällt geringer aus. Derzeit sind Karten mit bis zu 175 MB im Handel. Diese Karten sind auch im Typ-I- und Typ-II-Format erhältlich (derzeit max. Kapazität 85 MB).

Kartenleser

Bevor wir uns auf die neuen Karten im Miniaturformat stürzen, sollten wir zunächst einen Blick darauf werfen, wie die Daten auf die Karten gebracht werden bzw. wie die Anbindung an den Rechner funktioniert. Für die digitale Fotografie stellen die meisten professionellen Kameras einen Einschub für die Karten bereit. Hierbei ist darauf zu achten, welche Kartentypen unterstützt werden. Beispielsweise besitzt die Nikon E2xx bzw. die Fuji DS-5xx einen Steckplatz für Typ-II-Karten, die Typ-III-Karten können also nicht verwendet werden. Zu einigen dieser Kameras gehört gleich eine SCSI-Schnittstelle, die direkt mit dem Rechner verbunden werden kann, sofern dieser mit einem SCSI-Adapter ausgerüstet ist. Stellt die Kamera keine SCSI-Schnittstelle zur Verfügung, so wird die Karte aus der Kamera entnommen und in einen Kartenleser (PC-Card-Reader) gesteckt, der in der Regel wiederum an einem SCSI-Kabel hängt. Es gibt aber auch Geräte zum Einbau in einen PC, die über den ISA-Bus als Laufwerk angesprochen werden, oder externe Geräte, die am Druckerport betrieben werden. Jedoch sind diese Geräte im professionellen Bereich aufgrund der Probleme (Adresse und Interrupt) beim Einbau in den Rechner bzw. der geringen

Datenübertragungsraten nicht sehr verbreitet. Das Einlesen der Daten über den Card-Reader hat den Vorteil, daß nicht für jedes Auslesen der Kamera der Rechner heruntergefahren und die Kamera angeschlossen werden muß. Auch kann die volle Karte gegen eine leere ersetzt werden und die Fotosession ohne Unterbrechung weitergehen.

Mit der Anbindung der Kartenleser und der Nutzung von ATA-kompatiblen Karten gibt es bei PCs unter Windows 95 oder NT mittlerweile wenig Probleme. Nach anfänglichen Schwierigkeiten ist die notwendige Software soweit entwickelt, daß für die meisten Kartenleser ein »Plug and Play« möglich ist. Das heißt, beim Starten des Rechners wird der angeschlossene und eingeschaltete Kartenleser automatisch als Laufwerk mit Wechselmedien erkannt.

Auf der Macintoshplattform ergeben sich häufiger Probleme, da das Betriebssystem mit seinem PC-Exchange bei vielen Kartenlesern nicht in der

Copyright Bail & Spiegel

Lage ist, diese automatisch zu erkennen. Abhilfe schafft ein Kontrollfeld mit dem Namen Mac-PC-Manager (auch unter dem Namen Espresso bekannt) von der Firma Intermart Systems. Mit diesem Kontrollfeld können Kartenleser angesprochen werden. Alternativ gibt es von Agfa ein modifiziertes PC-Exchange, das auch für die meisten Kartenleser bzw. Karten geeignet ist.

Kleine Karten für Amateurkameras

Seit dem Aufkommen der digitalen Kameras für den etwas kleineren Geldbeutel gibt es eine Vielzahl von Bestrebungen, die Größe der Karten zu minimieren, um diese in die immer kleiner werdenden Kameras einsetzen zu können.

Im Gespräch sind derzeit im wesentlichen 3 Kartentypen.

CompactFlash

Die sogenannte CompactFlash-Karte ist in Speicherkapazitäten von 2, 4, 10,5 und 15 MB erhältlich. Mit einem Adapter kann die 36,4 mm lange, 42,8 mm breite und 3,3 mm dicke Karte über einen Standard-Kartenleser ausgelesen und beschrieben werden. Sie basiert auf der oben beschriebenen Flash-Memory-Technik. Das Datenformat ist MS-DOS- und das Interface ist ATA-kompatibel.

SSFDC (Solid State Floppy Disk Card) / Smartmedia-Card

Diese Karte arbeitet analog zu der CompactFlash-Karte mit der Flash-Memory-Technologie. Sie ist jedoch nur 0,78 mm dick (37,0 mm lang, 45,0 mm breit) und besitzt eine Oberflächenelektrode als Verbindung zu Kamera bzw. Kartenadapter. Die Speicherkapazität beträgt bisher maximal 4 MB. Das Datenformat ist MS-DOS- und das Interface ist ATA-kompatibel.

Miniature Card

Von Intel und AMD hergestellt, erreicht die 39,0 mm lange, 35,0 mm breite und 3,5 mm dicke Karte bisher eine Speicherkapazität von bis zu 8 MB. Auch sie basiert auf der Flash-Technologie, besitzt aber im Gegensatz zu den beiden anderen genannten Karten kein MS-DOS-Filesystem und keine ATA-Kompatibilität. Ein interessanter Ansatz für die Verwendung dieser Karte ist allerdings die Zusammenarbeit der Hersteller mit dem Tastaturproduzenten Cherry. Demnach sollen die Karten bald von jeder Tastatur gelesen werden können. Da die Karte nicht kompatibel zum ATA-Standard ist, gibt es derzeit noch ein Softwareproblem beim Lesen und Beschreiben dieser Karten. Dieses soll in naher Zukunft aber beseitigt werden, indem die Treiber bei neueren Windows-Betriebssystemen integriert werden. Ein Treiber für die Macintosh-Rechner ist aber noch nicht in Sicht.

Ausblick

Die »kleinen« Karten werden jeweils über einen Adapter im normalen PC-Card-Format in das Lesegerät gesteckt und ausgelesen. Welche der Karten sich langfristig durchsetzen wird ist fraglich. Die Tatsache, welche Firmen in welchem Standardisierungsgremium zu finden sind, gibt hierüber leider auch keinen Aufschluß, da die meisten großen Kamerahersteller in allen drei Gremien vertreten sind. Sicher werden Preis, Datendurchsatz und Unterstützung durch Kamerahersteller den Weg bestimmen. Gute Chancen hat die SSFDC-Karte aufgrund der breiten Unterstützung und des »niedrigen« Preises. Aber die Miniature-Card-Tastatur hat auch ihre Vorzüge.

3.5 Datenübertragung

Mit Händeschütteln über die verschiedenen Kabel verständigen sich die Kameras mit dem Computer. Wie intensiv das »Gespräch« ist, bestimmt die Software auf dem Rechner und die »Firmware« in der Kamera.

SCSI-Schnittstelle
(Small Computer System Interface)

Die SCSI-Schnittstelle ist standardisiert und sowohl auf dem Macintosh, hier ist sie serienmäßig eingebaut, als auch auf dem PC zu finden. Ein großer Teil insbesondere der professionellen Kameras ist mit einer SCSI-Schnittstelle (teilweise zusätzlich zur PC-Card) ausgestattet. Diese Schnittstelle erlaubt eine schnelle Datenübertragung zum Rechner und ermöglicht in den meisten Fällen eine Fernsteuerung der Kamera vom Rechner aus. Werden die Steuerungsbefehle vom Kamerahersteller offengelegt (z.B. Kodak), so kann z.B. für Zeitrafferaufnahmen eine eigene Software entwickelt werden, mit deren Hilfe die Kamera zu bestimmten Zeiten ausgelöst und das Bild auf den Rechner übertragen wird.

Für den Einsatz im Studio reicht eine SCSI-Schnittstelle vollkommen aus, da hier die Kamera ständig mit dem Rechner verbunden werden kann. Im mobilen Einsatz dagegen behindert ein Kabel zum Rechner die Bewegungsfreiheit. Hier müßte zum Auslesen der Kamera jedesmal der Rechner heruntergefahren (also ausgeschaltet), die Kamera angeschlossen und der Rechner neu gestartet werden. Aus diesem Grund ist im mobilen Einsatz die PC-Card-Variante mit Card-Reader vorzuziehen. Näheres zur SCSI-Schnittstelle siehe Kap. 4.2.

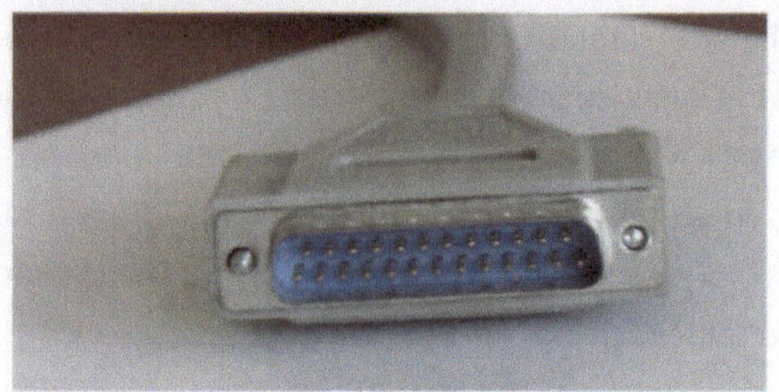

25-Pol-Sub-D-Stecker für SCSI

Und der neuere SCSI-2-Stecker

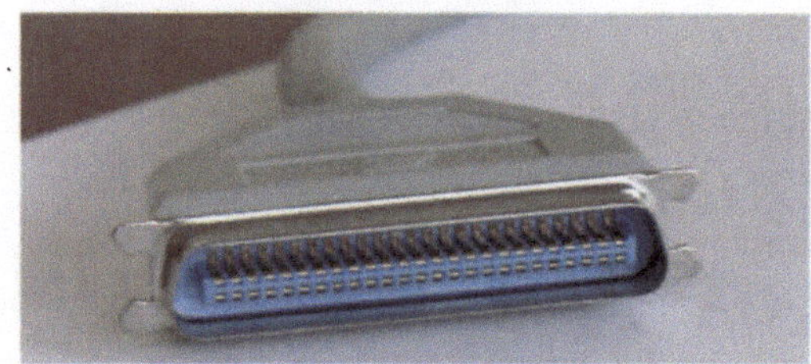

50-Pol-Centronics-Stecker

SCSI-Ausgang am PC (SCSI-Hostadapter)

Standardmäßiger Macintosh-SCSI-Ausgang

Die serielle Schnittstelle am PC

Die serielle Schnittstelle am Mac

Die parallele Schnittstelle des PC

Serielle Schnittstelle

Wie der Name schon sagt, werden bei der seriellen Schnittstelle die Daten Bit für Bit übertragen. Sowohl der Mac (RS 422) als auch der PC (RS 232) bieten eine serielle Schnittstelle, und mit Hilfe eines entsprechenden Kabels und der jeweiligen Software lassen sich Kameras, die diese Schnittstelle verwenden, über beide Plattformen auslesen.

Eine ganze Reihe digitaler Amateurkameras sind mit einer seriellen Schnittstelle ausgerüstet. Dieser Übertragungsweg bietet zwar die gleiche Funktionalität wie der SCSI-Ausgang, ist aber wesentlich langsamer in der Datenübertragung. Aus diesem Grunde findet sich diese Schnittstelle nur in den »low-cost«-Kameras.

Parallele Schnittstelle

Gemeint ist hier der Druckerport, mit dem die PCs auf Intel-kompatibler Prozessorbasis ausgerüstet sind. Diese Beschreibung läßt schon das große Manko erkennen. Eine Kamera mit dieser Schnittstelle ist nur auf eben diesen Rechnern einsetzbar. Zudem ist dieser Anschluß auch nicht das Nonplusultra in bezug auf Geschwindigkeit. Derzeit gibt es nur eine Kamera, die einen parallelen Port zu bieten hat, und das ist die Canon PowerShot 600. Aufgrund ihres PC-Card-Steckplatzes ist sie mit Hilfe eines Card-Readers aber auch mit dem Mac verwendbar.

Interfacekarten

Es gibt noch Kameras, die für die Datenübertragung zum Rechner eine eigene Karte benötigen. Früher, im Zeitalter der Still-Videokameras, hatten die Kameras analoge Ausgänge, die über ein Kabel mit einer Framegrabberkarte verbunden wurden. Die Wandlung in den digitalen Code erfolgte auf dieser Karte. Heute ist dieser Brauch weitgehend ausgestorben. Lediglich die Firma Jenoptik hält an dieser Technologie fest und das aus gutem

Grund. Die digitale Wandlung der Signale erfolgt auch längst in der Kamera, aber diese Art der Verbindung erlaubt den Einsatz einer speziellen Schnittstelle, die ihre Vorteile hat. Die Jenoptik Eyelike wird nämlich über ein Lichtwellenleiterkabel mit dieser Karte verbunden und erreicht damit eine Geschwindigkeit in der Datenübertragung, von der andere nur träumen können. Das LWL-Kabel kann auch wesentlich länger sein als ein SCSI-Kabel.

Treibersoftware für Kameras

Ein wesentlicher Faktor für die Handhabung digitaler Kameras ist die Treibersoftware, das Programm, das die Kommunikation des Computers mit der Kamera über die jeweilige Schnittstelle steuert.

Aber nicht nur die Handhabung hängt entscheidend von der Software ab, auch die Qualität der Ergebnisse wird von der ersten Bearbeitung durch Firmware in der Kamera und Treibersoftware bestimmt.

Die Software kann ein eigenständiges Programm sein, das unter bestimmten Betriebssystemen (Mac OS, Windows 95, Windows NT oder Unix) läuft. Ist das der Fall, so wird es auch wie ein normales Programm installiert und gehandhabt.

Häufiger findet sich allerdings die Variante über Plug-Ins. Das sind Programme, die sich in ein Programm wie z.B. Photoshop integrieren lassen. Sie werden dann auch über das Menü *Importieren* im Photoshop aufgerufen. Auf dem Mac ist ein Plug-In nur für das jeweilige Programm geeignet, für das es entwickelt wurde, und damit ist man auf eine bestimmte Software für die Bildbearbeitung festgelegt. Auf dem PC gibt es die standardisierte TWAIN (mutmaßlicher Name: »Tool Without An Interesting Name«). Diese Schnittstelle wird von den meisten Bildbearbeitungsprogrammen unterstützt. Sie können also den Kameratreiber über Photoshop, PhotoPaint, PhotoImpact oder Picture Publisher aufrufen. Photoshop 4.0 bietet die Twain-Schnittstelle jetzt auch auf dem Mac, »Nachtigall ik hör dir trapsen«.

Mobile Kameras

Im Bereich der mobilen Kameras bietet die Software in der Regel eine Vorschau aller Bilder, die sich auf dem Datenträger befinden. Diese können dann markiert und in das Bildbearbeitungsprogramm oder auf die Platte importiert bzw. kopiert werden. Als weitere Möglichkeiten wird häufig das Löschen der Bilder, die Formatierung bzw. Initialisierung der Datenträger, das Abfragen zusätzlicher Bildinformationen und das Setzen bestimmter Kamerafunktionen, z.B. Datum und Uhrzeit, angeboten.

Der »Browser« zur Nikon E2 ist ein eigenständiges Programm, das auf Anforderung die Bilder in einem beliebigen Bildbearbeitungsprogramm öffnen kann. Da die E2 keine direkte Schnittstelle zum Rechner besitzt, ist eine Fernsteuerung der Kamera über Software nicht möglich. Wählt man nicht gerade die unkomprimierte Auflösung, so werden die Bilder von der Kamera als JPEG-Dateien auf die Platte geschrieben, und damit ist ein Browser eigentlich nicht notwendig, er erleichtert aber den Überblick über den Inhalt des Datenträgers.

Die Agfa ActionCam bietet eine SCSI-Schnittstelle und folglich auch eine Software mit bestimmten Fernsteuerfunktionen. Jede SCSI-Karte, die mit der ActionCam benutzt werden soll, muß zunächst einmal bei angeschlossener Kamera initialisiert werden, damit sie das richtige Format erhält.

So besitzt jede Kamera ihre Eigenarten, die man gut oder schlecht finden kann. Hier hilft nur eines: vor dem Kauf testen und das nach Möglichkeiten unter realen Einsatzbedingungen.

Studiokameras

Die Software von Studiokameras, insbesondere die von Kameras mit Zeilensensoren, kann wesentlich mehr als die der mobilen Kollegen. Im Studio hat man einstellbare bzw. vorgegebene Lichtverhältnisse und kann die Kamera über ein Setzen von Weiß- und Schwarzpunkt auf das Licht einstellen. Mit Hilfe von Colormanagement-Tools läßt sie sich sogar charakterisieren. Einstellung der Gradationen, selektive Farbkorrekturen, *Unscharf maskieren* und die Wahl der Auflösung sind nur einige der mögliche »Features«, die eine Software bieten kann. Auch hier lohnt sich ein Test vor der Kaufentscheidung.

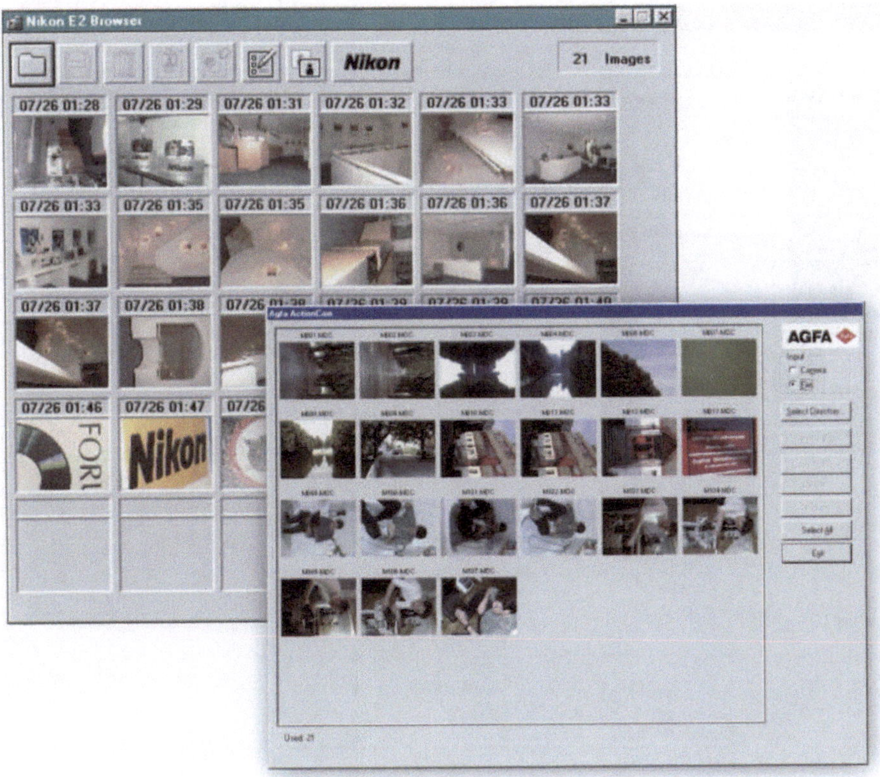

Der Browser der Kodak DCS-Kameras

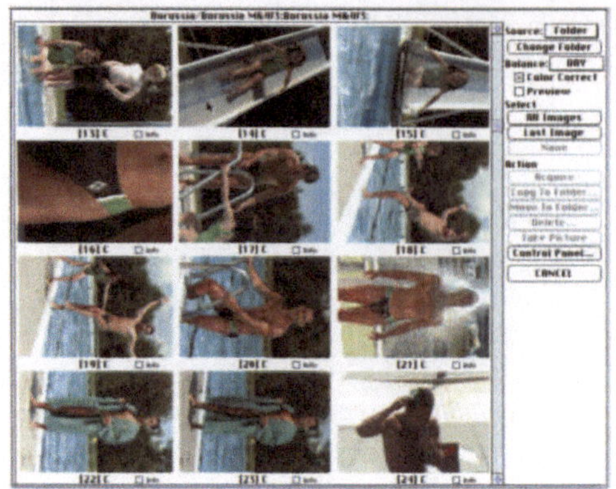

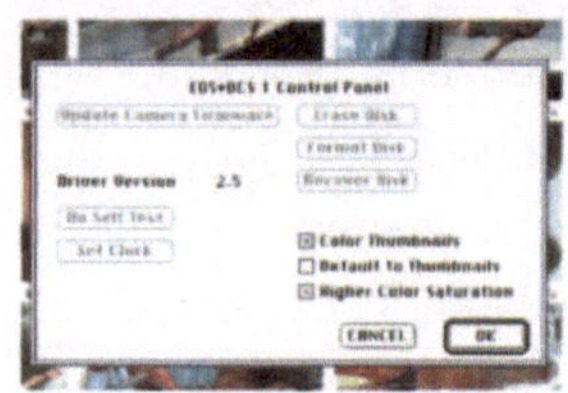

Der Bowser der DCS-
Kameras mit seinen
Möglichkeiten zur Fern-
steuerung.
Für Eigenbrötler hat Kodak
sogar die Schnittstellen-
kommandos freigegeben.
Wer also selbst program-
mieren möchte ...

Der Treiber für die Jenoptik Eyelike

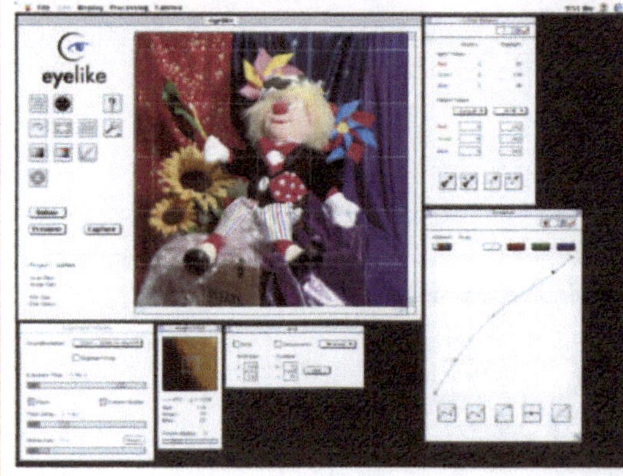

Der Treiber für die Eyelike bietet alles,
was der Fotograf zum Leben braucht ...
Da die Chipebene nicht mit der
Mattscheibenebene der Fachkamera
übereinstimmt, ist ein Tool für die
Fokussierung unabdingbar.

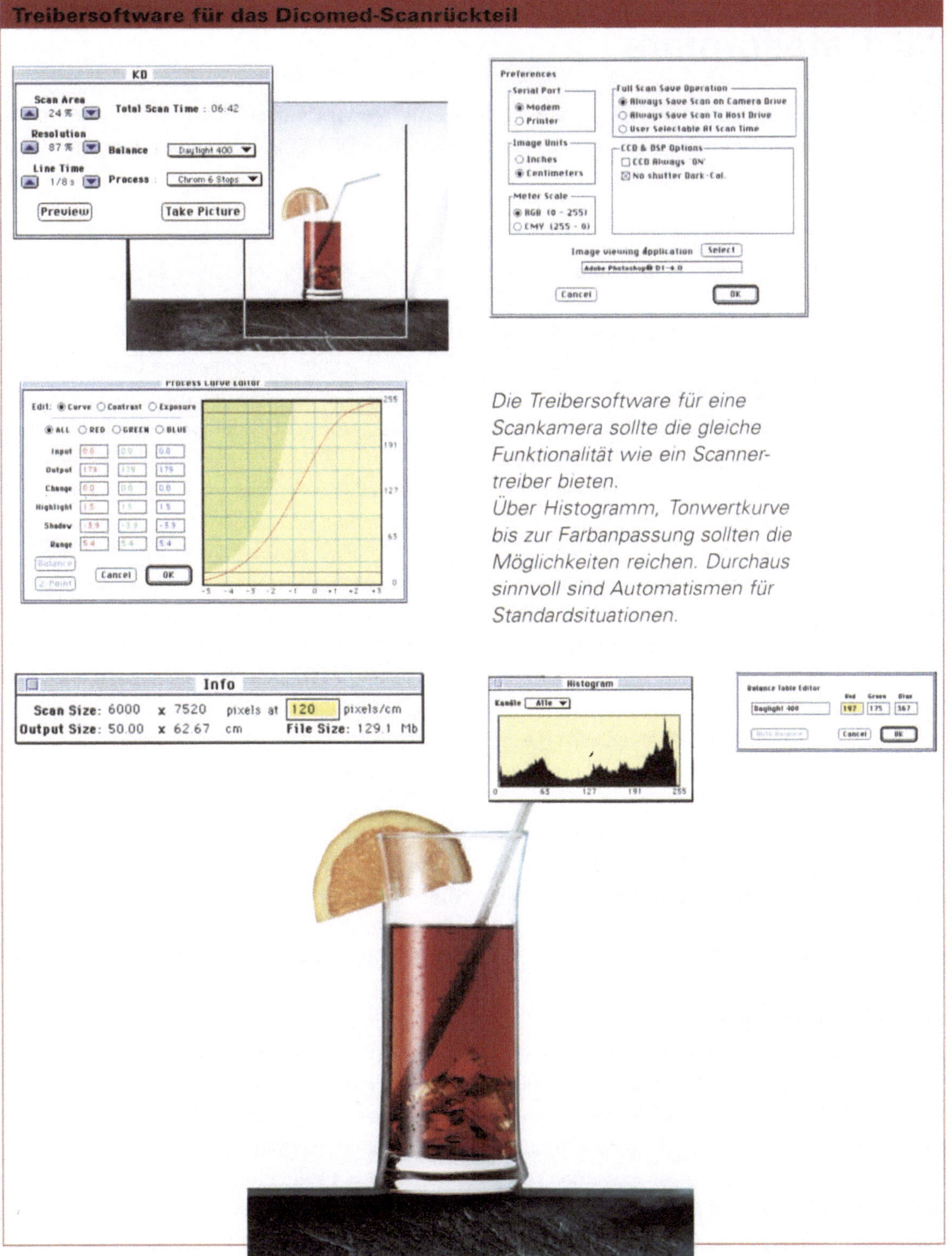

Die Treibersoftware für eine
Scankamera sollte die gleiche
Funktionalität wie ein Scanner-
treiber bieten.
Über Histogramm, Tonwertkurve
bis zur Farbanpassung sollten die
Möglichkeiten reichen. Durchaus
sinnvoll sind Automatismen für
Standardsituationen.

3.6 Dateiformate

Wie wir uns in Englisch, Französisch , Italienisch, Spanisch oder Deutsch unterhalten, so kommunizieren Bildbearbeitungsprogramme über die Dateiformate TIFF, EPS, JPEG oder über GIF.

Alle Dokumente, Bilder, Grafiken, Videos etc., die auf einem Computer erstellt werden, finden als Dateien ihren Weg auf die Speichermedien. Sortiert werden diese Dateien über Ordner, die in einer hierarchischen Struktur angelegt sind.

In den Bilddateien werden – neben den Farbwerten für die einzelnen Pixel – noch einige Zusatzinformationen abgelegt. So z.B. aus wie vielen Farbkanälen das Bild besteht, wie viele Bildpunkte es beinhaltet und in welcher Größe bzw. Auflösung diese ausgegeben werden sollen. Die Tabelle auf der nächsten Seite zeigt, welche Bilder mit welchen Bildformaten gespeichert werden können.

Die Dateierweiterung
Damit digitale Bilder auf dem PC als solche erkannt werden, müssen die Dateinamen mit einem sogenannten Suffix enden. Dieses besteht in einem Punkt, gefolgt von drei Buchstaben, die das Dateiformat kennzeichnen. Wir haben das Suffix in die Beschreibung der Dateiformate eingefügt. Werfen wir einen kurzen Blick auf die einzelnen Dateiformate und ihre Besonderheiten.

TIFF (Tag Image File Format) *.TIF*
TIFF wurde im Herbst 1986 von der damaligen Firma Aldus vorgestellt. Es ist heute des universellste Dateiformat, da es sehr viele Bildmodi bis hin zu Mehrkanalbildern unterstützt und von nahezu jedem Bildbearbeitungsprogramm gelesen werden kann. TIFF ist »das Dateiformat« für den Austausch von Bilddaten mit Kunden und Dienstleistern. Seinen

Namen hat es aufgrund seiner Struktur. Die oben erwähnten Zusatzinformationen werden am Anfang der Datei in sogenannten *Tags* abgelegt.

TIFF unterstützt verschiedene Datenkompressionsmodi, von denen in den meisten Bildbearbeitungsprogrammen bei der Datenspeicherung jedoch nur die LZW-Komprimierung angeboten wird.

Die LZW-Komprimierung ist eine verlustfreie Komprimierung und beeinträchtigt die Bildqualität nicht. Allerdings benötigt der Computer mehr Zeit zum Öffnen und Speichern der Datei, und da viele Ausgabegeräte Probleme mit komprimierten Dateien haben, sollte der Anwender – sofern der Speicherplatz ausreicht – auf eine Kompression der Bilddaten bei der Weitergabe an Dienstleister verzichten.

EPS (Encapsulated PostScript) *.EPS*
Das Encapsulated PostScript-Format enthält, wie der Name schon sagt, eine in sich geschlossene PostScript-Datei (siehe Kap. 3.8.2). Im Bereich der Druckausgabe erfahren Sie Näheres über das Thema PostScript. An dieser Stelle sei nur erwähnt, daß PostScript eine Seitenbeschreibungssprache ist, die für die Druckausgabe geschaffen wurde. Das EPS-Format kann sowohl Zeichnungen, also Vektoren, als auch Raster(Pixel-)daten enthalten. Aus der Herkunft kommt dann auch das Hauptanwendungsgebiet dieses Dateiformates. In der Druckvorstufe werden häufig Elemente wie Freisteller benötigt und über ein Layoutprogramm in eine PostScript-Datei eingebunden. EPS wird in der Regel problemlos von jedem Filmbelichter mit all seinen Kompo-

nenten ausgegeben. Bei den genannten Freistellern sorgt TIFF schon einmal für das eine oder andere Problem.

JPEG (Joint Photographic Experts Group) *.JPG*
Eigentlich ist JPEG gar kein Dateiformat, sondern ein Gremium, das Algorithmen bzw. einen Standard für die Komprimierung von Echtfarbbildern geschaffen hat. Darüber hinaus hat dieses Gremium auch ein Dateiformat für den Austausch von Bilddaten, die mit diesen Algorithmen komprimiert wurden, definiert, das als JPEG-Dateiformat bekannt ist. Für die Mathematiker unter Ihnen sei hier erwähnt, daß das Kernstück der JPEG-Komprimierung eine diskrete Kosinustransformation gefolgt von einer Quantisierung ist.

Für alle anderen ist nur wichtig, daß es sich bei den heute üblichen Speichervarianten von JPEG um eine verlustbehaftete Komprimierung handelt. Das bedeutet, daß ein Bild, wenn es im JPEG-Format abgespeichert wird, an Qualität verliert. Aber dieser Qualitätsverlust ist einstellbar und bleibt, je nach gewählter Kompressionsrate, teilweise unterhalb der Wahrnehmungsgrenze. Nur wenn eine sehr starke Kompressionsrate gewählt wird, die Dateigröße also auf weniger als 15% der Ursprungsgröße schrumpft, werden die Spuren des Verlustes deutlich sichtbar. Die genannten 15 % sind hierbei jedoch nur als Richtwert und nicht als absoluter Wert anzusehen. Wird zum Beispiel eine einheitliche Fläche aufgenommen, so läßt sich die Dateigröße schon mit einer verlustfreien Komprimierung auf ein Minimum reduzieren. Um Ihnen die Wirkung einer JPEG-Kompression zu veranschaulichen, haben wir die Bilder auf den nächsten Seiten mit unterschiedlichen Stärken komprimiert.

Dateiformat	Bitmap	Graustufen	Duplex	ind. Farben	RGB	CMYK	Lab	Mehrkanal	Pfade	Ebenen
Photoshop 3.0	•	•	•	•	•	•	•	•	•	•
Photoshop 2.0	•	•	•	•	•	•		•	•	
Amiga IFF	•	•		•	•				•	
BMP	•	•		•	•				•	
GIF	•	•		•					•	
EPS	•	•	•	•	•	•	•		•	
Filmstreifen										
JPEG		•			•	•			•	
Mac Paint										
PCX	•	•		•	•				•	
PICT Datei	•	•		•	•				•	
PICT Res.	•	•		•	•				•	
Pixar		•		•	•				•	
Pixel Paint	•	•		•					•	
RAW		•	•	•	•	•	•	•	•	
Scitex CT		•			•	•			•	
Targa		•		•	•				•	
TIFF	•	•		•	•	•	•		•	
Photo CD	nur lesbar									

Komprimierung als JPEG

Ausschnitt aus dem unkomprimierten Bild.

Bild mit geringer Kompression und hoher Qualität.

Mittlere Kompression und mittlere Qualität.

Hohe Kompression und niedrige Qualität.

Das unkomprimierte Bild

Unkomprimiertes Bild als TIFF-Datei gespeichert.

Zum Vergleich die Dateigrößen:

Unkomprimiert	4226 kB
Hohe Qualität	1315 kB
Mittlere Qualität	236 kB
Niedrige Qualität	126 kB

Das JPEG-Format wird von vielen Kameras verwendet, die mobil eingesetzt werden. Insbesondere die niedrigauflösenden Kameras mit eingebautem Speicher benutzen es, um möglichst viele Bilder im Speicher ablegen zu können. Hierbei wird häufig übertrieben, so daß die Qualität der Bilder aufgrund der Kompression deutlich schlechter ist, als wenn sie unkomprimiert abgelegt würden.

GIF (Graphics Interchange Format) *.GIF*

GIF wurde für den Datenaustausch über Telefonleitung und Netzwerk entwickelt. Die Anforderungen für diesen Bereich liegen in möglichst kleinen Dateien, um geringe Datenmengen übertragen zu müssen und damit sowohl Zeit als auch Geld zu sparen. GIF arbeitet mit sogenannten indizierten Farben. Das heißt, es legt z.B. die 256 in einem Bild am häufigsten verwendeten Farben in einer Farbtabelle ab, die mit dem Bild gespeichert wird. Jedem Bildpunkt wird nun bei der Speicherung die Farbe zugeordnet, die dem wirklichen Farbwert am nächsten liegt. Das Programm, das die Datei wieder öffnet, liest die Farbtabelle und stellt die Bildpunkte mit den 256 Farben dar. Es ist erstaunlich, wie wenig an Qualität viele Bilder durch diese Farbreduktion verlieren. Bei einigen, insbesondere solchen, die Farbverläufe enthalten, ist die Wirkung jedoch deutlich zu sehen. GIF bietet aber noch eine Reihe weiterer Möglichkeiten. So kann z.B. eine Farbe auch als transparent deklariert oder mehrere Bilder in einer Datei als sogenanntes *Animiertes GIF* zusammengefaßt werden.

Da GIF mit indizierten Farben arbeitet, läßt es sich nicht für den professionellen Druck einsetzen. Mit PostScript 3 wird sich das ändern.

Eine Rolle spielt das GIF heute hauptsächlich im Internet. Hier war es eine Zeit lang das einzig verwendbare Bildformat. Inzwischen sind aber JPEG-Bilder häufiger zu finden.

BMP (Bitmap) *.BMP*

Das Bitmap-Format war eines der ersten Formate für Bilddaten auf dem PC. Eine größere Bedeutung hat es heute nur noch für eingeschworene Microsoft-Nutzer. In der professionellen Bildbearbeitung ist es nicht zu finden, da es keine Separation für den Vierfarbdruck unterstützt.

Photo CD (Kodak) *.PCD*

Häufig wird das Photo CD-Format, das im Hause Kodak entwickelt wurde, mit der Speicherung von Bilddaten auf CD verwechselt. Grundsätzlich läßt sich jedes Dateiformat auf CD speichern bzw. brennen.

Das Photo CD-Format hat jedoch einige interessante Ansätze. Der Farbraum, in dem die Bilddaten auf einer Photo CD abgelegt werden, ist der YCC-Farbraum. Ein Bildmodus, der für die optimale Darstellung von Bildern auf dem Monitor entwickelt wurde. Auf einer Photo CD werden die Bilder in unterschiedlichen Auflösungen abgelegt, wobei die Standardauflösung (512 x 768 Bildpunkte) die vollen Bilddaten enthält und die höheren Auflösungen auf die Differenz zu der Standardauflösung aufbauen.

Auf diese Weise bekommt man auf eine 650- MB-CD 100 Bilder mit einer Auflösung von bis zu 18 MB.

Leider hat die Firma Kodak ihre Hand auf dem Photo CD-Format, so daß die Bildbearbeitungsprogramme dieses Format nicht abspeichern, sondern nur von der CD lesen können. Um Photo CD-Bilder abspeichern zu können, muß von Kodak eine spezielle Software erworben werden.

Neben den genannten Bildformaten gibt es noch eine Vielzahl anderer Formate, die ihre speziellen Anwendungsgebiete haben, aber für die digitale Fotografie zumindest bisher ohne größere Bedeutung sind.

Indizierte Farben und GIF

256 Farben und die Abrisse im Verlauf des Himmels sind deutlich zu erkennen. Zum Vergleich das Echtfarbbild mit 16,7 Mio. Farben.

3.7 Speicher, Archivierung und Datentransport

Der Transport von Nullen und Einsen oder der Fortschritt im Verkehr digitaler Datenträger. Was heute Standard ist, gehört morgen zum Schnee von gestern.

Das Speichern von Daten ist ein riesiges Problem, bei dem wir derzeit noch am Anfang stehen. Das Dia von vor zwanzig Jahren kann jederzeit wieder aus dem Schuhkarton geholt werden. Auch wenn es mittlerweile etwas von seiner Farbe eingebüßt hat, genügt ein wenig Licht und die alte Zeit wird wieder lebendig. Wer aber kann heute noch die Riesendisketten der ersten Computergeneration oder das Datenband von seinem alten Commodore 64 oder VC20 lesen? Oder wer garantiert dafür, daß die heute gebrannte CD auch wirklich 20 Jahre hält? Das sind Fragen, die sich nicht mit absoluter Sicherheit beantworten lassen. Was wir aber an dieser Stelle tun können, ist Ihnen die wichtigsten aktuellen Speichermedien mit ihren Vor- und Nachteilen vorzustellen und in einigen Fällen eine Prognose für die Zukunft zu wagen.

Die Datenwanderung

Was macht man, wenn der heimische Tintenstrahler in seiner Qualität nicht ausreicht? Die meisten qualitativ hochwertigen Ausgaben digitaler Bilder können über Dienstleister erstellt werden. Diese müssen jedoch die Daten erhalten und das in einer Form, in der sie weiter verarbeitet werden können. Bei der Anschaffung der entsprechenden Speichermedien sollten Sie diesen Punkt neben Preis und Speicherkapazität berücksichtigen.

Hat man ISDN, so geht es häufig schon per Telefon. Aber Vorsicht! Arbeitet der Dienstleister auf Mac und Sie mit Ihrem PC, so ist ein Austausch auf diesem Wege nur mit einigen Hürden zu bewerkstelligen (spezielle ISDN-Karten, Zusatzsoftware). Einfacher ist es per E-Mail über das Internet.

Als ein Speichermedium, das von nahezu allen Dienstleistern gelesen werden kann, hatten sich die Syquest Wechsel-Festplatten etabliert. Aber nur die Festplatten im 5 1/4-Zoll-Format mit einer Speicherkapazität von bis zu 200 MB. Doch deren Produktion ist nun eingestellt.

Ein weiteres gängiges Medium ist die CD. Auch sie kann von allen Dienstleistern gelesen werden. Bei magnetooptischen Laufwerken wird es schon schwieriger. Hier sind die 5 1/4-Zoll-Laufwerke mit einer Speicherkapazität von mehr als 1,3 GB sehr verbreitet.

Speichermedien

1,44-MB-Diskette
Sie ist aufgrund der Speicherkapazität für die Speicherung von Bildern heute nicht mehr geeignet.

Festplatte
Das Speichermedium für die tägliche Arbeit: Schnell, direkter Zugriff, preiswert, begrenzt.

Magnetische Wechselplatten
Ideal für den Datenaustausch mit Dienstleistern.

Magnetooptische Wechselplatten
Sicherer Datenträger für die Kurzzeitarchivierung; etwas langsamer als seine magnetischen Pendants.

Die CD
Der Datenträger für die Bildarchivierung überhaupt. Mit 0,01 DM pro MB mit Abstand der preiswerteste Langzeitspeicher.

DAT-Streamer
Als wiederbeschreibbarer Massenspeicher ist der DAT-Streamer das geeignete Werkzeug für die tägliche Datensicherung.

TIP

Für die Archivierung von Daten, insbesondere digitalen Bildern, ist die CD das Medium der Wahl. Sie ist einer der günstigsten, einer der haltbarsten und der kompatibelsten Speicher. Dank der neueren Laufwerke ist auch die Übertragungsgeschwindigkeit annehmbar.

Streamerbänder werden von den meisten Dienstleistern nicht angenommen, und auf herkömmliche Disketten paßt kein Foto in einer vernünftigen Auflösung. Laufwerke wie das Zip- oder das Jaz-Drive von Iomega sind zwar hervorragend, jedoch derzeit nicht überall verbreitet.

Wichtig ist auch der Unterschied zwischen DOS- und Mac-formatierten Datenträgern. Es gibt immer noch Dienstleister, die es ablehnen DOS-formatierte Medien zu verwenden. Sie sollten in jedem Fall vorher mit Ihrem Dienstleister sprechen.

Was unterscheidet nun die einzelnen Speichermedien voneinander?
Da gibt es einige, die sind preiswert, andere sind schnell, wieder andere sind sicher und dann gibt es noch die kompatiblen. Das heißt, diejenigen, die man mit Druckereien, Fachlaboren und Freunden austauschen kann. Gehen wir die wichtigsten im einzelnen durch.

Die 1,44-MB-Diskette
Ein Speichermedium, das nun wirklich jeder hat. Es basiert auf einer magnetischen Folie, die rotiert und von einem Magnetkopf beschrieben wird. Die Haltbarkeit dieser Medien ist sehr begrenzt. Schon nach einigen Monaten können unter Umständen die ersten Datenausfälle auftreten, die dazu führen können, daß sich die beschädigten Dateien nicht mehr öffnen lassen. Umständliche Methoden zur Restaurierung können einiges auffangen, aber ...

Für die Speicherung von qualitativ hochwertigen Bildern reichen die 1,44 MB nicht aus.

Die Festplatte
Das schnellste Speichermedium, aber auch das teuerste. Die Festplatten gibt es in Größen von 1GB bis 12 GB. Sie haben richtig gelesen. 1 GB ist mittlerweile die Speicherkapazität der kleinsten Platten, die noch im Handel sind. Vor 10 Jahren war man

stolz darauf, eine 20-MB-Platte zu besitzen. Mit mittleren Zugriffszeiten auf die Daten von weniger als 10 ms und Datendurchsatz von bis zu 10 MB/Sek. sind Festplatten das geeignete Medium für die tägliche Arbeit mit dem Computer.

Der Anschluß erfolgt über den IDE-Bus, den das Computerboard eines PC heute in der Regel serienmäßig bietet oder über eine SCSI-Karte. Über den SCSI-Anschluß lassen sich Festplatten auch extern betreiben. Das heißt, sie können in einem separaten Gehäuse neben dem Computer untergebracht werden und sind damit auch tragbar.

Generell sind Festplatten aber nicht für den Datenaustausch mit anderen Computern konzipiert. Als Archivmedium kommen sie nicht in Frage, da auch sie auf einer magnetischen Speicherung beruhen, die gegenüber Umwelteinflüssen anfällig ist, und der Preis pro MB im oberen Bereich liegt.

Die magnetischen Wechselplatten

Bei den magnetischen Wechselplatten gibt es nur wenig Auswahl. Die Firmen Syquest, Iomega und – mit Abstand – OR-Technology teilen sich den Markt, wobei die 5 1/4-Zoll-Wechselplatten von Syquest mit 44 MB bis 200 MB noch in nahezu jedem Satzstudio bzw. Fotofachlabor zu finden sind. Der hohe Preis pro MB und die geringe Speicherkapazität haben dafür gesorgt, daß Syquest die Produktion der Laufwerke eingestellt hat.

Das Zip-Laufwerk von Iomega mit 100 MB für den kleineren Anspruch ist fast überall zu finden und die Speichermedien werden immer preiswerter. Das Iomega-Jaz-Laufwerk mit der 1-GB-Wechselplatte kommt in der Geschwindigkeit an langsamere Festplatten heran. Durch den Preis der Medien stellt das Jaz-Laufwerk den idealen Speicher für den Datenaustausch mit Dienstleistern dar. Das mit dem Zip-Laufwerk vergleichbare Syquest SQ3270 mit einer Kapazität von 270 MB macht nach Angaben der Händler und Distributoren viele

Probleme und ist auch nicht mehr im Programm zu finden. Der Nachfolger mit der Bezeichnung »EZ-Flyer« verwendet Speichermedien mit einer Kapazität von 230 MB. Es liegt aber ebenso wie das Jaz-Pendant SyJet 1,5 (1,5 GB) derzeit deutlich hinter den Verkaufzahlen der Iomega-Geräte.

Die Firma OR-Technology hat ein Laufwerk mit der Bezeichnung »a:drive« auf den Markt gebracht, das neben den alten 1,44-MB- bzw. 720-kB-Disketten neue »Disketten« mit einer Kapazität von 120 MB verarbeiten kann. Von diesen Disketten kann der Computer auch gebootet (gestartet) werden.

Die magnetooptischen Wechselplatten

Im Unterschied zu den magnetischen Wechselplatten muß bei den magnetooptischen Wechselplatten der Bereich, in dem das Magnetfeld geändert werden soll, durch einen Laserstahl, also auf optischem Wege, erhitzt werden. Das führt zu einer Informationsspeicherung, die im »kalten« Zustand gegen äußere Magnetfelder weitgehend unempfindlich ist. Die Datensicherheit bzw. Haltbarkeit ist also verglichen mit den magnetischen Platten wesentlich höher. Der Erhitzungsvorgang benötigt jedoch einige Zeit, was zu einem deutlich geringeren Datendurchsatz führt. Der MB-Preis der Medien liegt unter dem Preis von magnetischen Datenträgern. Die 5 1/4"-Laufwerke haben eine Speicherkapazität von 650 MB bis 5,2 GB. Mit 230 MB Speicherkapazität können die 3,5"-Datenträger aufwarten. Hohe Datensicherheit und Wiederbeschreibbarkeit machen den magnetooptischen Datenträger zu einem optimalen Speichermedium für die Kurzzeitlagerung von Daten.

Die CD

Wer kennt sie nicht, die CDs. Spätestens seit das letzte große Preßwerk für Schallplatten seine Tätigkeit eingestellt hat, stehen sie in fast jedem Haushalt. Bei der Produktion großer Stückzahlen einer CD werden diese von einer Vorlage, dem sogenannten Master, gepreßt. Der Stückpreis liegt bei einer Produktion von ca. 1000 Stück bei etwa 3 DM inklusive Hülle. Etwas anders verhält es sich bei den Unikaten, die am heimischen Computer gebrannt werden. Hier kostet der Rohling etwa 6 DM und faßt 650 MB an Daten.

Die CD ist in mehreren Abschnitten (Sessions) beschreibbar und das wahrscheinlich haltbarste Medium zum Speichern von digitalen Daten. Sie eignet sich daher besonders gut zum Archivieren von digitalen Bilddaten. Der günstige Preis pro MB Speicher ist in Verbindung mit der außerordentlich guten Kompatibilität ein weiterer Grund, seine Bilder und andere Daten auf CD zu speichern. Die CD ist hierbei nicht mit der Photo CD zu verwechseln. Die Photo CD ist eine CD, auf der die Photos in einem ganz bestimmten Datenformat abgelegt sind, für das die Firma Kodak die Rechte besitzt.

Das CD-Format wird weiter entwickelt und nach einem heftigen Streit der Hersteller für Laufwerke und Medien hat sich eine Technologie herauskristallisiert, die mit DVD (Digital Versatile Disk) bezeichnet wird. In Kürze können CDs gefertigt werden, deren Speicherkapazität bis zu 17 GB beträgt. Das Interessante ist, daß das Laufwerk auch herkömmliche CDs lesen kann.

Der DAT-Streamer

Der DAT-Streamer ist ein Bandlaufwerk, das auf digitale Audio-Tapes Daten aufzeichnet. Er wird vornehmlich als Backupmedium, also zur täglichen Datensicherung, verwendet. Das DAT ist das pro MB günstigste Speichermedium. Es weist jedoch eine Haltbarkeit auf, die mit der von Disketten vergleichbar ist. Beim Zurückspielen der Daten von einem Band muß dieses erst an die entsprechende Stelle gespult werden, was einige Zeit in Anspruch nehmen kann. Auch der Datendurchsatz kann nicht überzeugen. Der Vorteil ist jedoch, daß bei den neueren Modellen bis zu 16 GB auf einem Band gespeichert werden können, was auch über Nacht automatisch geschehen kann.

Sonstige

Andere als die oben genannten Speichermedien spielen zumindest bislang keine gravierende Rolle. Die alten QIC-80-Streamer (Backuplaufwerke) sterben langsam aus und das 5 1/4" große 1,22 MB-Laufwerk ist bereits Vergangenheit. Der Exabyte-Streamer, ein Backuplaufwerk mit extrem hoher Speicherkapazität, wird angesichts der Verbreitung von DAT-Streamern immer seltener.

Fazit

Für den täglichen Gebrauch benötigt der Anwender eine schnelle Festplatte im Rechner für die zügige Arbeit. Bei größeren Datenmengen oder anzulegenden Bildarchiven empfiehlt sich ein CD-Brenner, der heute schon für ca. 600 DM zu haben ist. Für häufigen Datenaustausch ist eine Abstimmung mit dem Dienstleister notwendig. Die Zeiten der 5 1/4"-Syquest-Medien sind aber vorbei.

Die tägliche Datensicherung kann bei kleineren Datenmengen mit einem MO- oder Jaz-Laufwerk erfolgen, ein Streamer ist nur für große Mengen notwendig.

3.8 Ausgabe von Bildern

3.8.1 Völlig aufgelöst – Schuld hat immer die Auflösung

Wohl eines der vielseitigsten Worte in der Welt der digitalen Bilder ist das Wort »Auflösung«.
Dabei beginnt die Qualität des Drucks mit der Auflösung des Bildes: Sie muß an das Druckverfahren angepaßt werden. Ähnlich wie der Fotograf, der bei der Einrichtung einer Aufnahme bereits
das Papier und seine Gradation im Auge hat, muß der Fotograf hinter der digitalen
Kamera oder der Benutzer am Scanner bereits bei der Erfassung wissen, für
welches Druckverfahren sein Bild bestimmt ist.

Während wir in der handfesten Welt außerhalb des
Computers viele Begriffe für die Maße eines Objekts kennen, scheint sich die digitale Welt auf ein
einziges Wort für alle Eventualitäten zu einigen: die
Auflösung. Statt Länge, Breite, Höhe, Gewicht und
Abstand lösen verschiedene Auflösungen die Verwirrung des Einsteigers aus, der seine Werke zu
Papier bringen möchte.

Pixelauflösung

Die Pixelauflösung beschreibt die Größe der
Pixelmatrix, also die Anzahl der Pixel in vertikaler und horizontaler Richtung. Aus der
Pixelauflösung zusammen mit der Farbtiefe des Bildes ergibt sich die Größe
des Bildes auf dem Datenträger: Ein
Bild mit 1800 x 1200 Pixel belegt in
Echtfarben und unkomprimiert
6,48 MB auf der Platte.

Druckauflösung

Die Druckauflösung wird in
dpi (dots per inch) angegeben und beschreibt, wie
groß jeder Pixel beim

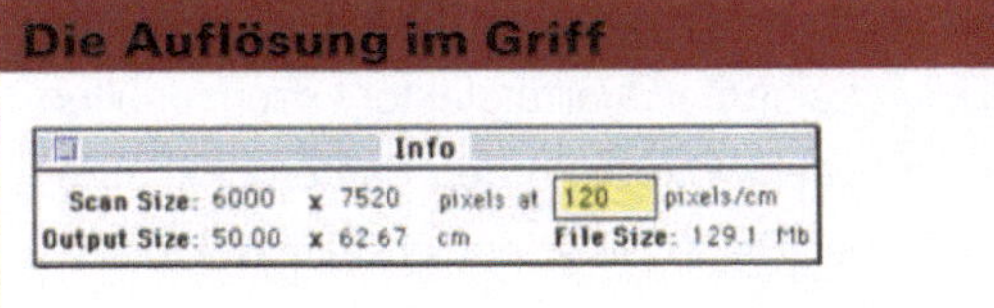

So wie bei dem Interface der Dicomed sollten Auflösungen immer angegeben werden.

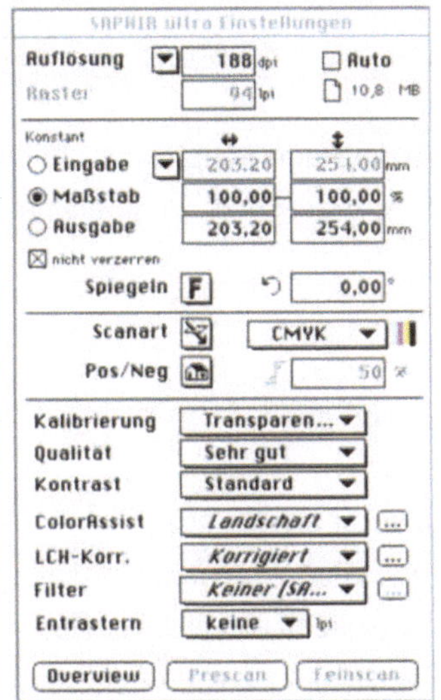

Die Einstellparameter für den Scanner.

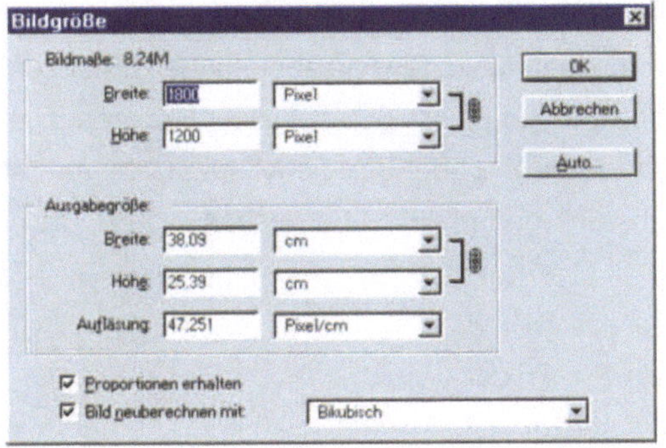

Im Photoshop wird die Auflösung im Bildmenü mit dem Befehl »Bildgröße« geändert.

Drucken aufs Papier gesetzt wird. Je höher die Druckauflösung, desto kleiner wird das Bild und desto schärfer erscheint es. Dabei gibt es harte Beschränkungen: Werden die Pixel zu klein gedruckt, kann der Drucker sie nicht mehr »auflösen« und produziert in der Regel ein zu dunkles Druckergebnis, in dem die feinen Verläufe als deutlich sichtbare Farbfelder erscheinen. Werden die Pixel zu groß gedruckt, wird das Bild größer auf dem Papier, aber auch unscharf, oder man kann sogar die viereckige Natur der Pixel erkennen: Diagonalen im Bild werden stufig.

Druckerauflösung

Welche Druckauflösung die beste ist, hängt direkt von der Druckerauflösung ab. Die Druckerauflösung eines Druckers gibt an, wie fein das Druckraster des Druckers ist. Es wird in dpi oder lpi (lines per inch) angegeben. Vom dpi-Wert eines Druckers hängt nicht nur die Feinheit seines Druckrasters ab, sondern insbesondere auch die Anzahl der Helligkeitsstufen, die er in jeder Farbe ausgeben kann. Jeder Rasterdrucker simuliert ja durch mehr oder minder feine Rasterpunkte mehr Farben als er tatsächlich hat: Der einfachste Fall ist ein Laserdrukker, der mit zwei Farben, nämlich Schwarz und Weiß, verschiedene Grauabstufungen darstellt.

Aber die dpi-Werte eines Druckers bestimmen nicht die Größe seiner Druckpunkte, sondern den Abstand zwischen den Druckpunkten. Wird ein Bild mit einer für den Drucker zu hohen Druckauflösung gedruckt, überlagern sich die Rasterpunkte und lassen das Bild »zulaufen«.

Bildschirmauflösung

Ähnlich steht es auch mit der Bildschirmauflösung. Die setzt sich aus der Anzahl der Bildpunkte – etwa 1024 x 768 – und der Größe der Bildpunkte – etwa 72 dpi – zusammen. Ein Bildschirm kann also nicht so fein auflösen wie ein Drucker. Darum erscheint uns das Bild auf dem Bildschirm so viel größer, als es nachher im Druck tatsächlich herauskommt. Dafür aber kann er drei Farben in je 256 Helligkeitsabstufungen wiedergeben.

Studieren geht über Probieren

Wer zu optimalen Druckergebnissen kommen will, muß wissen, auf welchem Drucker sein Werk ausgegeben werden soll. Erst dann kann man festlegen, mit welcher Pixelauflösung bei welcher Druckauflösung eine vorgegebene Größe, etwa 15 x 10 cm, in der bestmöglichen Qualität gedruckt wird.

Thermosublimationsdrucker

Der Thermosublimationsdrucker kann echte Halbtöne darstellen – im Gegensatz zu Rasterdruckern wie Tintenstrahldruckern, Laserdruckern und dem Drukker in der Druckerei, die Farbabstufungen durch Rasterpunkte realisieren. Beim Thermosublimationsdruck gilt:

Scanauflösung = Druckerauflösung x Vergrößerungsfaktor

Für einen Thermosublimationsdrucker mit 200 dpi Druckerauflösung wird das Bild mit 200 dpi erfaßt, wenn es 1:1 ausgegeben werden soll.

Bilderfassung für den Rasterdruck

Egal, ob Farb- oder Schwarzweißbild: Wenn das Bild für einen Rasterdruck, etwa für eine Zeitschrift, ein Buch oder eine Broschüre, geplant ist, gilt die Formel:

Scanauflösung = spätere Rasterweite des Druckers x Qualitätsfaktor x Vergrößerungsfaktor

In der Praxis ist es nur mit großen Schwierigkeiten möglich, daß die einzelnen Pixel bei der Ausgabe genau mit den Rasterpunkten übereinstimmen, also

daß Bildraster und Druckraster deckungsgleich sind. Hier wird mit einem »Qualitätsfaktor« nachgeholfen; man nimmt mehr Pixel, um den Rasterpunkt zu erzeugen. In der Regel liegt der Qualitätsfaktor zwischen 1,4 und 2.

Beispiel: Offsetdruck, 60er Raster
Rasterweite = 60 lpcm
Qualitätsfaktor = 2
Scanauflösung = 60 lpcm x 2 = 120 lpcm

Da die Scanauflösung in der Regel in dpi und nicht in lpcm angegeben wird, kann der Wert umgerechnet werden:

1 Inch = 2,54 cm
120 lpcm x 2,54cm = 304,8 dpi

Ausgabe auf einem Drucker am PC oder Mac

Sie möchten das Bild auf dem Tintenstrahldrucker oder dem Laserdrucker ausgeben, der an Ihren Rechner angeschlossen ist? Jetzt gibt es einen Ausflug in die Tiefen der mittelhohen Mathematik.

Den gesuchten Wert – die effektive Druckerauflösung für Halbtöne – erhalten Sie, indem Sie die maximale Auflösung des Druckers durch die Wurzel der Anzahl der gewünschten Farbabstufungen dividieren. Soll das Bild auf einem 600-dpi-Laserdrucker ausgegeben werden, wobei Sie die Mindestzahl von 64 Farbabstufungen pro Kanal erreichen wollen, gilt:

Wurzel aus 64 = 8
600 dpi/8 = 75 dpi
Qualitätsfaktor = 2
Vergrößerung = 1
Scanauflösung = 75 dpi x 2 x 1 = 150 dpi

Farbabstufungen und Rasterweite

Es besteht ein enger Zusammenhang zwischen der Rasterweite und den darstellbaren Farbabstufungen.

Auflösung und Helligkeitsabstufungen

Druckerauflösung (dpi)	Rasterfrequenz (lpi)	Resultierende Grautöne
300	300	2
	37	64
	19	256
600	600	2
	75	64
	37	256
1200/1270	1200	2
	150	64
	75	256
2400/2540	2400	2
	300	64
	150	256
3386/3600	3600	2
	450	64
	225	256

Achtung! Wenn Sie die Rasterfrequenz für eine bestimmte Druckerauflösung erhöhen, verringert sich die maximal verfügbare Anzahl der Grautöne.

Wollen Sie eine höhere Ausgabequalität erreichen und deswegen mit einem feineren Raster arbeiten, wird hierdurch die Anzahl der darstellbaren Farbabstufungen verringert. Farbverläufe können dann nicht mehr stufenlos dargestellt werden.

Der klassische Offsetdruck

Jetzt soll das Bild in einem Magazin gedruckt werden. Dafür wird es nicht an einen Drucker, sondern an einen Belichter geschickt, der typischerweise eine Druckerauflösung von 2400 dpi und mehr aufweist. Bei 256 Abstufungen pro Farbe ergibt sich eine effektive Druckauflösung von 150 lpi. Mit dem Qualitätsfaktor 2 und dem Vergrößerungsfaktor von 1 errechnet man eine Scanauflösung von 300 dpi.

Frequenzmodulierte Raster

Im Gegensatz zu den herkömmlichen Rastern der PostScript-Drucker, die Punkte an fixen Positionen erzeugen und das Raster für jede Farbe um einen bestimmten Winkel drehen, erzeugen die frequenzmodulierten Raster unregelmäßige Muster aus Punkten unterschiedlicher Form.

3.8.2 PostScript

Gemeinsamer Nenner für Typo, Foto und Grafik

Als die Seitenbeschreibungssprache PostScript Anfang der 80er Jahre von der Firma Adobe entwickelt wurde, setzte sie sich schnell als Standard in der grafischen Industrie und später auch bei den digitalen Dienstleistungen der Fotofachlabore durch. Heute gibt es kaum ein professionelles Ausgabegerät für digitale Daten, das diesen Standard nicht versteht.

Was heißt nun Seitenbeschreibungssprache und warum hat sie sich durchgesetzt?

Als Sprache wird PostScript bezeichnet, weil sie analog zu einer Programmiersprache Anweisungen enthält, die vom Ausgabegerät nacheinander abgearbeitet werden. Eine PostScript-Datei kann deshalb auch als PostScript-Programm angesehen werden.

Sie ist also nichts anderes als eine exakte mathematische Beschreibung des Seitenaufbaus, die dazu dient, einem Ausgabegerät, z.B. einem Drucker, mitzuteilen, wie die Seite auszugeben ist.

Erzeugen von PostScript

Der PostScript-Code wird mit Hilfe eines Druckertreibers direkt aus der Anwendung, also dem Layout-, Grafik- oder Bildbearbeitungsprogramm, erzeugt. Er kann Schriften, zweidimensionale Grafiken und Fotos enthalten, die beliebig auf den Seiten des Dokumentes positioniert sein können. Die Daten können über die entsprechende Schnittstelle direkt an das Ausgabegerät geschickt oder zunächst in eine PostScript-Datei geschrieben werden. Diese Datei enthält alles, was das Ausgabegerät benötigt, inkl. Schriften, Bilddaten und Grafiken mit den jeweiligen Informationen zu Größen, Position und Drehung der einzelnen Elemente. Sie ist damit ideal für den Datenaustausch mit Dienstleistern geeignet, da nichts mehr vergessen werden kann (z.B. Schriften oder einzelne Bilder), und es egal ist, ob Dienstleister von dem verwendeten Programm die gerade aktuelle Version besitzen.

Der Inhalt einer PostScript-Datei läßt sich beliebig skalieren, rotieren oder verschieben. Doch Vorsicht, nicht jeder Drucker kann jede Einstellung im Druckertreiber erkennen und umsetzen. Es empfiehlt sich einen Test zusammen mit dem Dienstleister durchzuführen, um die idealen Einstellungen im Treiber herauszufinden.

Ein PostScript-Druckertreiber ist ein universeller Treiber, der für jede Rechnerplattform erhältlich ist und der alle PostScript-fähigen Drucker direkt ansprechen kann. Er kann vom Adobe Internet-Server für alle Plattformen heruntergeladen werden. Eine vom Drucker abhängige sogenannte PPD (PostScript Printer Description) teilt der Anwendung, aus der die Datei gedruckt werden soll, jedoch die möglichen Druckereinstellungen mit. Hierzu zählen insbesondere Papiergrößen, Papierzuführung und die Farbfähigkeiten der Drucker.

Ausgabe der Daten

Eine PostScript-Datei kann von allen Anwendungen gelesen und verarbeitet werden, die PostScript-fähig sind. Dabei ist es vollkommen egal, ob diese Anwendung auf einem PC, einem Macintosh oder einer Unix-Maschine läuft.

Die Ausgaben von PostScript-Dateien sehen auf jedem Ausgabegerät gleich aus (Position, Form und Größe der Elemente). Lediglich die Qualität der Ausgabe unterscheidet sich aufgrund der Fähigkeiten des jeweiligen Gerätes in bezug auf Auflösung, Farbwiedergabe, Ausgabeverfahren, Druckunterlage etc.

Vom Ausgabegerät müssen die universellen PostScript-Befehle in einzelne Druckpunkte umgesetzt werden. Dieser Prozeß wird von einem sogenannten RIP (Raster Image Prozessor) übernommen. Der Rechenaufwand hierfür ist sehr groß – insbesondere dann, wenn das Dokument größere Bilder enthält. Aus diesemGrunde wurden bis vor kurzem spezielle, hierfür entwickelte Rechner benötigt, die sogenannten Hardware-RIPs. Mit der fortschreitenden technischen Entwicklung im Bereich der PCs werden die Hardware-RIPs immer mehr durch Software-RIPs ersetzt. Das sind Programme, die für die Umrechnung entwickelt wurden und die auf herkömmlichen Rechnern (Macs oder PCs) laufen.

Das RIP ist insbesondere für die Aufrasterung der Bilder zuständig, die abhängig vom Verfahren des Ausgabegerätes ist. Ein Thermosublimationsdrucker ist z.B. in der Lage, den Farbauftrag in bis zu 256 Stufen zu regulieren. Ein Lithobelichter, der Filme für die Erstellung von Druckplatten liefert, erkennt nur die Befehle »Farbe« oder »keine Farbe«. Er erzeugt Grautöne oder Rasterfarben, indem er die Fläche eines Bildpunktes unterteilt und einen bestimmten Anteil mit Farbe füllt. Wie er dieses tut, damit das Raster möglichst wenig sichtbar wird, ist das große Geheimnis der verschiedenen RIP-Technologien. Als Schlagworte in diesem Zusammenhang sind frequenz- und amplitudenmodulierte Raster zu nennen, die für die verschiedenen RIPs angeboten werden.

Schriften

Die freie Skalierbarkeit ist einer der wesentlichen Vorteile von PostScript. Sie ist auch auf Buchstaben (PostScript-Schriften) anwendbar, da die Buchstaben als geometrische Beschreibungen vorliegen. Sie benötigen also nur eine Datei für jede Schrift, deren Buchstaben entsprechend skaliert werden. Die Verwendung dieser Schriften führt besonders bei großen Zeichengrössen zu bes-seren Ergebnissen als z.B. die der True-Type-Schriften von Windows.

EPS

Eine EPS (Encapsulated PostScript)- Datei ist eine besondere PostScript-Datei, die in sich abgeschlossen (encapsulated) ist. In einem geeigneten Anwendungsprogramm kann eine solche Datei geöffnet und bearbeitet werden. Wird Sie in ein Layoutprogramm (z.B. QuarkXPress oderAdobe PageMaker) importiert, so kann sie als Ganzes skaliert, rotiert oder verschoben werden.

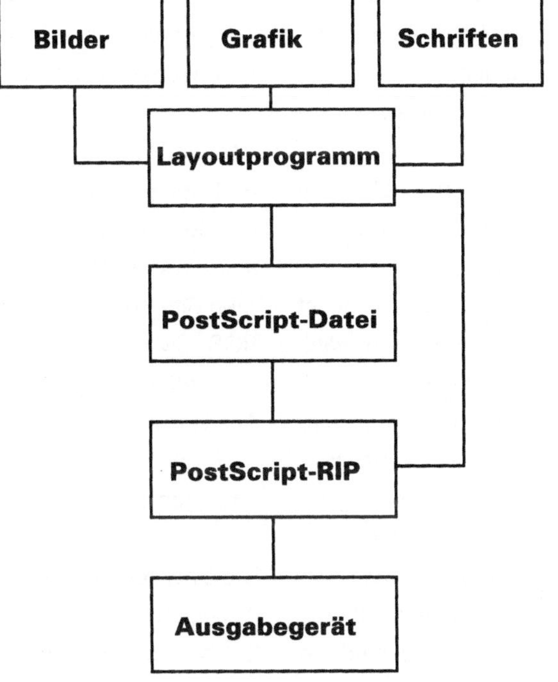

Eine »einfache EPS-Datei« läßt sich nicht direkt am Bildschirm anzeigen (mit Ausnahme von NextStep-Maschinen). Dargestellt wird lediglich ein Rechteck als Platzhalter für die Grafik. Aus diesem Grunde kann an die eigentliche Datei ein sogenanntes Vorschaubild in Bildschirmauflösung angehängt werden, was dem Programm von einem EPS-Header, der am Anfang der Datei steht, mitgeteilt wird.

Die Funktion »image« ermöglicht die Einbindung von Rasterdaten, also Bildern, in eine EPS-Datei. In der Funktion selbst werden die Anzahl der Pixelzeilen und -spalten sowie Farbraum und Farbtiefe pro Pixel und einige weitere Details angegeben.

Das obere Bild auf der nächsten Seite zeigt die möglichen Einstellungen bei der Speicherung von EPS-Dateien aus Photoshop heraus. In der obersten Zeile kann die Bildschirmdarstellung, also die Art des Vorschaubildes, gewählt werden.

DCS steht für Desktop Color Separation und ist nur bei der Speicherung von CMYK-Bildern wählbar. Ist DCS ausgeschaltet, so wird das Bild mit allen Kanälen in eine Datei gesichert. Ansonsten wird jeder Kanal in eine eigene EPS-Datei gespeichert und eine Vorschaudatei in Bildschirmauflösung zur Positionierung im Layoutprogramm angelegt.

Als Kodierung kann ASCII oder Binär sowie eine JPEG-Komprimierung der Bilddaten angewählt werden. Innerhalb einer EPS-Datei sind verschiedene Kompressionsmethoden für Bilder zulässig. Von Photoshop wird allerdings nur die JPEG-Kompression angeboten. Die Kodierung ASCII oder Binär ist abhängig davon, welche das Ausgabegerät versteht. In ASCII kodierte Dateien sind allerdings etwa doppelt so groß wie Binärdateien.

In Binärcode, unkomprimiert und ohne Bildschirmdarstellung abgespeichert, ist eine EPS-Datei etwa genauso groß wie eine TIFF-Datei. Ein 10 x 15 cm großes Bild im CMYK-Format benötigt etwa 8,4 MB. Die Bildschirmdarstellung und die

ASCII-Kodierung erfordert zusätzlichen Platz. Eine JPEG-Komprimierung spart entsprechend dem gewählten Algorithmus Speicherplatz, ist aber auch mit Qualitätsverlusten und der zum Packen und Entpacken benötigten Rechenzeit verbunden.

Innerhalb von EPS-Dateien lassen sich Vektoren (Pfade) mit abspeichern, die z.B. den Bereich eines Freistellers markieren.

Die Optionen *Rasterungseinstellungen mit sichern* und *Druckkennlinie mit sichern* werden nur dann verwendet, wenn von vornherein feststeht, auf welchem Ausgabegerät die Datei ausgegeben wird. Es empfiehlt sich, diese Optionen ausgeschaltet zu lassen.

PostScript und Farbe

Seit der Erweiterung zu PostScript Level 1 Mitte der 80er Jahre ist es möglich, sowohl in EPS als auch in PostScript-Dateien Bilder in den Farbräumen Bitmap, Graustufen, Duplex, indizierte Farben, RGB, CMYK, XYZ und Lab einzubinden.

Welcher Farbraum ist nun der günstigste? Die Antwort auf diese Frage und die damit verbundene Problematik erfahren Sie im Kapitel über Colormanagement (Kap. 3.9).

Die Entwicklung von PostScript

Adobe stellte im Januar 1991 den »PostScript Level 2« vor, der neben den Erweiterungen in bezug auf die Farbräume noch einige weitere Regelungen enthält. So ist z.B. eine Kompression von Bilddaten mit LZW, JPEG oder CCITT geregelt, und die druckerspezifischen Einstellungen werden besser unterstützt. Ab dem Level 2 ist bei Drehungen von Objekten eine Auflösung von 0,001 Grad und bei Rasterfrequenzen eine Genauigkeit von 0,01 Linien/Inch möglich.

Optionen bei der Speicherung von EPS

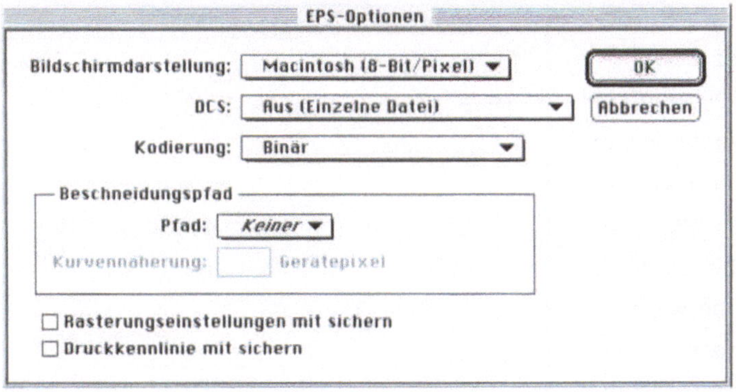

EPS-Optionen

Bildschirmdarstellung: Macintosh (8-Bit/Pixel) ▼

DCS: Aus (Einzelne Datei) ▼

Kodierung: Binär ▼

OK

Abbrechen

Beschneidungspfad

Pfad: *Keiner* ▼

Kurvennäherung: [ ] Gerätepixel

☐ Rasterungseinstellungen mit sichern
☐ Druckkennlinie mit sichern

Aufbau von PostScript Level 2 und EPS

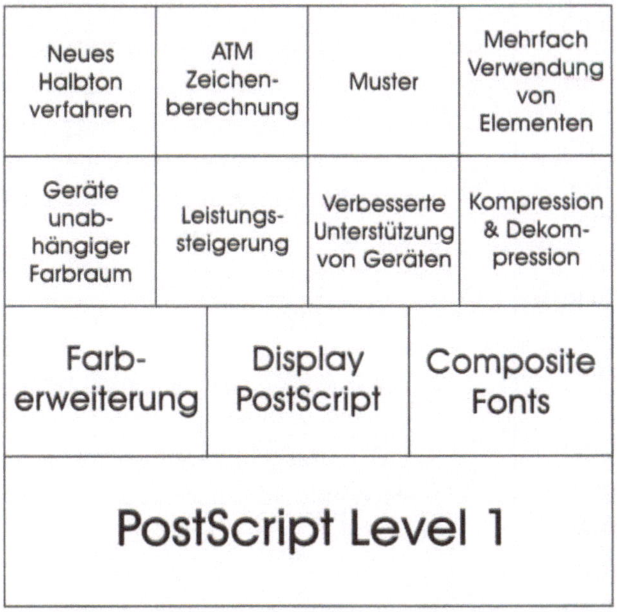

Neues Halbton verfahren	ATM Zeichenberechnung	Muster	Mehrfach Verwendung von Elementen
Geräte unabhängiger Farbraum	Leistungssteigerung	Verbesserte Unterstützung von Geräten	Kompression & Dekompression

Farberweiterung	Display PostScript	Composite Fonts

PostScript Level 1

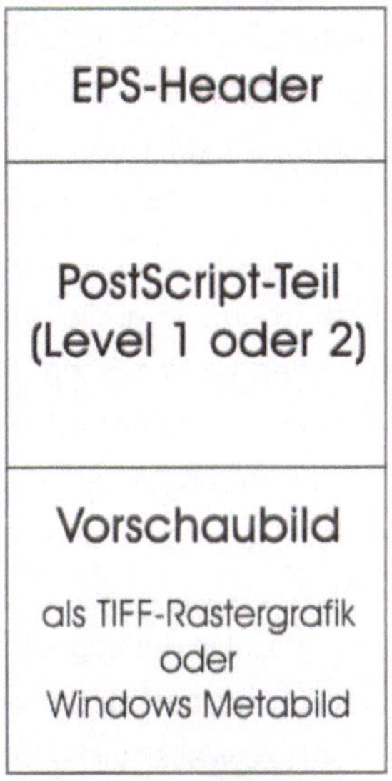

EPS-Header
PostScript-Teil (Level 1 oder 2)
Vorschaubild als TIFF-Rastergrafik oder Windows Metabild

Aufbau einer EPS Datei

PostScript 3

Im Fühjahr 1997 stellte Adobe PostScript 3 vor.

Die Weiterentwicklung der Seitenbeschreibungssprache hat einige neue bzw. weiterentwickelte Bestandteile, sogenannte Operatoren, bekommen, die eine schnellere Umrechnung in Druckpunkte erlauben, weniger Speicherplatz benötigen und damit die Produktivität steigern. Farb- und Grauverläufe können nun bis zu 4096 Stufen (anstelle von 256) enthalten und werden damit gleichmäßiger. Integriert wurde auch die Kompatibilität zu Colormanagement mit ICC-Profilen, die zukünftig je nach Anforderung eine farbähnliche und/oder farbverbindliche Wiedergabe auf Druckmedien unabhängig vom verwendeten Druckprozeß gewährleisten soll. PostScript 3 unterstützt Hexachrome-Druck, d.h. Druckverfahren mit sechs, anstelle von vier Druckfarben, die einen größeren Farbraum wiedergeben können. Dieses gilt auch für fotorealistische Tintenstrahldrucke. Eine Überfüllung, die Blitzer an Farbkanten verhindert, kann ab PostScript 3 im RIP erfolgen, was ebenfalls zu einer Produktivitätssteigerung führt. Der Schriften-Katalog wurde um die Systemschriften der Macintosh- und Windows-Betriebssysteme erweitert.

PostScript 3 ist in der Lage, PDF-Dateien (Portable Document Format) direkt zu drucken. Diese Fähigkeit führt zu wesentlich kleineren Druckdateien (je nach Datei kann die Größe bis auf 1/50tel kleiner werden). Sie ermöglicht ebenfalls den direkten Ausdruck von Internet-Dokumenten, die Dateien in folgenden Formaten enthalten können: PostScript, HTML, PDF, GIF, PNG, JPEG und ASCII-Text.

Ein neuer Druckertreiber ermöglicht das ferngesteuerte Drucken über Internet und die automatische Überwachung von Ordnern und Internetadressen, deren Inhalt gedruckt werden soll.

Datenaustausch

Stellen wir kurz die Anforderungen an ein Dateiformat für den Datenaustausch zusammen:

- Es soll unabhängig von der Plattform, dem Betriebssystem und Programmherstellern sein.

- Die Limitierungen bezüglich der Einbindung von Grafiken, Schriften und dem generellen Layout sollten so gering wie möglich sein.

- Der Seitenaufbau soll in Größe, Positon und Eigenschaften der eingebundenen Objekte klar definiert sein (im Gegensatz zu HTML-Seiten, deren Erscheinungsbild von den Einstellungen des Browsers auf Empfangsseite abhängt).

- Es sollte möglichst platzsparend sein.

- Es sollte editier- und erweiterbar bleiben.

- Es sollte offengelegt werden und für zukünftige Anforderungen erweiterbar bleiben.

- Es sollte sich nahtlos in den allgemeinen Arbeitsablauf einfügen.

Das PostScript-Format erfüllt einige dieser Anforderungen. Es ist plattformunabhängig, die Möglichkeit der Einbindung von Schriften, Grafiken etc. ist hervorragend, und die Kompression von Bilddaten ist möglich.

Zusammen mit dem PDF-Editor Acrobat 3.0 von Adobe und einigen Plug-Ins von Drittherstellern können PDF-Dokumente nachbearbeitet und bei Bedarf noch in letzter Sekunde geändert werden.

Der Standard PostScript 3 wird, ähnlich wie PostScript Level 2 bisher, künftig die Druckausgabe bestimmen. Dieses gilt nicht nur für die Druckvorstufe, sondern, wie die Verbreitung des PDF-Formates zeigt, auch für Internet- und Büroanwendungen.

...noch ein paar Worte zu PDF

Als sich vor etwa 3 Jahren die Entwicklung des Internet abzeichnete und die Verbreitung von Netzwerken zunahm, wurden zwei Dinge benötigt: möglichst kleine Dateien für einen schnellen Informationsaustausch und ein plattformunabhängiges Format der Dateien.

Im World Wide Web des Internet setzte sich zunächst das HTML-Format durch, das auch heute noch bestimmend für die »Web-Pages« ist. Das HTML-Format besitzt jedoch einige gravierende Nachteile. Zum einen lassen sich Grafiken nur als Rasterdaten in einer vorbestimmten Auflösung einbinden. Werden Details benötigt, führt diese Variante zu enorm großen Dateien und damit zu langen Übertragungszeiten. Zum anderen ist die Position der Seitenbestandteile und die verwendete Schrift von den Einstellungen des Visualisierungsprogramms (Browsers) beim Empfänger abhängig.

PostScript ist in seiner ursprünglichen Form aber nicht verwendbar, da fertige PostScript-Dateien nur schwer editierbar sind und der Programmcode zu großen Dateien führen kann. Zum Lesen und Darstellen von PostScript-Dateien wird ein PostScript-Interpreter benötigt.
Diese Einschränkungen veranlaßten Adobe auf der Basis von PostScript ein neues Dateiformat für den universellen Datenaustausch zu entwickeln. Das Ergebnis ist das PDF (Portable Document Format).

Distiller und PDF-Writer

Das PDF-Format würde sich nicht durchsetzen, wenn es nicht extrem einfach zu erzeugen wäre. Zu diesem Zweck gibt es im wesentlichen zwei Wege. Entweder wird das Dokument aus einer Anwendung heraus mit einem speziellen Druckertreiber, dem PDF-Writer, erzeugt. Auf diese Weise lassen sich aus QuarkXPress oder PageMaker heraus direkt PDF-Dokumente drucken. Die zweite Variante ist der Druck mit einem beliebigen PostScript-Treiber in eine PostScript-Datei, die mit Hilfe des Acrobat Distillers in PDF umgewandelt wird. Da der Distiller so eingestellt werden kann, daß er selbsttätig bestimmte Ordner beobachtet, kann die Produktion von PDF-Dokumenten weitestgehend automatisiert werden.

Beim Druck aus PageMaker werden die dort verwendeten Verweise übernommen.

Acrobat: Reader und Exchange

PDF-Dateien können mit dem frei erhältlichen Acrobat Reader betrachtet werden. Dieser ist seit der Netscape-Version 3.0 auch direkt in Netscape integriert, so daß PDF-Dateien direkt im Browser geöffnet und betrachtet werden können. Im Doku-

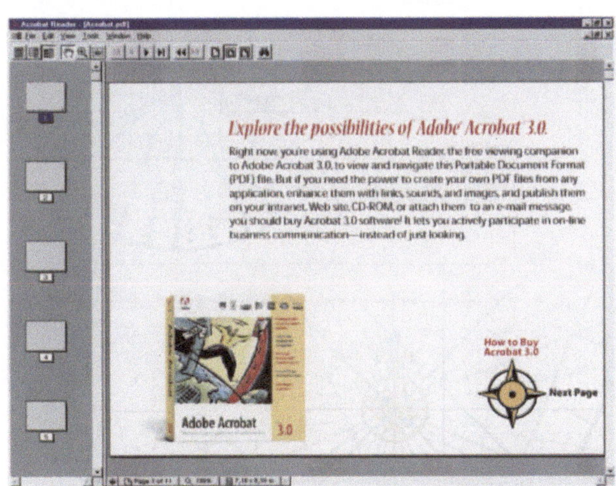

ment können Dinge gesucht werden. Zoomen und Blättern sowie verschiedene Ansichtsmodi sind verfügbar.

Der Acrobat Reader mit Editierfunktion heißt Acrobat Exchange. Hier können Links, Seitenreihenfolgen und Text verändert werden. Auf den Seiten können Felder mit Verweisen belegt werden, die eine Inhaltsangabe darstellen. Ist der Text bereits in PageMaker entsprechend strukturiert worden, so werden die Überschriften im Reader als Verweise übernommen. Bei der Speicherung der Datei können Voreinstellungen mit gesichert werden, die das Aussehen des Dokuments beim Öffnen im Reader bestimmen. Weiterhin kann das Dokument gegen unbefugte Veränderungen geschützt und sogar der Ausdruck des Dokuments untersagt werden.

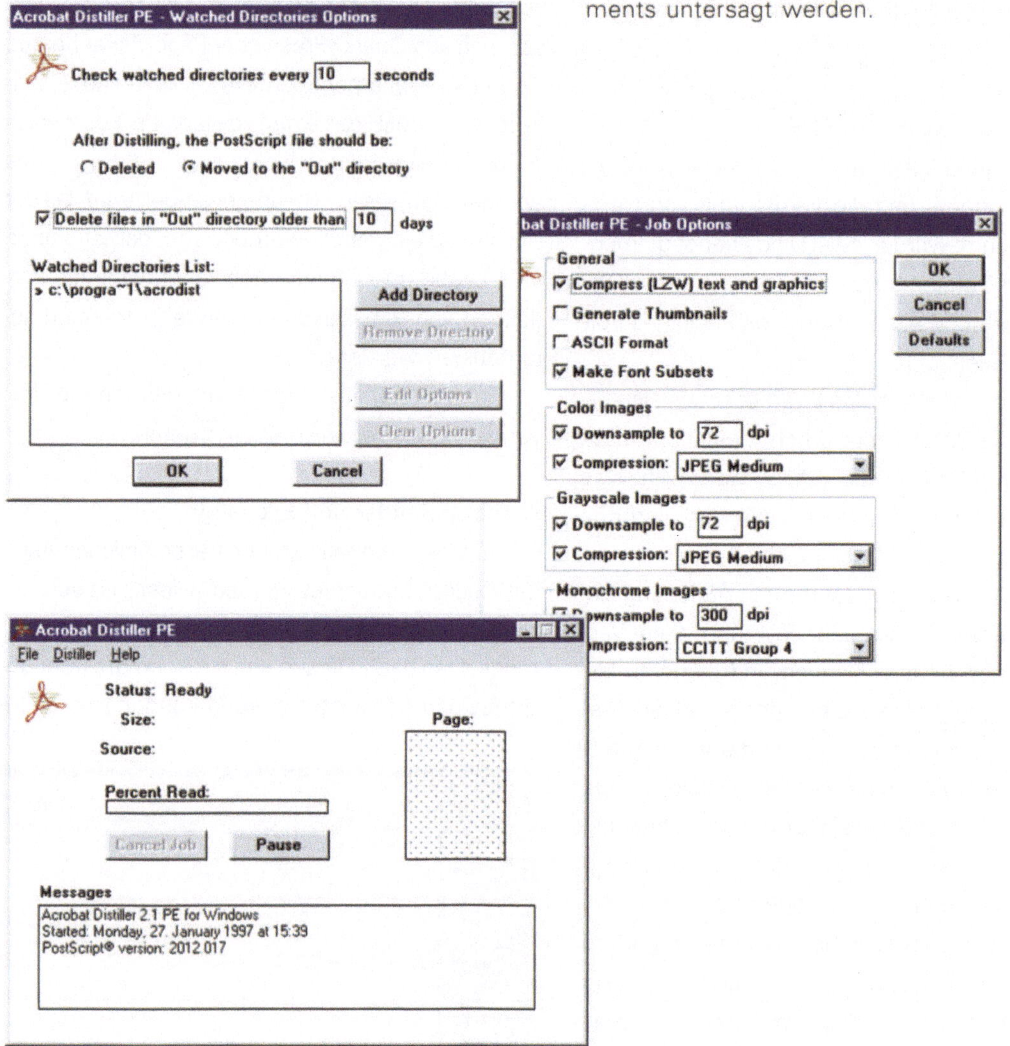

PDF bietet folgende Eigenschaften:

– Kompressionstechniken aus PostScript

– Die Möglichkeit, Bilder in der Auflösung zu reduzieren
(downsampling)

– Einbindung der Beschreibung, nicht aber der gesamten Schrift

– Objekte bei Mehrfachverwendung nur einmal speichern

– Eine »cross-reference«-Tabelle am Ende der Datei, welche
die Standorte der einzelnen Objekte beschreibt

– Speichern der Seiteninformationen in einem Katalogobjekt

– Einbindung von Quicktime-Movies und Sound

– Verknüpfung von Objekten mit Links

– Editierbarkeit von Objekten und Seitenreihenfolge

– OPI-(Open Prepress Interface)-Funktionalität
wie bei PostScript

– Spezifikation eines Separationsfarbraumes

– genau wie bei PostScript »double Byte Characters«
für Schriftzeichen (chinesisch, japanisch)

– Sicherungsfunktionen, die ein Verändern
des Dokumentinhaltes erschweren

3.8.3 Druckverfahren

Mit Einführung des Computers hatte die Papierindustrie große Sorge um ihren Umsatz, weil man dachte, daß der Papierverbrauch wegen der Speicherung der Texte als Datei zurückgehen würde. Das Gegenteil ist eingetreten. Ist heute ein Fehler auf einer Seite, so wird sie noch einmal gedruckt. Und wer liest schon gerne Texte auf dem Bildschirm?

Der Tintenstrahldruck

Bei einem Tintenstrahldrucker werden bis zu sechs Tintenpatronen über das Material geführt, das bedruckt werden soll. Sie enthalten die entsprechenden Tinten in den vier Druckfarben Cyan, Magenta, Gelb und Schwarz. Es existieren zwei unterschiedliche Verfahren, wie die Tinte auf das Papier aufgetragen wird.

Beim thermischen Tintenstrahlverfahren entsteht durch Erhitzen der Tinte eine Luftblase, die zu einem hohen Druck in der Patrone führt. Hierdurch wird ein Tintentropfen durch eine kleine Düse gepreßt und trifft mit hoher Geschwindigkeit (bis zu 700 km/h) auf das Papier oder die Folie.

Das Piezo-Tintenstrahlverfahren erzeugt die Druckerhöhung durch einen Piezo-Kristall, der sich durch das Anlegen einer elektrischen Spannung verformt. Der Effekt ist analog dem des thermischen Verfahrens.

Auf diese Weise können bis zu 8000 Tropfen pro Sekunde auf die Druckunterlage aufgetragen werden. Das Verfahren bedingt, daß die Auflösung des Druckers (neben der Druckunterlage) im wesentlichen durch die Größe der Tropfen bestimmt wird, der physikalische und technische Grenzen gesetzt sind. Die Auflösung der Tintenstrahldrucker ist deshalb beschränkt und beträgt bei den zur Zeit erhältlichen Druckern maximal 1440 dpi (dots per inch). Das Tintenstrahlverfahren kann keine Halbtöne erzeugen und muß den Farbton durch die Anzahl der Farbpunkte auf der jeweiligen Fläche bestimmen.

Die effektive Auflösung für den Druck von Bilddaten in Echtfarben (16,7 Mio) beträgt daher je nach Rasterverfahren zwischen 40 und 200 dpi.

Beim Auftreffen auf die Unterlage verläuft der Tintentropfen, wobei die Stärke dieses Verlaufens vom Material bestimmt wird. Ein herkömmliches Schreibmaschinenpapier eignet sich nur bedingt für den Druck von Bildern. Die entsprechenden Spezialpapiere und geeignete Folien können in jedem Computerfachgeschäft erworben werden.

Tintenstrahldrucker stehen heute in jedem Büro und stellen die preiswerteste Möglichkeit dar, schwarzweiße und farbige Bilddaten auszugeben. Auch die Kosten pro Ausdruck betragen für eine A4-Seite nur ein paar Pfennige.

Das Phase-Change- oder Festtintenstrahlverfahren

Das Phase-Change- oder Festtintenstrahlverfahren ist eigentlich nur eine Modifikation des oben beschriebenen Tintenstrahlverfahrens. Es arbeitet mit Wachsstiften, die geschmolzen werden und anschließend analog zum Tintenstrahlverfahren auf die Druckunterlage aufgebracht werden.

Die Ausdrucke, die mit diesem Verfahren erstellt werden, sind brillanter, schärfer und von höherer Farbdichte, da das Wachs beim Auftreffen auf die Druckunterlage erstarrt und nur wenig verläuft. Das Wachs setzt sich auf der Oberfläche des Druckmediums ab, was dazu führt, daß auch qualitativ minderwertige Druckunterlagen verwendet werden können.

Leider ist auch dieses Tintenstrahlverfahren mit Grenzen in der Auflösung behaftet. Die Gerätepreise bewegen sich in Regionen oberhalb von 10.000 DM. Die Kosten eines einzelnen Ausdrucks liegen im Bereich der üblichen Tintenstrahlausdrucke.

Das kontinuierliche Tintenstrahlverfahren

Dieses Verfahren ist mit dem herkömmlichen Tintenstrahlverfahren nicht vergleichbar. Es liefert qualitativ hochwertige Ausdrucke. Bei diesem Verfahren treten kontinuierlich Tintentröpfchen aus der Düse. Sollen die Tropfen nicht auf die Unterlage auftreffen, so werden sie elektrisch geladen und beim Durchlaufen eines Feldes abgelenkt. Die Tropfen, die auf die Druckunterlage auftreffen sollen, passieren das elektrische Feld ungehindert. Die Größe der Tropfen beträgt weniger als ein Hundertstel der Tropfengröße der beiden anderen Verfahren. Damit ist es möglich, auf der gleichen Fläche, die sonst von einem Tropfen bedeckt wird, bis zu 32 Tropfen aufzubringen. Dieses führt zu einer sehr hohen Auflösung, die in Verbindung mit hochwertiger Tinte und einem speziellen Rasterverfahren die Qualität des Ausdruckes ausmachen.

Bedruckt werden können eine ganze Reihe unterschiedlicher Materialien, und die Materialkosten für einen A4-Ausdruck liegen auch hier bei einigen wenigen Pfennigen.

Die Anschaffungskosten für den Printer bewegen sich allerdings im Bereich von 70.000 DM und bewirken in Verbindung mit einem hohen Wartungsaufwand, daß der Preis für einen A4-Ausdruck beim Dienstleister bei ca. 40 DM beginnt.

Das Thermotransferverfahren

Beim Thermotransferverfahren wird eine Folie, die nacheinander mit Wachs in den vier Druckfarben beschichtet ist, an einem Thermodruckkopf vorbeigeführt. Hier wird sie punktuell erhitzt, so daß das Wachs schmilzt und auf das Druckmedium

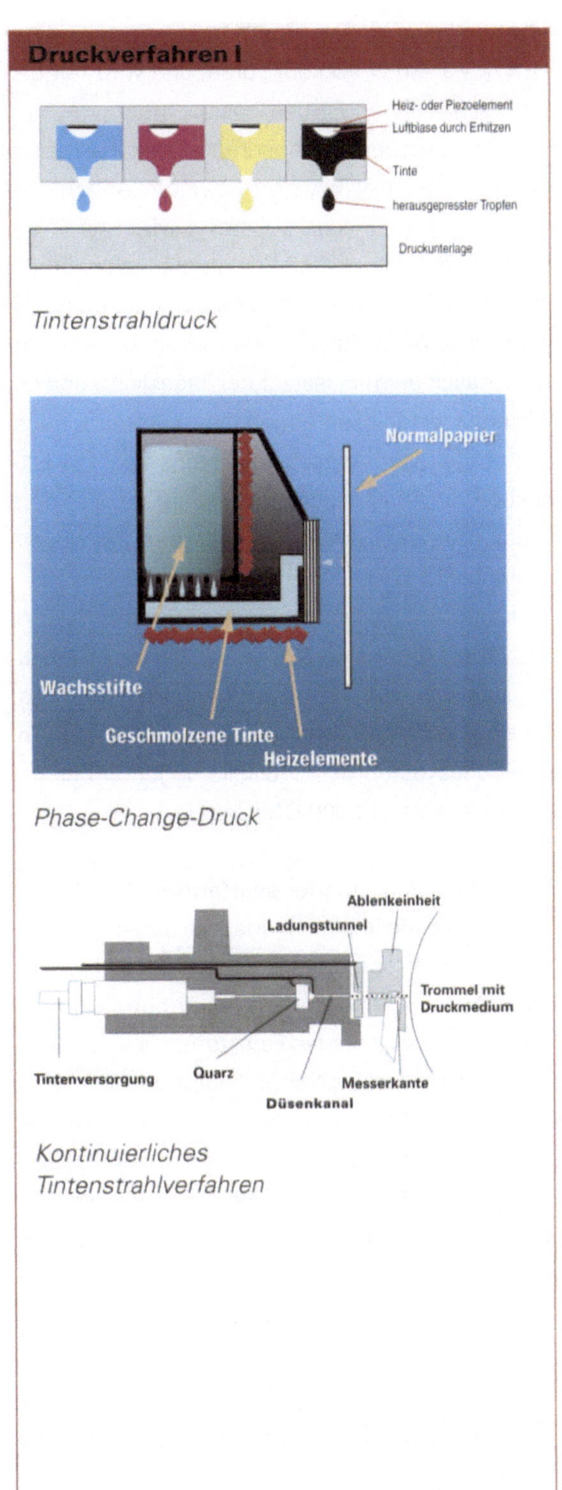

Tintenstrahldruck

Phase-Change-Druck

Kontinuierliches Tintenstrahlverfahren

übertragen wird. Das Papier oder die Folie läuft also 4 Mal am Druckkopf vorbei und wird mit den unterschiedlichen Farben beschichtet.

Die Auflösung der Ausdrucke ist mittelmäßig, da auch hier der Farbton über die Anzahl der Farbpunkte pro Fläche bestimmt wird und in der Regel nicht mehr als 300 Punkte pro Inch gedruckt werden können. Besonders hervorzuheben ist die enorme Farbstabilität (Farben bleiben lange leuchtend – auch beim Einsatz unter Tageslicht) und die Widerstandsfähigkeit gegenüber äußeren Einflüssen. In der Natur dieses Verfahrens liegt die Produktion von Abfall in Form von Folien, die nach dem Druck noch mit dem nicht benötigten Wachs versehen sind.

Bedruckt werden können nur spezielle Papiere und Folien, die aber in zahlreichen Varianten erhältlich sind. Der Materialpreis für den Ausdruck liegt bei etwa 4 DM für eine DIN-A4-Seite und die Anschaffungskosten des Druckers liegen in der Regel jenseits der 10.000-DM-Grenze.

Das Thermosublimationsverfahren

Das Thermosublimationsverfahren arbeitet analog dem Thermotransferverfahren, nur daß hier die Farbstoffe in die Unterlage eindringen und die Menge des übertragenen Farbstoffes über die Temperatur des Druckkopfes gesteuert werden kann. Gerade die steuerbare Farbstoffmenge macht das Druckverfahren zu einem echten Halbtondruck. Hier sind also 300 dpi auch 300 dpi im Bilderdruck. Die Ausgabequalität kommt dem klassischen Foto sehr nahe.

Der Materialpreis pro A4-Ausdruck liegt zwischen 4 und 5 DM. Auch hier wird Abfall in Form von Folien produziert. Die Geräte mit annehmbaren Druckzeiten (3 – 5 min/ A4) fangen bei etwa 12.000 DM an.

Thermosublimations- und Thermotransferverfahren

Laserdruck

Pictrography

Aufgrund der analogen Technologie bieten eine ganze Reihe von Printern sowohl das Thermotransfer- als auch das Thermosublimationsverfahren an. Hier muß dann lediglich das Papier und die Farbfolie gewechselt werden, und schon kann man zwischen den beiden Verfahren wählen.

In der letzten Zeit sind einige Drucker, die Formate bis A6 beherrschen, auf den Markt gekommen. Sie liegen preislich alle unter 1.000 DM und benötigen pro Ausdruck zwischen 3 und 5 min.

Der Elektrostatendruck

Beim Elektrostatendruck werden in Abhängigkeit von den Bilddaten, Ladungen auf eine Walze aufgebracht, die anschließend ein Tonerbad durchläuft. Der Toner wird dann auf die jeweilige Druckunterlage übertragen. Die Qualität dieses Druckverfahrens kann in etwa mit der Qualität eines herkömmlichen Tintenstrahldruckers verglichen werden. Eine Bedeutung hat dieses Druckverfahren heute nur noch im Bereich der Großformatdrucke. Die Druckkosten sind mit denen eines Tintenstrahlers vergleichbar. Der besondere Vorteil des Elektrostatendruckes gegenüber diesem ist jedoch die wesentlich bessere Haltbarkeit des Ausdruckes, wenn er dem Tageslicht ausgesetzt wird.

Das Farblaserdruckverfahren

Beim Farblaserdruckverfahren wird eine Walze elektrisch aufgeladen. An den Stellen, an denen kein Toner aufgetragen werden soll, wird die Walze von einem Laserstrahl entladen. An den geladenen Stellen haftet, nach Durchlauf eines Tonerbades, der Toner an der Walze. Von dort wird er auf das Druckmedium übertragen und anschließend thermisch fixiert. Das Farblaserdruckverfahren ist technisch eines der kompliziertesten Verfahren. Aufgrund der hohen Verarbeitungsgeschwindigkeit und des niedrigen Materialpreises hat sich das Verfahren in den letzten Jahren rasch zu einem quali-

tativ ansprechenden Ausgabeverfahren entwickelt. Die Ausgaben kennt jeder auch als Farbkopien aus dem Copy-Shop. Für Farbkopierer mußte aufgrund der guten Qualität sogar ein Sicherheitssystem entwickelt werden, das das Kopieren von Banknoten verhindert. Die Gerätepreise liegen je nach Ausführung und Ausstattung der Geräte zwischen 5.000 DM und 70.000 DM.

Die Pictrography-Verarbeitung

Der Pictrography von Fuji arbeitet nach einem eigenen Verfahren. Hier wird ein sogenanntes Donorpapier mit Laserdioden belichtet. Nach der Belichtung gibt das Donorpapier die Farbstoffe an den belichteten Stellen über ein Hitzeverfahren an das Printpapier weiter. Der Farbstoffauftrag ist über die Belichtung steuerbar, so daß es sich bei diesem Verfahren um ein echtes Halbtonverfahren handelt. Es wird nur ein Donorpapier für die drei Druckfarbstoffe Cyan, Magenta und Gelb benötigt, was den mechanischen Aufwand minimiert. Das Donorpapier wird als Abfall entsorgt.

Der Materialpreis für einen A4-Ausdruck liegt bei ca. 5 DM.

3.8.4 Filmrekorder

Filmrekorder dienen dazu, aus digitalen Bild- oder Grafikdaten wieder Dias oder Negative zu erstellen. Dieses ist insbesondere im Hinblick auf die Massenproduktion von Bildern sinnvoll. Keine digitale Bildausgabemöglichkeit kann es im Zusammenspiel von Geschwindigkeit, Qualität und Preis derzeit mit Prints vom Negativ aufnehmen. Auch wenn Sie an die Einbindung von Computereffekten in Kinofilme und professionelle Dia-Schauen denken, führt kein Weg an der Belichtung auf Film vorbei.

Die Kamera- oder Kathodenstrahlbelichter (Cathode-Ray-Tube-Belichter)

Bei den Kamerabelichtern wird ein hochauflösender Graustufenmonitor über ein optisches System auf einen Film abgebildet. Durch das Einschwenken von Filtern werden nacheinander die Farben Rot, Grün und Blau auf den Film belichtet, was zu einem Dia oder Negativ führt, das bei Wahl der richtigen Auflösung von einem herkömmlichen Dia nicht mehr zu unterscheiden ist.

Die Kamerabelichter werden je nach verwendetem Filmformat in unterschiedlicher Auflösung geliefert. Gängige Auflösungen sind 2K, 4K, 8K, 16K, wobei 2K für 2000 Bildzeilen steht usw. Für Kleinbildformate ist in der Regel eine Auflösung von 4K ausreichend, beim Mittelformat wird 8K verwendet und für Großformate eignen sich 16K und mehr (Hersteller von Kamerabelichtern sind u.a. Agfa, Management Graphics, Imapro).

Filmbelichter

Bei einer zweiten Variante von Filmrekordern wird über ein optisches System oder über einen Lichtwellenleiter der Film direkt belichtet. Die Ausgabequalität dieser Geräte ist in der Regel besser als die der Kamerabelichter, da der Monitor und das abbildende optische System als Fehlerquelle ausgeschaltet werden. Die Mechanik und der Konstruktionsaufwand dieser Geräte führen jedoch zu sehr hohen Anschaffungskosten.

Belichter für die Druckvorstufe

Neben den Belichtern für Dia- und Farbnegativmaterial gibt es noch Belichter für die Herstellung von Strichfilmen, mit deren Hilfe Druckplatten erstellt werden. Diese Belichter können Filmformate bis hin zu A0 verarbeiten.

Die Dateigrößen betragen bei

2K	(2048 x 1366 Pixel)	8,4 MB,
4K	(4096 x 2732 Pixel)	34 MB,
8K	(8192 x 5464 Pixel)	134 MB,
16 K	(16384 x 12288 Pixel)	600 MB.

3.9 Kalibrierung und Colormanagement

3.9.1 Kalibrierung

Eines der größten Probleme der digitalen Bildbearbeitung ist der Wunsch der Anwender, möglichst ohne Probieren und komplizierte Einstellmechanismen ein Bild auf den Monitor zu bekommen, das dem Original insbesondere farblich sehr nahe kommt. Anschließend soll das Bild vom Monitor farbgetreu auf einem Drucker ausgegeben werden.

Betrachtet man sich die Vielzahl an Eingabegeräten, Monitoren, Druckverfahren, Papieren, Druckfarben etc., so ist es nicht verwunderlich, daß dieser Wunsch noch nicht bzw. nur in Grenzen wahr geworden ist.

Kalibrierung von Kameras

Für die Kalibrierung von Kameras ist es wichtig zu wissen, bei welchen Lichtverhältnissen sie eingesetzt werden. Bleibt die Lichtart stets konstant, wie es im Fotostudio der Fall ist, so läßt sich eine Abstimmung der Kamera wesentlich leichter bewerkstelligen als bei wechselnden Lichtquellen im mobilen Einsatz.

Die mobilen Kameras verfügen in der Regel über einen automatischen oder wählbaren Weißabgleich, wie er aus dem Videobereich bekannt ist. Beim automatischen Weißabgleich wird die Beleuchtung über eine Streuscheibe mit dahinter liegendem Sensor analysiert und der entsprechende Modus für den Abgleich gewählt. Bei der manuellen Eingabe hat der Anwender je nach Kamera die Möglichkeit, zwischen verschiedenen Lichtarten (Blitzlicht, Tageslicht, Kunstlicht, Leuchtstofflampen, Halogenlicht, HMI etc.) zu wählen.

Studiokameras und hier insbesondere solche, die im Scan- oder Multi-Shot-Verfahren arbeiten, erlauben eine Voransicht des aufzunehmenden Bildes und eine entsprechende Kalibrierung über eine automatische Analyse des Bildes oder das Setzen von Weiß- und Schwarzpunkten.

Mit dem Weißabgleich ist jedoch nur die Abstimmung der Kamera auf die Lichtart erfolgt, um eventuelle Farbstiche auszugleichen. Die allgemeine Farbwiedergabequalität der Kamera wird wesentlich über die verwendeten Filter für die Farbaufspaltung in Rot-, Grün- und Blaukanal und über die nachgeschaltete Elektronik bestimmt.

Für eine farbgetreue Wiedergabe der Aufnahmen von Studiokameras und Scannern kann man diese mit Hilfe eines Testbildes charakterisieren. Diese Möglichkeit bieten einige Hersteller schon im Lieferumfang der Kamera, anderen helfen Programme von Fremdherstellern wie Agfa ColorTune, Linotype ScanOpen oder Logo ProfileMaker.

Bei einer solchen Charakterisierung wird mit der Kamera das Testbild, bestehend aus einer genormten IT8-Testvorlage, aufgenommen. Dieses wird mit Referenzwerten, die zusammen mit dem Testbild auf einer Diskette geliefert werden, verglichen und dabei ein »Profil« für die Kamera erstellt. Dieses Profil wird mit einem Profil für den jeweiligen Monitor verknüpft und damit das Bild umgerechnet, so daß es auf dem Monitor farbgetreu dargestellt wird.

Geschieht diese Umrechnung aus dem Scannertreiber heraus automatisch, so braucht sich der Anwender nicht mehr darum zu kümmern. Andernfalls muß die Umrechnung über einen zusätzlichen Arbeitsschritt im Photoshop oder über ein Batchprogramm erfolgen.

Kalibrierung von Monitoren

Auf dem Apple Macintosh ist die Kalibrierung von Monitoren denkbar einfach, aber leider auch vom Farbempfinden des Benutzers abhängig. Hier wird zusammen mit Photoshop (im Ordner *Zugaben/ Kalibrierung)* eine Software geliefert, mit deren Hilfe sich der Monitor sehr leicht einstellen läßt. Das Programm der Firma Knoll Software heißt schlicht und einfach »Gamma« und ist als Kontrollfeld programmiert, das beim Start des Rechners automatisch ausgeführt werden kann.

Knoll Gamma auf dem Mac

Zunächst wird das Zielgamma standardmäßig auf 1,8 gesetzt, und anschließend werden Helligkeit und Kontrast des Monitors so eingestellt, daß der gezeigte Graustufenkeil gleichmäßig abgestimmt ist und alle Stufen noch gut voneinander zu trennen sind. Der Balken für die Gamma-Einstellung ist aus zwei Bereichen zusammengesetzt. Der eine besteht aus nebeneinanderliegenden schwarzen und weißen Punkten, die im Mittelwert ein mittleres Grau ergeben, und der andere besteht aus dem mittleren Grau, das vom Monitor erzeugt wird. Nun wird der Regler so lange gezogen, bis die gezeigten Felder möglichst gleich aussehen und nicht mehr voneinander zu trennen sind.

Zu guter Letzt wird noch ein eventueller Farbstich des Monitors eliminiert, indem die drei Farb-

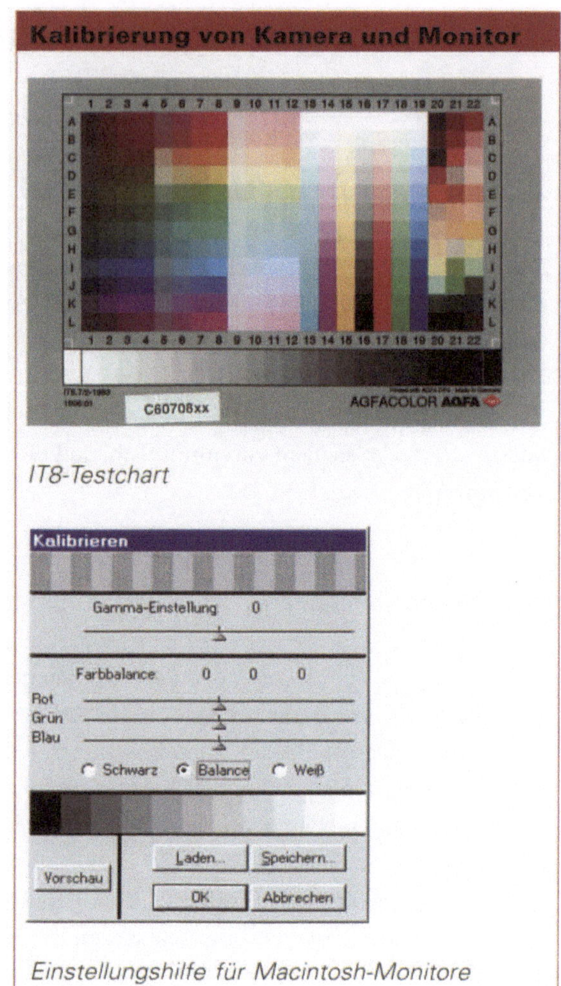

IT8-Testchart

Einstellungshilfe für Macintosh-Monitore

regler gezogen werden und für Lichter, Mitteltöne und Tiefen ein neutrales Grau im Graustufenkeil zu erkennen ist.

Kalibrierung auf dem PC

Auf dem PC gestaltet sich die Kalibrierung des Monitors etwas schwieriger, da hier jedes Programm seine eigene Darstellung von Bilddaten auf dem Monitor erzeugt. Für die Bildbearbeitung behilft man sich mit einem Testbild, das zum Beispiel auch im Ordner *Zugaben/Kalibrierung/Separationsvorlagen* des Photoshops zu finden ist, und läßt dieses Testbild von seinem Drucker andrucken.

Den Andruck kann man nun neben den Monitor halten (bei geeigneter, am besten normierter Beleuchtung versteht sich) und die Monitoreinstellungen in Kontrast, Helligkeit und Farbzusammensetzung so verändern, daß die Darstellung der Datei auf dem Monitor mit dem Ausdruck nahezu übereinstimmt.

Für den Ausdruck sollte aber unbedingt ein normierter Druck gewählt werden und nicht der heimische Tintenstrahler. Die Kameras aus dem Hause Agfa haben einen solchen Ausdruck inkl. Datei bereits im Lieferumfang auf der Treiber-CD.

Kalibrierung von Ausgabegeräten

Die Kalibrierung von Ausgabegeräten ist das schwierigste Thema in der gesamten Kette der digitalen Bildbearbeitung. Wirklich in den Griff bekommt man es nur in einem geschlossenen System von Geräten.

Warum ist das so?

Ausgabegeräte arbeiten mit unterschiedlichen Techniken, die Sie im einzelnen schon kennengelernt haben. Jedes dieser Geräte verwendet andere Farben für den Ausdruck, anderes Papier und eine andere Art und Weise, wie die Farbe aufgebracht wird.

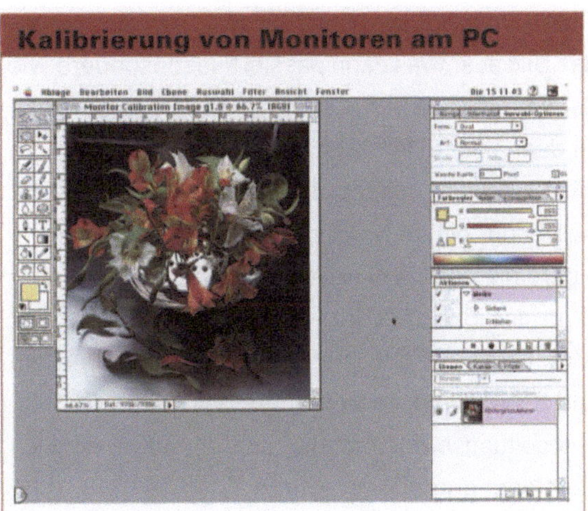

Das Bild auf dem Monitor wird mit dem Ausdruck verglichen und die Monitoreinstellungen entsprechend angepaßt.

Dem Computer sagt man lediglich nur: Drucke mir das Bild aus. Was dann passiert, insbesondere wie der Drucker das Bild in seine Druckfarben umsetzt, ist dann Sache des Druckertreibers oder des RIPs. Für die Beeinflussung der Druckausgabe hat der Anwender einige Möglichkeiten. Zum einen diejenigen, die der Druckertreiber bietet. Zum anderen kann das Bild, bevor es zum Drucker geschickt wird, in die vier Druckfarben Cyan, Magenta, Gelb und Schwarz separiert werden. Wie das vom Bildbearbeitungsprogramm durchgeführt wird, läßt sich bei einem guten Programm einstellen.

Werfen wir einen Blick auf die möglichen Voreinstellungen im Photoshop.

Im Menü *Datei/Farbeinstellungen* finden Sie vier Untermenüs mit den einstellbaren Optionen. Zunächst müssen Sie Photoshop mitteilen, mit welchem Monitor Sie arbeiten. Ein Zielgamma von 1,8, ein Monitor-Weiß von 6.500 K und die Phosphorfarben z.B. eines Trinitron-Monitors sind die Standardeinstellungen, nicht zu vergessen die Lichtverhältnisse des Umgebungslichtes. Da die Phosphore für Monitore in gewissen Grenzen genormt sind und Sie die Kalibrierung des Monitors bereits durchgeführt haben, lassen wir es damit gut sein.

Wahl der Druckfarben

Als nächstes kommt die Wahl der Druckfarben an die Reihe. Hier dürfte es die größten Probleme geben, denn alles, was nicht Euroskala bzw. SWOP ist, wird schwer zu finden sein. Für die Eingabe eigener Farbstoffwerte ist ein teures Spektralphotometer notwendig.

Eventuell können Sie aber die Werte beim Hersteller des Ausgabergerätes erfahren oder von einem Dienstleister bestimmen lassen.

Anschließend befassen wir uns mit den Separationseinstellungen. Hier ist es nicht ganz eindeutig, welche Einstellungen zu wählen sind. Sie sind unter Umständen vom Motiv abhängig. Sie können verschiedene Einstellungen für den Aufbau der schwarzen Druckfarbe wählen und ein Bild jeweils damit separieren. Wenn Sie sich anschließend einmal die Bildkanäle ansehen, so werden Sie den Unterschied – insbesondere im schwarzen Kanal – erkennen. Sprechen Sie mit Ihren Dienstleistern, oder studieren Sie die Fachpresse zu diesem Thema. An dieser Stelle kann das Buch »4 Farben ein Bild« von Mattias Nyman (Springer-Verlag) empfohlen werden.

Sollten die Ausdrucke der separierten Bilder noch keine befriedigenden Ergebnisse liefern, so haben Sie noch die Möglichkeit über das Druckmenü von Photoshop eine Druckkennlinie anzulegen. Hierzu benötigen Sie jedoch wieder ein Meßgerät.

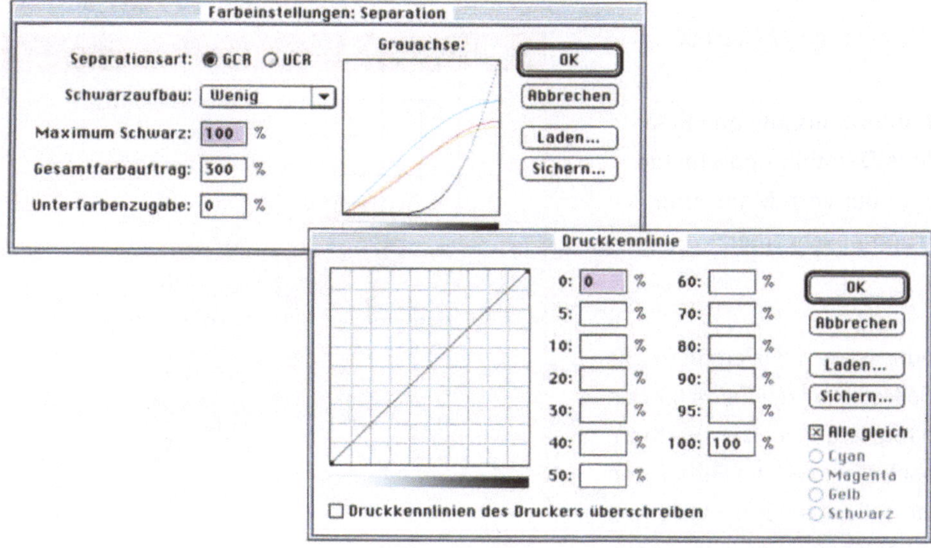

Die Einstellungen für eine individuelle Separation
im Photoshop sind für erfahrene Reprofachleute
gedacht.

3.9.2 Colormanagement

Die CIE (Commision Internationale de l'Éclairage) hat verschiedene Darstellungen festgelegt, die den Farbraum der vom Menschen wahrnehmbaren Farben beschreiben.

Eine dieser Darstellungen ist der Lab-Farbraum. Die L-Achse beschreibt die Helligkeit der Farbe und die beiden anderen Achsen, a und b, den Farbton. Wenn wir uns nun anschauen, welche Farben von welchem System darstellbar sind, so wird uns schnell die gesamte Problematik der Farbwiedergabe deutlich.

Farbräume im Vergleich

Die Grafik zeigt den Farbraum, hier in zweidimensionaler Darstellung, der von einem Monitor bzw. im Offsetdruck (gestrichenes Papier) wiedergegeben werden kann.

Wie man leicht erkennen kann, besitzt der Monitor den weitaus größeren Farbraum. In den gelben Farbtönen ist jedoch der Druck dem Monitor überlegen. Noch viel krasser sieht es beim Vergleich von Ausdrucken über Tintenstrahldrucker mit unterschiedlichem Papier aus.

Möchte man nun ein Bild ausdrucken, das von einer Kamera aufgenommen und auf dem Monitor bearbeitet wurde, so müssen die Farbräume angepaßt werden. Das heißt, das Bild auf dem Monitor muß so in die Druckfarben des Druckers umgesetzt werden, daß beim Betrachter der gleiche Farbeindruck entsteht. Hierfür ist das Colormanagement verantwortlich.

Profilerstellung

Einen Teil des Colormanagements haben Sie schon bei der Charakterisierung der Kamera kennenge-

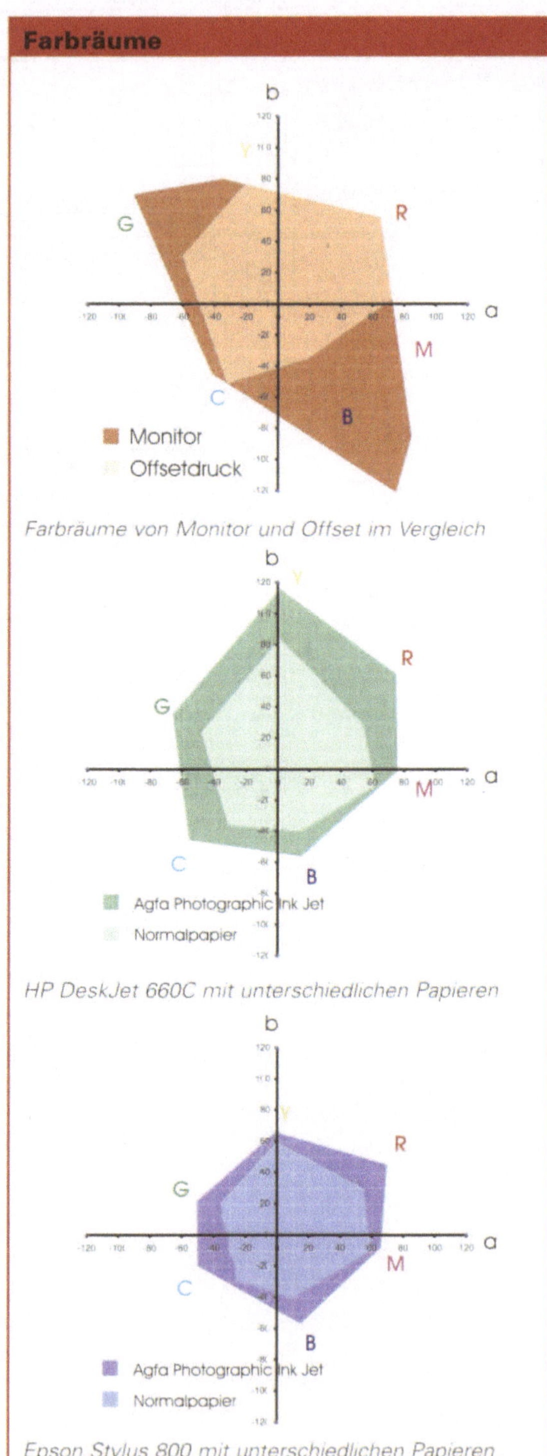

Farbräume von Monitor und Offset im Vergleich

HP DeskJet 660C mit unterschiedlichen Papieren

Epson Stylus 800 mit unterschiedlichen Papieren

lernt, nämlich das Aufnehmen einer IT8-Testvorlage und die Erstellung eines Umrechnungsprofils für den Scanner bzw. die Kamera. Ein ähnliches Verfahren wird verwendet, um einen Monitor zu charakterisieren. Ein Meßgerät wird auf den Bildschirm aufgesetzt und mißt die Farben, die von einem Colormanagementprogramm nacheinander auf dem Monitor dargestellt werden. Auf diese Weise wird ein Profil für den Monitor erzeugt.

Nichts geht ohne Meßgerät

Das gleiche geschieht mit der Druckausgabe. Eine vorgegebene Datei wird ausgegeben und mit Hilfe eines Spektralphotometers ausgemessen. Das Ergebnis ist ein Profil für das Ausgabegerät.

Jetzt benötigen wir nur noch eine Software, mit deren Hilfe man ein gescanntes Bild mit Scanner- und Monitorprofil in die farbechte Darstellung am Monitor übersetzt, und anschließend eine Software, die mit Hilfe des Monitorprofils und des Ausgabeprofils das dargestellte Bild für das Ausgabegerät umrech-

net. Diese Software gibt es auf dem Macintosh gleich im Betriebssystem. Sie wurde von Linotype entwickelt, nennt sich »ColorSync« und stellt die wesentlichen Faktoren für die gesamte Prozedur zur Verfügung. Nach neuesten Berichten wird dieses auch in naher Zukunft für die Windows-Betriebssysteme gelten.

Der gesamte Ablauf von Colormanagement hat jedoch noch zwei schwerwiegende Nachteile. Zum einen muß man sich für die Umrechnung zu den jeweiligen Geräten noch mit Plug-Ins für Photoshop oder Xtensions für QuarkXPress behelfen, und zum anderen sind die Meßgeräte und die Software, die zum Erstellen der Profile benötigt werden, noch immens teuer. Bei letzterem kann man sich jedoch der Dienstleistung von Händlern und Spezialisten bedienen.

Da ein weiteres Eingehen auf Colormanagement den Rahmen dieses Buches sprengen würde, sei hier auf das Buch »Colormanagement« von Rudolph E. Burger (Springer-Verlag) hingewiesen.

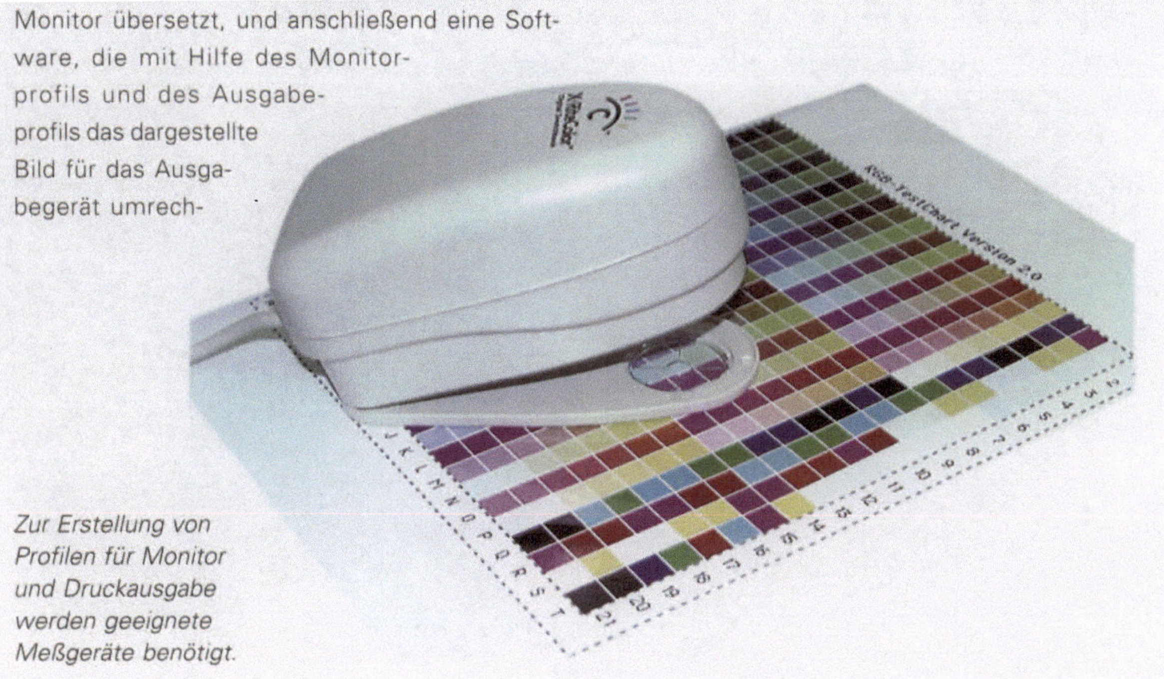

Zur Erstellung von Profilen für Monitor und Druckausgabe werden geeignete Meßgeräte benötigt.

Don´t panic
Douglas Adams

4 TIPS AUS DER PRAXIS

4.1 Rechnerausstattung — 206

4.2 Troubleshooting — 210

4.3 Pixelalben: Bilddatenbanken — 216

4.4 Bildbearbeitungssoftware — 218

    4.4.1 Photoshop: Hier kommt keiner vorbei — 218

    4.4.2 QFX: Speed fürs Mittelformat — 220

    4.4.3 PhotoImpact: Das Bonbon auf dem PC — 221

    4.4.4 Live Picture: Ohne Wasserkopf — 222

4.5 Von Copyright und Wasserzeichen — 223

4.1 Rechnerausstattung

Ob Mac oder PC – das ist eine Frage des vorhandenen Know-hows und der persönlichen Vorlieben. Mit beiden kann man heute (fast) alles machen, und Qualitätsunterschiede im Ergebnis sind unabhängig vom System. Aber gut ausgestattet muß der Computer sein, denn schließlich heißt es » Zeit ist Geld«, und nirgendwo hat dieser Satz mehr Berechtigung als beim Computer.

Computer

Wer sich heute einen Rechner kauft, sollte nicht unter 133 MHz Taktrate anfangen.

Arbeitsspeicher

Wichtiger als das ist jedoch die Ausstattung mit Arbeitsspeicher, hier gilt: Je mehr, desto besser – unter 64 MB geht im professionellen Einsatz heute nichts. Als Daumenregel gilt: Das zwei- bis dreifache der mittleren Bildgröße als RAM braucht der Rechner.

Absolut überflüssig

Immer noch setzen besonders kluge Köpfe sogenannte RAM-Doubler ein, deren Verpackung und Werbeblättchen eine softwaremäßige Verdopplung des kostbaren Hauptspeichers des Rechners anbieten. RAM-Doubler optimieren den Speicher aber lediglich (wenn überhaupt) für die Benutzung mehrerer Programme, die gleichzeitig laufen. Dem Photoshop machen RAM-Doubler gar nichts vor – einem einzelnen Programm kann ein RAM-Doubler immer nur die Menge des Hauptspeichers zur Verfügung stellen, die tatsächlich vorhanden ist.

Seid umarmt, Millionen

Ein besonderes Augenmerk sollte man auch auf eine schnelle Festplatte in Verbindung mit einem entsprechenden PCI-SCSI-Hostadapter legen. Abhängig vom Arbeitsgebiet ist die Größe der Festplatte zu wählen. Zwischen 2 und 12 GB – am besten so viel, wie der Geldbeutel verträgt.

Monitor und Grafik

Unabdingbar sind ein guter Monitor und eine schnelle Grafikkarte. Achten Sie bei der Wahl des Monitors auf Schärfe, Brillanz, Verzeichnung und vor allen Dingen auf eine hohe Bildfrequenz (> 75 Hz), um ermüdungsfrei arbeiten zu können. Die Größe des Monitors sollte 17" nicht unterschreiten, und die Grafikkarte muß in der Lage sein, »True Color« (24 Bit / 16,7 Mio. Farben) bei einer Auflösung von 1024 x 768 Bildpunkten und mehr in der entsprechenden Monitorfrequenz darzustellen, damit man nicht mit falschen Farben im trüben fischt.

Dafür braucht auch die Grafikkarte eine satte Speicherausstattung mit 4, besser 8 MB.

Wer sich den Luxus leisten kann, probiert aus, ob er nicht mit zwei 17"-Monitoren produktiver arbeiten kann, als mit einem 21"-Monitor – aber das ist eine Frage des persönlichen Arbeitsstils.

Peripherie

Alle externen Geräte sollten aus Geschwindigkeitsgründen SCSI-Geräte sein. Üblicherweise benötigt der Profi (siehe dazu auch Kap. 3.5):
- Wechselplattenlaufwerk
- CD-Brenner
- DAT-Streamer
- evtl. Scanner
- evtl. PC-Card-Reader

Drucken

Als Ausgabegeräte für geringe Stückzahlen eignen sich die Tintenstrahldrucker der neuesten Generation hervorragend, insbesondere was das Preis-Leistungsverhältnis angeht.

Je nach Anwendungsgebiet ist aber eventuell anderen Verfahren der Vorzug zu geben (PostScript-Fähigkeit, Proofqualität ...). Einige Hersteller bieten auch Tintenstrahler mit sogenannten Software-RIPs an, die PostScript-Daten ausgeben können. Nur mit einem PostScript-fähigen Drucker können Sie etwa Bilddateien im EPS-Format in ausreichender Qualität ausdrucken.

Eine teurere Preisklasse stellen Thermotransfer- und Thermosublimationsdrucker dar. Achten Sie auf jeden Fall darauf, welche »Bedruckstoffe« der Drucker verträgt. Wenn Sie etwa Fotos und Entwürfe für Verpackungen erstellen, sollten Sie die Wirkung auch auf Karton sehen.

Der dpi-Wert des Druckers entscheidet über Randschärfe und die Anzahl der Helligkeitsstufen, die der Drucker aufs Papier

bringt. Je mehr, desto besser gilt allerdings nicht unbedingt. So stellt ein Thermosublimationsdrucker mit 200 oder 300 dpi das Foto besser dar als der Tintenstrahldrucker mit 720 dpi, weil er echte Halbtöne drucken kann.

Dagegen führen die Tintenstrahldrucker wiederum eine Variante mit 6 Druckfarben (Gelb, Magenta, ein helleres Magenta, Cyan, helles Cyan, Schwarz) ins Feld.

Lassen Sie sich also von den dpi-Werten eines Druckers nicht ins Bockshorn jagen.

Verbrauchskosten

Nicht nur der Anschaffungspreis – auch die Verbrauchskosten variieren. Lassen Sie sich die Preise für Spezialpapier und Farben nennen und berechnen Sie die Kosten pro Ausdruck.

Druckgeschwindigkeit

Im professionellen Sektor spielt die Druckgeschwindigkeit eine große Rolle. Gehen Sie nicht vom durchschnittlichen Tagesaufkommen aus, sondern denken Sie an ungeduldige Kunden, denen Sie an einem Tag einen ganzen Schub »Polaroid-Proofs« liefern sollen.

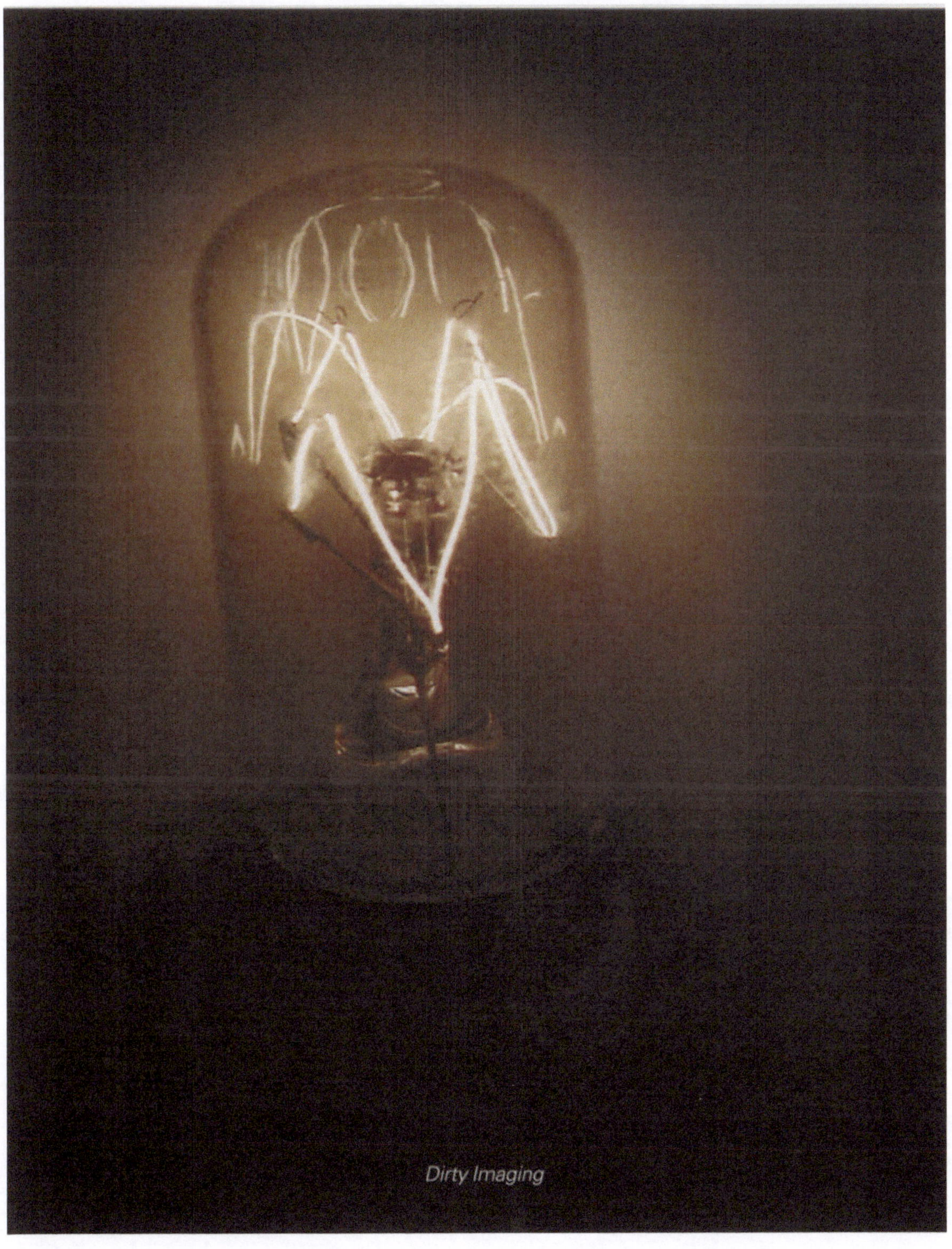
Dirty Imaging

4.2 Troubleshooting

Gerade am Anfang liegen viele kleine Stolpersteine, die weder von Kamera- noch von Computer- oder Softwareherstellern erwähnt werden. Jede Kamera hat ihre Eigenarten (wie auch in der analogen Fotografie), doch gibt es einige grundsätzliche Dinge zu beachten.

Ergänzungen zu SCSI

Über die SCSI-Schnittstelle werden mittlerweile eine ganze Reihe unterschiedlicher Geräte betrieben. Hierzu gehören neben digitalen Kameras auch Scanner, Festplatten, Streamer, Laufwerke für Wechselspeicher, CD-Brenner, PC-Card-Reader u.v.m.

Kabelführung und Abschlußwiderstand

Kernstück der SCSI-Schnittstelle ist der SCSI-Hostadapter, eine Einsteckkarte für den Computer, an den die SCSI-Geräte angeschlossen werden. Das Kabel führt vom Computer zum ersten Gerät. Der zweite Stecker des ersten Gerätes dient als Ausgang für das Kabel zum nächsten Gerät und so weiter. Auf den Ausgang des letzten Gerätes wird ein Abschlußwiderstand (Terminator) gesteckt, um Reflexionen zu verhindern. Dieser Abschlußwiderstand ist enorm wichtig, insbesondere bei moderneren SCSI-Hostadaptern (Fast, Wide, Ultrawide SCSI), hier wird unter Umständen ein sogenannter aktiver Terminator benötigt.

An der kurzen Leine

Wichtig ist auch, daß die Kabel so kurz wie irgend möglich gehalten werden. Denn je länger das Kabel, desto schlechter werden die übertragenen Signale, und die Gefahr für Störeinflüsse von außen erhöht sich. Bei einigen Hostadaptern gibt es schon bei Kabellängen ab 3 m Probleme. Verwenden Sie möglichst gute Kabel; hier zu sparen wird häufig doppelt teuer.

Die SCSI-ID

Jedes angeschlossene Gerät erhält eine SCSI-ID, eine Identifikationsnummer, die es dem Rechner ermöglicht, die Geräte auseinanderzuhalten. Diese SCSI-ID muß an jedem Gerät separat eingestellt werden. Hierbei ist darauf zu achten, daß keine Nummer doppelt vergeben werden darf. Zur Verfügung stehen die Nummern 0 bis 7, wobei die 7 im allgemeinen dem Hostadapter vorbehalten ist. Die 0 wird üblicherweise der internen Festplatte zugeordnet, sofern diese eine SCSI-Platte ist. Die CD-ROM-Laufwerke im Macintosh sind standardmäßig

auf 3 eingestellt. Zur Verfügung stehen also auf dem Mac die Adressen 1,2 und 4-6. Auf dem PC sind es je nach Konfiguration die Adressen 1-6.

SCSI-Check

Sollten Sie einmal Probleme mit der SCSI-Schnittstelle haben, checken Sie die folgenden Dinge:
- SCSI-IDs
- Kabel und Steckverbindungen
- Terminierung (Abschlußwiderstand)

Wenn der Check auch zu keinem Ergebnis führt, schließen Sie jedes Gerät einzeln, ohne die anderen Geräte, an den Rechner an und überprüfen Sie die Funktionsfähigkeit. Dadurch finden Sie in der Regel schnell den Schuldigen. Einige Geräte sind unter Umständen intern terminiert, tragen also den Abschlußwiderstand schon in sich. In diesem Fall hilft die Bedienungsanleitung, wie die Terminierung abgeschaltet werden kann.

Lange Kabel

Ein Tip: Damit die Kabel nicht zu lang werden, kann man sich im Elektronik-Fachhandel 50 adriges Flachbandkabel und aufquetschbare Centronics-Stecker besorgen. Damit können die Kabellängen auf ein Minimum reduziert werden, und diese Kabel sind, obwohl nicht abgeschirmt, häufig weniger störanfällig, da ein Übersprechen, wie es in den konfektionierten, verdrillten Standardkabeln häufig auftritt, nicht in gleichem Maße erfolgt.

Minderung der Auswirkung von Moiré und Rauschen

Auch wenn sich diese Bildfehler nicht vollständig beseitigen lassen, so gibt es eine Möglichkeit, die Auswirkungen etwas abzuschwächen.

Nach dem Importieren des Bildes in das Bildbearbeitungsprogramm, üblicherweise Photoshop, wird es über das Menü *Bild/Modus* in den Lab-Modus überführt. Damit liegen im L-Kanal die Helligkeits- und in den a- und b-Kanälen die Farbinformation vor. In den Kanälen a und b (Auswahl der Kanäle in der *Kanäle*-Palette) kann nun über ein Störungs- oder Weichzeichnungsfilter im Menü *Filter* eine Weichzeichnung erfolgen. Das führt zu einer Reduzierung der aufgetretenen Farbeffekte. Damit das Bild nicht zu unscharf wirkt, kann im L-Kanal mit Hilfe des Filters *Unscharf maskieren...* eine moderate Scharfzeichnung erfolgen. Zum Abschluß wird das Bild wieder in den RGB-Modus umgewandelt.

Wird ein Twaintreiber installiert, achten Sie darauf, daß ein 32-Bit-Treiber auch im Ordner Twain_32 unter dem Windowsverzeichnis landet. Liegt er im normalen Twainverzeichnis, so wird er nicht erkannt.

Ein paar Worte zu Twain auf dem Windows-Rechner

Überprüfen Sie zunächst die unter dem Punkt »SCSI« genannten Aspekte. Sollte der Scanner oder die Kamera beim Booten erkannt werden, überprüfen Sie die Einstellungen im Menü *Systemsteuerung/System/Gerätemanager*. Sollten Sie den Scanner oder die Kamera einmal nach dem Booten einschalten, genügt oft der Weg in die Systemsteuerung. Der Button *Aktualisierung* lädt den fehlenden Treiber im Gerätemanager.

Wenn Scanner und Kamera unter Windows 95 nicht funktionieren

Um es vorweg zu nehmen: es ist alles nicht so einfach mit den PC-Card-Laufwerken. Böse Zungen sagen auch : »Für die einen ist es Windows 95 und für die anderen ist es der längste Virus der Welt«.

PC-Card-Reader unter Windows

Alle internen Geräte sorgen im Regelfall für Installationsprobleme nach dem anerkannten »Plug and Pray«-Prinzip. Diese Geräte sind mit eigenen Steckkarten und Laufwerken für den Rechner ausgerüstet. Nach dem Einstecken der Karten müssen für diese eine ganze Reihe von Einstellungen (Interrupt, I/O- und Speicheradresse für Karten-Controller, Laufwerkstreiber und Laufwerk) vorgenommen werden. Der Laie sollte sich an dieser Stelle eines Fachmannes bedienen.

Interne Laufwerke

Einen gravierenden Vorteil haben die internen Laufwerke allerdings. Durch das Laden eines Treibers für die jeweilige Karte treten weniger Probleme bei der Nutzung von Modemkarten, Netzwerkkarten etc. auf. Die externen Laufwerke können teilweise nur die Speicherkarten lesen und sind für andere Kartentypen ungeeignet.

Die Installation der externen Laufwerke funktioniert in der Regel problemlos. Sie werden am SCSI-Bus oder Parallelport angeschlossen und beim Hochfahren des Rechners automatisch erkannt. Treiber für die Laufwerke und Karten werden mit Win 95 oder Windows NT bereits mitgeliefert. Doch wie gesagt, in externen Geräten funktionieren in der Regel nur Speicherkarten, aber das sind in der digitalen Fotografie die wichtigsten.

Externe Laufwerke

Die PC-Card-Reader unter Mac besitzen im wesentlichen die gleichen Eigenschaften wie die PC-Varianten. Nur liefert Mac OS keinen Treiber für die Geräte mit. Die Firma Intermart Systems (in Deutschland über CSM Filderstadt vertrieben) hat jedoch einen Treiber entwickelt, mit dem

PC-Card-Reader unter Mac OS

sich die meisten Geräte ansprechen lassen. Die Software heißt Mac-PC-Manager und ist auch für andere PC-Medien geeignet. Ein mehr als vollwertiger Ersatz für PC-Exchange in Mac OS.

Probleme mit PC-Cards

Bei einigen Kameras müssen die Karten mit besonderer »Liebe« bedacht werden. Die Karten für die Minolta RD-175 respektive Agfa ActionCam müssen zunächst einmal mit Hilfe des Kameratreibers in der Kamera initialisiert werden, bevor sie von der Kamera akzeptiert und mit Bildern versehen werden können. So haben einige Kameras ihre Eigenarten, mit denen man sich zunächst vertraut machen muß.

Frisch aufgetrieben

Wenn Sie über einen Internetanschluß verfügen, versorgen Sie sich von Zeit zu Zeit mit den neusten Treibern, die dort von den Herstellern der Geräte zum »download« bereitgestellt werden. Da diese Software, im wahrsten Sinne des Wortes, Ihre Hardware »treibt«, kann ein neuer Treiber mehr Sicherheit und mehr Geschwindigkeit bedeuten. Bevor Sie aber neue Treiber installieren, sichern Sie Ihre alte Konfiguration.

Backups

Selbst auf dem sichersten Rechnersystem kann jede Art von Desaster eintreten. Zwar sichern Sie bestimmt täglich oder wöchentlich Ihre Daten – aber wie lagern Sie das Backup?

Sprechen Sie mit Ihrem Hardwarelieferanten, ob er ein »Image« Ihres Rechners für den Ernstfall bereithalten kann. Ein Image umfaßt das Betriebssystem und Ihre wichtigsten Anwendungen. Bei einem Totalschaden des Rechners – etwa durch einen Brand – kann Ihnen Ihr Händler mit dem Image innerhalb weniger Stunden ein lauffähiges System installieren.

Kühl und trocken

Bewahren Sie die Medien Ihrer täglichen oder wöchentlichen Sicherung kühl und trocken auf. Die Lebenszeit eines Magnetbandes beträgt ca. drei Monate, wenn es bei hoher Luftfeuchtigkeit und etwa 40° gelagert wird. Kühl und trocken untergebracht, liefert Ihnen das Band auch noch nach ein paar Jahr die Daten zuverlässig zurück.

Wenn Sie Ihre Bücher auf dem Rechner führen, bringen Sie regelmäßig ein Backup in ein Schließfach bei Ihrer Bank oder nehmen das Backup wenigstens vom Arbeitsplatz mit in Ihre Wohnung. Ein Backup, das im Schreibtisch neben dem Rechner aufbewahrt wird, nutzt Ihnen bei einem Wasserschaden oder einem Brand wahrscheinlich gar nichts mehr.

4.3 Pixelalben: Bilddatenbanken

»Ein Griff, und schon geht die Sucherei los« – es gibt kaum einen besser passenden Spruch zum Thema »digitale Bilder« als diesen. Zwar kann eine gut durchorganisierte Verzeichnisstruktur da helfen, aber eines Tages müssen die Bilder ausgelagert werden. Und wer weiß schon, auf welches Band, auf welche CD das Bild mit dem Model im roten Kleid für den Kunden XY vor einem Jahr ausgelagert wurde?

Thumbnails – der Kontaktbogen der digitalen Bilder

Ein digitales Fotoalbum schafft Abhilfe. Bilddatenbanken speichern »Thumbnails« von Bildern – das sind Vorschaubilder in der Größe eines Kleinbilddias – zusammen mit Bemerkungen, Stichworten und Suchkriterien auf dem Rechner.

Um Ordnung in archivierte Bilddateien zu bringen, müssen nicht alle Bilder in ein Album gepackt werden. Sie können für verschiedene Kunden angelegt werden, nach Themengebieten sortiert sein oder ein Quartal umfassen – wobei natürlich mit der Anzahl der unterschiedlichen Alben auch wieder das Gedächtnis gefragt ist: In welchem Album könnte das Bild sein? Bilder können aber auch durchaus in mehreren Alben gleichzeitig archiviert werden.

Von preiswert bis luxuriös

Leider haben die Softwareproduzenten dieses wichtige Feld bislang nicht im Mittelfeld abgedeckt. So gibt es Bilddatenbanken bislang nur in zwei Größenordnungen: Entweder in preiswerten Versionen für den PC mit Programmen wie Thumbs Plus, Pixfolio oder PhotoImpact Album oder in der teuren, dafür extrem professionellen Version der Bilddatenbank Cumulus auf dem Mac.

Wo sich die Spreu vom Weizen trennt

Weniger die Frage, wie viele Bilddateien in einem Album archiviert werden können, auch weniger die Frage, wie komfortabel sich die Suche gestaltet, unterscheidet preiswerte Programme von teuren Programmen (besser: von dem Profiprogramm). Netzwerk- und Scriptfähigkeit und verteilte Datenbanken sind die Vorzüge von Cumulus. Cumulus ist eine sogenannte Client/Server-Anwendung – ein Server bedient mehrere Kunden, die in einem Computernetzwerk an unterschiedlichen Rechnern arbeiten.

Unterstützte Dateiformate

Auch die Frage, welche Datenformate von einer Bilddatenbank unterstützt werden, trennt die verschiedenen Bilddatenbanken: TIFF, JPEG, EPS, Kodak Photo CD, TGA und GIF sind Formate, die jede Bilddatenbank unterstützen kann. DCS-Dateien (Desktop Color Separation), Adobe Photoshop, Adobe Illustrator, Macromedia Freehand und Multimediadokumente wie Video und Sound berei-

Den schnellen Überblick über die Datenberge bietet das Album von Ulead PhotoImpact.

ten dem einen oder anderen Sharewareprogramm auf dem PC schon mal gehörige Probleme.

Ausgelagert

Bilddatenbanken finden ein Bild auch auf einem ausgelagerten Datenträger. Ob CD, Jaz- oder Syquest-Medium: »drag and drop« macht die Handhabung von Bilddatenbanken noch einfacher: Das Bild läßt sich aus dem Album direkt in den Photoshop oder sogar in das Layoutprogramm ziehen, ohne daß es im Anwendungsprogramm geöffnet wird. Das Programm sollte Ihnen die Wahl lassen, Kontaktbögen oder einzelne Karteikarten der Archivdaten mit allen Kommentaren und Stichworten zu drucken; Suchbegriffe sollten durch logische Operatoren miteinander verknüpfbar sein (z.B. »Sport« und »Fahrrad«); mit Diashows auf dem Bildschirm oder sogar über den Overheadprojektor stellen Sie Kunden Ihre Arbeiten vor. Es gibt eigentlich kaum noch Wünsche, die Bilddatenbanken (und auch schon die preiswerten Varianten) nicht erfüllen.

Einer der ganz Alten: Grafical Workshop

GWS (Grafical Workshop) ist der Urvater der Bilddatenbanken auf dem PC. Der GWS legt nicht nur explizite Alben an, sondern in einer besonders einfachen Variante speichert er die Thumbnails direkt in den Verzeichnissen und dient als Explorer-Ersatz auf PCs. GWS kann Bilddaten aber nicht nur speichern – seine Meriten hat er sich damit verdient, daß er immer schon jedes nur erdenkliche Format in jedes andere Format konvertieren konnte.

4.4 Bildbearbeitungssoftware

4.4.1 Photoshop: Hier kommt keiner vorbei

Während Microsoft die Software der Geschäftswelt regiert, beherrscht Adobe das weite Terrain der Programme für Illustration, Animation und Fotografie. Der Photoshop ist der unbestrittene Spitzenreiter in der Bildbearbeitung, an dem kein Profi vorbeikommt.

Was macht den Photoshop so unwiderstehlich?

Sein Ursprung auf dem Mac, dem Mekka der Bildbearbeitung, und die Tatsache, daß der Photoshop schon früh mit professionellen Werkzeugen für die Qualitätsverbesserung und Vierfarbseparation aufwarten konnte, verliehen dem Photoshop seine Spitzenposition.

Qualitätsverbesserung

Die Werkzeuge für die Qualitätsverbesserung sind in keinem anderen Bildbearbeitungsprogramm so ausgefeilt wie im Photoshop. Die Tonwertkorrektur läßt keine Wünsche offen (außer, daß eines Tages das Histogramm auch im Gradationsdialog eingespielt wird). (Fast) einmalig ist die Vorschau bei allen »Dunkelkammer«-Funktionen. Tonwertkorrektur, Gradation, Schärfen, Farbkorrektur ... alle Aktionen sieht der Anwender sofort am Original auf dem Bildschirm, nicht nur an einer winzigen Vorschau oder einem Ausschnitt. Damit läßt sich befreit probieren, experimentieren und Erfahrung sammeln.

Dokumentation und technische Unterstützung

Der Einsteiger in die Bildbearbeitung hat mit dem Photoshop eine harte Nuß zu knacken: Alle Funktionen sind für den Profi gedacht.

Adobes Handbuch ist kompakt und durchorganisiert. Auf 400 Seiten findet der erfahrene Anwender alles, was er noch genauer wissen will. Dem Einsteiger stehen auf der hybriden Windows/Mac-CD Quicktime-Filme und elektronische Dokumente zur Verfügung.

Kann das schon alles sein?

Es gibt nichts, was man nicht noch verbessern könnte. Wenn ein großes Bild rotiert wird oder ein Filter die Pixelstruktur auf den Kopf stellt, fällt der Photoshop noch immer in minutenlange Agonie. Multithreading (z.B. den Filter rechnen lassen und derweil ein anderes Bild bearbeiten) gibt es schon in preiswerten Programmen, aber nicht im Photoshop. Und daß sich nur ein Arbeitsschritt rückgängig machen läßt, zwingt dazu, neue Ebenen einzuziehen oder das ganze Bild zu duplizieren und treibt den Benutzer in die Hände skrupelloser RAM-Speicher-Verkäufer.

Light ist in. Also gibt es auch vom Photoshop eine Light-Version, die man schon mal beim Auspacken eines Scanners der unteren Preisklasse findet. Da sich die Light-Version des Photoshops für relativ wenig Geld in die Vollversion umwandeln läßt, hat man vielleicht einen guten Kauf getätigt.

Mit dabei: Photoshop LE

Umwandeln muß man auf jeden Fall: Die leichte Software läßt nicht nur die Vierfarbseparation missen, sondern auch Tonwert- und Farbkorrektur sind so eingeschränkt, daß der Umstieg nicht zu vermeiden ist.

Was braucht der Fotograf?

Qualitätsverbesserung

Wer früher seinen Fotos in der Dunkelkammer den professionellen Schliff verpaßt hat, sucht nach Funktionen zur Verbesserung der Bildqualität. Das sind üblicherweise Tonwertspreizung, Gammakorrektur und Gradationskurve, Nachbelichter, Abwedler, Farbstichkorrektur sowie Filter zum Schärfen und Weichzeichnen. Beschneidungspfade und Alphakanäle sind unverzichtbar, damit ausgewählte Bildausschnitte korrigiert werden können.

Vierfarbseparation

Wer Bilder für den Druck aufbereiten will, kommt an einer professionellen Vierfarbseparation nicht vorbei, die ein Bild aus dem RGB-Raum in den CMYK-Raum konvertiert.

Colormanagement

Damit die Farbe hält, was sie vor der Kamera, auf dem Scanner und auf dem Bildschirm verspricht, muß die Bildbearbeitungssoftware mit einem Colormanagementsystem (CMS) ausgerüstet sein.

4.4.2 QFX: Speed fürs Mittelformat

Wer große Bildformate digital weiterverarbeitet, findet sich bei QFX gut aufgehoben. Preis und Leistungsumfang entsprechen dem Photoshop – mit dem kleinen Unterschied, daß hier schon ein paar zukunftsweisende Funktionen implementiert sind.

Geschwindigkeit ist Trumpf

Große Dateien sind seine Stärke: QFX wurde für die Montage und Retusche von Mittelformatbildern konzipiert. So ist der 80 MB große Scan in kürzester Zeit auf dem Bildschirm. Zu kurz kommen aber leider immer noch die klassischen Werkzeuge für die Qualitätsverbesserung: Die Gradationskurve läßt sich nicht flexibel handhaben und führt schnell zu Brüchen in den Helligkeitsabstufungen.

Maskeraden

Wer professionell Bilder montiert und retuschiert, sitzt den größten Teil der Zeit vor Pixeln, die er mit dem Zauberstab, dem Lasso oder anderen Werkzeugen einfangen muß. In QFX schmilzt diese Zeit um etliches zusammen. Natürlich gibt es Bézierkurven und Alphakanäle satt. QFX ist Illustration und Bildbearbeitung unter einem Hut. Wer bisher seine Bilder im Photoshop bearbeitet hat und im Illustrator die Grafik, hat jetzt beides ohne lästigen Programmwechsel in der Hand. Damit wendet sich QFX weniger an den Fotografen als an Werbeagenturen, deren tägliches Brot vom Zusammenspiel zwischen Grafik und Foto bestimmt wird.

Die Highlights

Während eine Funktion, z.B. ein Filter auf einem Bild, berechnet wird, fällt QFX nicht ins Koma, sondern läßt den Benutzer ein anderes Bild öffnen und bearbeiten. Stapelverarbeitung ist genauso wie im Photoshop möglich, aber außer den Ebenen gibt es im QFX auch Objekte. Die Objekte gleichen der schwebenden Auswahl im Photoshop – nur daß es davon so viele geben kann, bis der Speicher bricht.

Resümee

Seine Geschwindigkeit und seine Funktionen bei der Montage überzeugen schnell, nur die schwach geratenen Werkzeuge für die Qualitätsverbesserung schränken seine Einsatzfähigkeit ein.

4.4.3 PhotoImpact:

Das Bonbon auf dem PC

Zum »Mitwachsen« gedacht ist PhotoImpact aus dem Hause Ulead. Das Programm kommt mit einer Benutzeroberfläche, die je nach Schwierigkeitsgrad eingestellt werden kann; der Anfänger blendet komplexe Funktionen erst einmal aus, um sich nicht verwirren zu lassen – und PhotoImpact ist so schnell, wie es die Großen der Bildbearbeitung gerne wären.

Tonwerte nach Maß

Die Tonwertkontrolle ist komfortabel und exakt. Auch dem Einsteiger gelingt es spielend, einen flaues Bild auf Vordermann zu bringen – und dem Experten steht genügend Spielraum zur Verfügung.

Alles zurückgerollt

Experimentieren volle Kraft voraus: 99 Arbeitsschritte lassen sich rückgängig machen. Komplexe Manöver bei der Montage werden professionell von der Ebenentechnik unterstützt. Die Trickkiste ist gut gefüllt; über die typischen Effektfilter hinaus bietet PhotoImpact Rahmen, Leinwand, 3D-Effekte und Web-Design mit allen Schikanen.

Bézierlinien versus Bleisatz

Die Textverarbeitung im Impact läßt den Photoshop wie ein Relikt aus dem Bleisatz aussehen. Texte werden in Ebenen gespeichert und bleiben Texte. Die Umrisse werden wie in den Illustrationsprogrammen bei Bedarf anhand von Bézierlinien manipuliert. Selbst wenn seine Umrisse in alle Himmelsrichtungen verzogen wurden, selbst wenn der Text zur eingemeißelten Grabinschrift mutierte ... er kann jederzeit korrigiert werden.

Highlight:
Album digital

PhotoImpact kommt mit einer Reihe nützlicher Programme ins Haus. Das Album katalogisiert alle Bilder auf dem Rechner, auf CDs und anderen Datenträgern in Diagröße, erlaubt Kommentare zum Bild und eine Stichwortsuche.

Resümee

In puncto Qualitätsverbesserung, Montage- und Retuschemöglichkeiten bietet PhotoImpact »State of the Art« der Profiprogramme. Allerdings erlaubt PhotoImpact keine professionelle Separation von Bilddaten.

4.4.4 Live Picture:
Ohne Wasserkopf

Auch auf dem Mac muß es nicht immer der Photoshop sein. Insbesondere in puncto Verarbeitungsgeschwindigkeit von großen Bildern ist Live Picture eine Offenbarung. Das besondere Bildformat von Live Picture, IVUE, sorgt dafür, daß der Umgang mit großen Bildern auch am kleinen Mac flott von der Hand geht.

Auf kleinstem Raum

Dank seines revolutionären Datenformats erlaubt das Programm auf einem Mac mit wenig Arbeitsspeicher die Verarbeitung großformatiger Bilder. Das IVUE-Format lädt nur so viele Pixel, wie die Bildschirmansicht verkraftet und nicht das gesamte Pixelpotential des Bildes. Erst nach Abschluß der Bearbeitung erfolgt die Berechnung der Originaldaten.

Professionelle Qualität

Alle Funktionen für die Qualitätsverbesserung sind exakt und einfach einzurichten: Die Gradationskurve, Kontrast- und Farbkorrekturen werden an großen Vorher-Nachher-Ansichten des ganzen Bildes eingerichtet. Die Farbtiefe des IVUE-Formats von 48 Bit erlaubt ungeahnte Korrekturen ohne Ausbrechen der Tonwerte. Die Farbseparation ist professionell – alle Korrekturen lassen sich im CMYK-Modus an den einzelnen Kanälen durchführen – und eröffnet damit die Möglichkeit, Bilder fix und fertig für´s Layout abzuliefern.

Auf allen Ebenen

Eine ausgefeilte Ebenentechnik hilft bei der Montage und Retusche. Masken, Schablonen und Alphakanäle auf allen Ebenen machen Montagen auch für Einsteiger zum schnellen Erfolgserlebnis. Live Picture unterstützt die bewährte Plug-In-Architektur und sorgt dafür, daß seine Benutzer keinen Mangel an Effekten und Filtern leiden.

Resümee

Vor dem Hintergrund der dramatisch gesunkenen Anschaffungskosten und Hardwareanforderungen bietet Live Picture seinen Benutzern ein großes Leistungsspektrum und einen hohen Bedienungskomfort.

4.5 Von Copyright und Wasserzeichen

Nicht erst mit der digitalen Fotografie spielt die Honorierung der Arbeit des Fotografen eine entscheidende Rolle, und der *Bilderklau* ist weit verbreitet.

Für die digitale Bildbearbeitung hat man sich etwas einfallen lassen. Die Bilder können mit einem digitalen Wasserzeichen versehen werden. Ein solches Wasserzeichen muß die Bedingungen erfüllen, daß es durch eine Bearbeitung der Bilder mit Tonwertkorrekturen, Freistellen, Drehen und ähnliches nicht zerstört wird. Im Idealfall sollte es sogar möglich sein, das Bild auf einem Drucker auszugeben und wieder einzuscannen, ohne die Wasserzeicheninformation zu verlieren.

Erreicht wird das über verschiedene mathematische Algorithmen, die eine Struktur in das Bild integrieren, die vom Auge nicht wahrgenommen wird. In der Regel wird das durch eine Veränderung des Rauschens erreicht, die unterhalb der Sichtbarkeitsschwelle bleibt.

Es gibt einige Hersteller, die eine solche Software anbieten. Im Internet kann eine aktuelle Liste der Hersteller unter der Adresse *http://www.byte.com/art/9701/sec18/art1.htm* eingesehen werden.

Unsichtbare Zeichen

Verschiedene Produkte haben wir während der Entstehung dieses Buches näher betrachtet. Bei allen zeigte sich, daß eine Anfälligkeit für den Verlust des Wasserzeichens gegeben ist, wenn das Bild manipuliert wird. Ein Programm, das vom Fraunhofer-Institut für Computergrafik entwickelt wurde und den Namen SysCOP trägt, hat schon nach dem Freistellen, also der Wahl eines neuen Bildausschnittes, die Information des Wasserzeichens verloren. Die Programme von Digimarc und Highwater hielten dieser Manipulation stand. Einem Filter *Helligkeit interpolieren* mit einem Pixel widerstand nur das Highwaterprogramm, und einen Ausdruck über den Tintenstrahler und anschließendes Einscannen verkraftete nur die Software von Digimarc. Eine Verzerrung der Bilder konnte keines der Wasserzeichen vertragen.

Diese Ergebnisse sind nicht repräsentativ und können von Motiv zu Motiv variieren. Wichtig ist nur zu wissen, daß ein digitales Wasserzeichen nur dann erhalten bleibt, wenn das Bild nicht verändert wird.

Resistenz gegen Manipulationen

Bezugsquellen

Zunächst einmal besorgt man sich das Programm für das Schreiben und Lesen der Wasserzeichen. Dieses funktioniert am einfachsten über das Internet. Die Programme der Firma Digimarc sind bereits im Photoshop Version 4.0 integriert, schauen Sie mal in die Filter. Die Installation erfolgt gemäß der jeweiligen Anleitung. Für das Schreiben von Wasserzeichen benötigt der Fotograf nun eine ID-Nummer, die er sich via Internet vom Hersteller geben lassen kann. Hierfür hat er spätestens nach Ablauf eines Testzeitraumes eine Gebühr zu zahlen, die je nach Hersteller einmalig oder jährlich erhoben wird. Dafür wird er in eine Liste eingetragen, die Namen und Adresse zur jeweiligen Nummer bekanntgibt. Findet nun ein potentieller Kunde das Bild auf z.B. einer Internetseite, so kann er über die ID-Nummer und den Programmhersteller die Adresse des Fotografen herausbekommen und sich mit diesem in Verbindung setzen.

Fazit

Insbesondere für die Fotografen, die ihre Bilder auf elektronischem Wege vertreiben, sei es über Internet oder auf CD, ist das digitale Wasserzeichen ein gutes Hilfsmittel, seine Bilder zu schützen. Die Kosten bewegen sich je nach Hersteller zwischen einmalig 99 $ und jährlich 99 $.

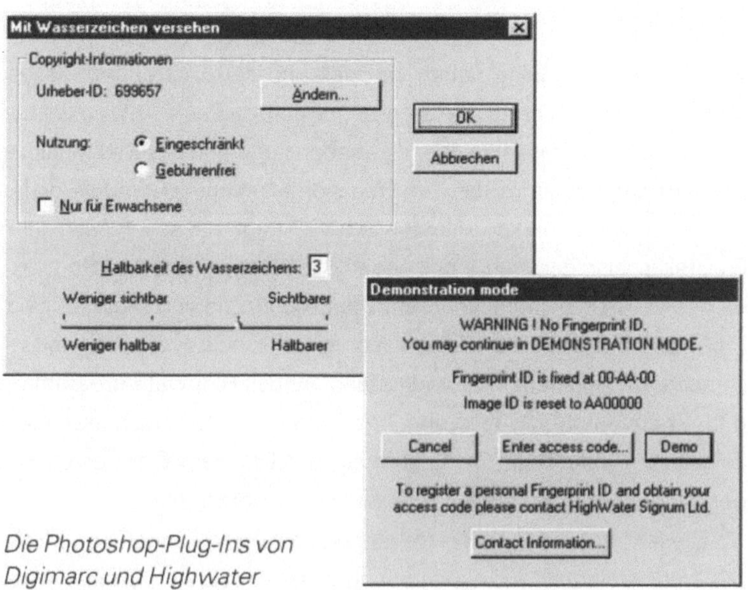

Die Photoshop-Plug-Ins von Digimarc und Highwater

Mit Wasserzeichen – sichtbar?

Ohne Wasserzeichen

(Fotos von Andreas Vieweg)

Anhang

Pressefotografie   228
Pixel aus der Luft   230
Qualitätssicherung   232
Internet und Multimedia   233

I love deadlines. I like the whoosing sound they make as they fly by.
Douglas Adams

Pressefotografie

Andreas Vieweg ist Fotograf und Fotoredakteur bei der Bildzeitung in Düsseldorf. Seit April '96 arbeiten er und seine Kollegen in der Düsseldorfer Redaktion mit digitalen Kameras.

Die Anschaffung der Mikrowellen und Toaster, wie die Nikon E2- und Kodak DCS-Kameras liebevoll genannt werden, brachte eine Reihe von Veränderungen im Ablauf der täglichen Arbeit mit sich. Einer der Redakteure muß heute ständig präsent sein, um eingehende Bilder zu sichten, zu prüfen und auszuwählen.

Die Fotografen schicken die Bilder vom Laptop über die Telefonleitung oder das Handy in die Redaktion. Bei weniger dringenden Aufnahmen werden die Bilder auf dem Datenträger der

Kamera mitgebracht und an entsprechend ausgestatteten Computerarbeitsplätzen eingelesen, bearbeitet, an die zuständigen Redaktionen verteilt und archiviert.

Von den aktuellen Bildern, die in den Düsseldorfer Ausgaben der Bildzeitung erscheinen, sind heute bereits etwa 98% digital fotografiert. Früher wurden die Filme in der Dunkelkammer oder im abgedunkelten Hotelzimmer entwickelt, heute setzt sich Herr Vieweg an den Computer und liest seine Datenträger aus.

Die grundlegende Bearbeitung erfolgt teilweise bereits vor Ort. Der größte Teil geht jedoch an die Spezialisten und wird für die Druckausgabe aufbereitet.

Die Redakteure sorgen für die Archivierung in einer Bilddatenbank.

Bei diesem Arbeitsschritt ist höchste Sorgfalt geboten, damit die Bilder bei Bedarf schnell hervorgeholt werden können. Für eine schnelle Suche muß die Organisation der Bilddatenbank vorher gut überlegt sein.

Die Ausgabe der Bilddaten erfolgt natürlich im Zeitungsdruck, aber eine fotorealistische Wiedergabe auf dem Thermosublimationsdrucker ist für die Kontrolle und Weitergabe der Bilder an Dritte möglich.

Digital oder analog?

Es gibt noch einige Situationen, in denen auch ein »Digitalfotograf« wie Andreas Vieweg zur analogen Kamera greift. Insbesondere wenn die Lichtverhältnisse extrem schlecht sind, zieht er die analoge Kamera vor – wenn sich z.B. des Nachts in Düsseldorf ein Mann auf die Rheinbrücke begibt, um sich von dort herunter zu stürzen ...

Worauf der erfahrene Digitalfotograf achtet

Einige wichtige Dinge gilt es bei der digitalen Fotografie zu beachten. So ist die Möglichkeit, ein Motiv herauszuvergrößern, aufgrund der geringen Auflösung der Kamera sehr begrenzt. Beim Fotografieren mit der Digitalkamera muß deshalb wesentlich genauer auf den Bildausschnitt geachtet werden.

Die Objektivpalette der Kamera muß auf die geänderte Normalbrennweite abgestimmt werden. Ein Superweitwinkel ist für Kameras mit einem Brennweitenverlängerungsfaktor von mehr als 1,5 im Vergleich zur Kleinbildkamera schwer zu bekommen. Doch in der Sportfotografie wirkt sich der Faktor positiv aus: Hier erspart er dem Fotografen das Schleppen schwerer Teleobjektive. Ein 80 bis 200er-Teleobjektiv reicht für viele Situationen aus.

Im Sucher dieser Kameras wird häufig ein Rahmen für den Bildausschnitt des CCD-Empfängers eingeblendet. Viele Pressefotografen empfinden es als vorteilhaft, daß sie im restlichen Bereich des Suchers »vorausschauen« können, was im nächsten Augenblick geschieht.
Kameras, die eine Optik zum Ausgleich des Brennweitenfaktors bieten, haben als offene Blende die Blende 6,7. Das schließt die Nutzung einer geringen Tiefenschärfe zur Betonung der bildwichtigen Elemente aus und führt in kritischen Lichtsituationen zu Problemen.

Das Speichern der Bilder im platzsparenden JPEG-Format (im Gegensatz zum kameraspezifischen Format, in dem viele Kameras ihre Bilder speichern) hat aus Sicht von Andreas Vieweg zwei Vorteile: Zum einen können die Bilder im Notfall ohne kameraspezifische Software geöffnet werden, und zum anderen lassen sie sich ohne Öffnen und erneutes Speichern als JPEG archivieren, was die Zeit für die Nachbearbeitung erheblich verkürzt.

Es ist schwer, mit Hilfe des Nikonbrowsers einen Überblick über die Aufnahmen zu bekommen. Aber auch andere Browser enthalten häufig noch »Macken« in Hinsicht auf ihre Geschwindigkeit und die Auflösung bei der Vorschau. Aus diesem Grund dauert die Bildauswahl bei digitalen Bildern deutlich länger als der Vergleich von Dias auf dem Leuchtkasten.

Pixel aus der Luft

oder »der Mars im Wohnzimmer«

Auch wenn sie es vielleicht noch nicht gemerkt haben: Die digitale Fotografie begleitet Sie auf Schritt und Tritt. Denken Sie an die Wetterkarte im Fernsehen, die Bilder in der Zeitung oder die atemberaubende Mission von Pathfinder und Sojourner auf dem Mars. Wichtige Daten über klimatische Verhältnisse und Oberflächenstrukturen der Erde werden mit Hilfe von digitalen Kamerasystemen erfaßt und ausgewertet.

Luftbilder mit DCS 1

Auch dieser Bereich wird zukünftig ein Anwendungsgebiet für die digitale Fotografie werden. Luftbilder dienen heute der Kartierung von Flächennutzung, der Erstellung von Kartenmaterialien, der Umweltanalyse und in vielen weiteren Bereichen. Die gezeigten Aufnahmen sind bei einem Testflug mit einer Kodak DCS 1 entstanden. Die Kamera ist mit einem Chip ausgerüstet, der 6 Millionen Bildpunkte aufzeichnet und damit eine Datei von etwa 18 MB liefert. Mit einer geringfügigen Nachbearbeitung können die Bilder z.B. über einen Thermosublimationsdrucker auf A4 in Fotoqualität ausgegeben werden.

Bilder aus dem All

Die Bilder wurden mit Hilfe eines »modularen optischen Multispektralscanners« (MOMS) aufgenommen, der schon bei der D2-Mission mit dem Shuttle in den Weltraum geschossen wurde. Derzeit befindet sich der MOMS auf der russischen Weltraumstation MIR und erfaßt Daten von der Erdoberfläche.

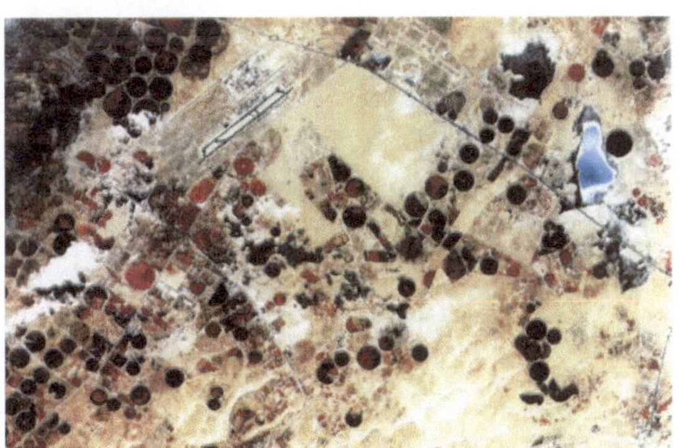

Bewässerungsfelder in Saudi-Arabien, fotografiert vom MOMS (Copyright DLR)

Ein Tal im Norden von Australien (Copyright AGF)

Der Pathfinder auf dem Mars frei aus dem Internet

Qualitätssicherung

Auch in der Qualitätssicherung hat die digitale
Fotografie schon seit längerem Einzug gehal-
ten. Mit Hilfe von Software, die in der Lage ist,
Muster zu erkennen, werden die digitalen
Bilder in Millisekunden ausgewertet.

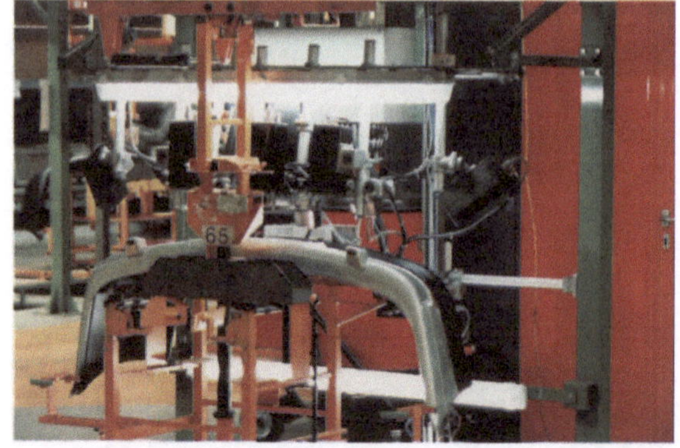

*Eine Bildauswerteeinheit überprüft die Stoßstan-
ge auf Vollständigkeit und Montagefehler.*

*Die digitale Kamera kann mit Hilfe der Musterer-
kennung die Fertigung einer Platine für den
Computer automatisieren.*

*Pharmazeutische Produkte tragen einen Stempel
mit einem Verfallsdatum, dessen Lesbarkeit von
digitalen Kameras überprüft wird.*

Internet und Multimedia

Die Kunst-Werk-Studios sind natürlich auch mit einer eigenen Homepage vertreten. Erstaunlich, wer hier alles hereinschaut – mit einem kleinen Programm kann man sogar nachzählen, wie viele mal wieder geguckt haben. In manch ruhiger Viertelstunde surft der Fotograf selber durch das Netz, um zu sehen, wie sich die Konkurrenz so präsentiert.

Internet und Multimedia

Firmen präsentieren sich immer häufiger im World Wide Web und stellen ihr Unternehmensprofil und ihr Angebot multimedial vor. Folglich steigt auch immer mehr der Bedarf an digitalisierten Bildern und außergewöhnlichen Visualisierungen.

Das Aufregende an diesem neuen Medium: Hier getraut sich so manche Firma, auch einmal neue Ideen auszuleben, die in den klassischen Broschüren »nicht seriös genug« wären. Das »Klientel«, das man im Internet erreicht, soll ja jung, dynamisch und besonders aufgeschlossen sein ...

Auf jeden Fall ist der Bildschirm – statt Dia oder Print – ein relativ neues Medium, das aber durchaus als gleichwertig mit den bekannten Medien anzusehen ist. Hier kommt die sogenannte Consumerkamera zu Ehren, denn der Bildschirm braucht weniger Größe (die jetzt »Auflösung« heißt) als das Papier und beim Erstellen von Seiten für´s Internet arbeitet man 1:1 oder »Wysiwyg« (What you see is what you get).

Lehrgeld

Das erste, was man lernen muß, wenn man Bilddaten für das Netz produziert: Hier darf nicht, sondern hier muß komprimiert werden. Das, was so stolz immer als Data Highway proklamiert wird, bricht unter einem anständigen Foto in sich zusammen und wird zum Feldweg.

Alles, was nicht in 20 Sekunden auf dem Bildschirm ist, bricht der Internetsurfer ab und guckt sich lieber etwas Schnelleres an. JPEG ist das eine Bildformat, das sich für Fotos besonders eignet, GIF ist das andere Bildformat, das meistens für die Grafik im World Wide Web eingespannt wird.

Provider

Interessant: Der eigene Rechner hängt gar nicht im Internet und braucht auch keine Standleitung, um die Seiten 24 Stunden am Tag auszustrahlen, sondern der Weg auf den Data Highway beginnt mit der Suche nach einem Provider. Ein Provider ist jemand, der einen Rechner mit Dauerleitung ins Internet hat, dem Studio etwas Platz auf seiner Platte gönnt und sich dafür bezahlen läßt.

Ein seriöser Provider wird das mit einem monatlichen Fixpreis je nach Datenvolumen abrechnen und keine Extrakosten für Änderungen verlangen, die der Anbieter der Seiten selber durchführt.

GLOSSAR

Neue Technik bringt immer wieder einen neuen Wortschatz mit sich, der sich entweder durch Wörter
mit mehr als achtzehn Silben oder aber aus drei geheimnisumwobenen Buchstaben hervortut. Ein
Glossar soll da Abhilfe schaffen. Und wie jedes Glossar bewegt sich auch dieses auf dem schmalen
Grad der wissenschaftlich exakten Definitionen und der Verständlichkeit.

Additive Farben

Wo Farben durch Licht erzeugt werden, ergeben rotes, grünes und blaues
Licht zusammen weißes Licht (RGB-Modell): zum Beispiel auf dem Bildschirm
des Computers, in der digitalen Kamera und im Scanner.

Alphakanal

Professionelle Bildbearbeitungsprogramme stellen für Masken oder zusätzliche Farbinformationen einen Kanal von 8 Bit zur Verfügung, der die Bildmaske
als Graustufenbild darstellt. Mit dem Alphakanal können Bildmasken auch mit
der Bildatei zusammen gespeichert werden.

**A/D-Wandler (Ana-
log-Digital-Wandler)**

A/D-Wandler setzen den Wert der analogen Spannung, die CCDs oder Photo-
Multiplier liefern, in digitale Werte um, die den Farb- und Graustufenwerten
entsprechen.

Antialiasing

Ein rechnerisches Verfahren, bei dem niedrigauflösende Bildschirmdarstellun-
gen von Grafikobjekten an den diagonalen Kanten »entschärft« werden, um
die unschöne Treppenbildung durch die sichtbaren Pixel zu vermeiden.

ASCII

Standardisierte Umsetzung von Buchstaben, Zahlen und Sonderzeichen in einen binären Code von 8 Bit.

Auflösung

Die Auflösung ist eines der vielseitigsten Wörter in der Welt der digitalen
Bilder: Eingabeauflösung, Scanauflösung, optische Auflösung, Bildschirmauf-
lösung, Druckauflösung, Druckerauflösung und interpolierte Auflösung sind
Varianten dieses beliebten Wortes. Die Auflösung steht für die Anzahl der
Pixel in einem Bild und die Verteilung auf einer Fläche.

Auflösungsvermögen

Das Auflösungsvermögen beschreibt die Zahl der Bildpunkte, in die eine Kamera oder ein Scanner eine Szene oder eine Vorlage aufzulösen vermag.

Ausflecken   Beseitigt die Spuren von Staub und Kratzern auf Positiven, Negativen oder in digitalen Bilddateien.

Ausgabe (von Bildern)   Die Ausgabe von Bildern beschreibt die Überführung digitaler Bilddaten in eine analoge, für den Menschen wahrnehmbare Form: Darstellung am Monitor, Ausdruck auf Papier oder Folie und Belichtung auf Film.

Banding   Ein deutlich sichtbarer Übergang von Farbtönen in einem Farbverlauf, der einer Tonwerttrennung, einer Posterisierung, ähnelt. Er entsteht durch eine dürftige Dichte, zu starke Tonwertkorrekturen oder durch eine zu hohe Auflösung beim Druck.

Belichter   Ein computergesteuertes Gerät zur Ausgabe von Bildern, Text und Grafik mit hoher Auflösung auf fotoempfindlichem Papier oder Film.

Bézierkurven   Zeichen- und Konstruktionsprogramme bieten einen Kurvenzug, dessen Form durch Tangenten entlang ihres Kreisbogens gegeben ist. Bézierkurven werden in Bildbearbeitungsprogrammen benutzt, um Objekte exakt gegen ihren Hintergrund freizustellen. Einige Bildformate wie etwa TIFF und EPS können Bézierkurven auch in Bilddateien speichern.

Bildwinkel   Der Bildwinkel beschreibt den Bereich (Winkel ausgehend von der Kamera) in einem Objekt, der durch ein abbildendes System aufgenommen wird.

Binär   Die digitale Welt rechnet in einem System, in dem nur zwei Zahlen verwendet werden. Eine Binärziffer kann zwei Werte annehmen: In der Regel werden sie mit 0 und 1 bezeichnet. Um größere Zahlenwerte darzustellen, braucht man mehr Stellen als im 10er-System. So wird die Dezimalzahl 8 zur Binärzahl 1000.

Bit   Das Bit ist die kleinste Informationseinheit im Computer. Jedes Bit entspricht einer Binärziffer und kann die Zahl 0 oder 1 darstellen. Mit einem Bit pro Pixel lassen sich Schwarzweißbilder wiedergeben, mit 8 Bit setzt der Computer ein Schwarzweißfoto in ein Graustufenbild um, und 3x8 Bit für jeden Pixel des Bildes sind nötig, um ein Farbbild darzustellen.

Bitmap   Ein aus einem rechtwinkligen Raster von Pixeln bestehendes Bild wird als Bitmap bezeichnet. Der Computer weist jedem Pixel einen Wert zu, der Farbe und Helligkeit des Pixels bestimmt. Warum so kompliziert? Zur Unterscheidung von Vektorgrafiken im Computer, die alle Objekte durch mathematisch beschreibbare Formen darstellen. Dagegen besteht die Bitmap aus einzelnen Bildpunkten.

Das Überlaufen der elektrischen Ladung zwischen einzelnen Sensoren auf einem CCD-Element, verursacht durch starke Überbelichtung, wird als Blooming bezeichnet. In den Bildern sind um die Lichtquelle oder um helle Reflexionen herum Streifen oder Lichthöfe in der Regel mit Farbsäumen zu sehen.

Blooming

Ersetzt man bei einer konventionellen Kamera den Film durch eine CCD-Einheit mit kleinerem Format, so entstehen aufgrund der kleineren Fläche des CCD Bilder, die den Eindruck vermitteln, als seien sie mit einem Objektiv längerer Brennweite aufgenommen worden. Um ein Objektiv mit einem Bildwinkel zu finden, der dem Normalobjektiv beim Kleinbild entspricht, geben viele Hersteller einen Brennweitenfaktor an. Es gilt die Formel:
50 mm x Brennweitenfaktor = Brennweite Normalobj. CCD

Brennweitenfaktor

Eine Maßeinheit aus acht Bits mit digitalen Informationen. Üblicherweise werden die Dateigrößen von Bildern in Bytes oder Megabytes angegeben. Ein Farbbild aus 1200x800 Pixeln nimmt 2.880.000 Bytes des Speichers ein.

Byte

Ein elektronisches Bauteil, das in unserem Fall lichtempfindliche Sensoren trägt, die einzeln ausgelesen werden können.

CCD (Charge Coupled Device)

Ein Ausgabeverfahren für digitale Daten (Bilder, Grafik, Text) zur Simulation des Offsetdrucks. Dient zur Überprüfung der Farbwiedergabe.

Chromalin

Eine internationale Vereinigung, die seit den 20er Jahren eine Reihe von Standards für die Farbsysteme und Farbmeßnormen entwickelt hat, die z.B. von Adobe für PostScript Level 2 übernommen wurden.

CIE (Commission Internationale de l'Éclairage)

Ein 1976 entwickelter Farbraum für die Darstellung von Farbe in einer dreidimensionalen Matrix. Er erreicht durch die Verwendung der Adams-Nickerson-Kubikwurzel-Formel eine empfindungsmäßig gleichabständige Farbwiedergabe und eignet sich für die Messung kleinster Farbabstände. L steht für Helligkeit, a für den Rot-Grün-Wert, b für den Gelb-Blau-Wert.

CIELAB (auch C*a*b*)

Die subtraktiven Grundfarben für den Vierfarbdruck. Durch die Kombination von Punktrastern dieser vier Farben in unterschiedlichen Dichten läßt sich eine breite Farbpalette darstellen. Schwarz (K) wird in der Regel zugegeben, um die

CMYK (Cyan, Magenta, Gelb, Schwarz)

Wiedergabe insbesondere der dunklen Bildbereiche zu verbessern und ein echtes Schwarz zu drucken.

CTP (Computer to Plate)
Ein relativ junges Druckverfahren, bei dem die Ausgabe von digitalen Daten ohne den Umweg über den Film direkt auf die Druckplatte erfolgt. CTP wird bislang im wesentlichen für kleine Auflagen eingesetzt, um die Kosten für die Belichtung der Daten einzusparen.

CT (Continuous Tone)
Ein Dateiformat für den Austausch hochwertiger Scanner-Daten.

DCS (Desktop Color Separation)
Ein Format, bei dem für jedes Farbbild fünf PostScript-Dateien erzeugt werden. Das EPS-Format für Bilddateien kann ein Farbbild in 5 Dateien speichern: Je eines für jede Farbe und ein fünftes, niedrig aufgelöstes Bild für die Darstellung auf dem Monitor.

Densitometer
Ein Gerät zur Messung des von Papier oder Film durchgelassenen oder reflektierten Lichts. Es dient zur Kontrolle der Genauigkeit, Qualität und Gleichmäßigkeit der Ausgaberesultate.

Dichte
Der Grad der Opazität bzw. Lichtundurchlässigkeit einer fotografischen Aufnahme auf Papier oder Film (negativer Logarithmus der Transmission).

Digitale Kamera
Ein abbildendes System zur Aufnahme dreidimensionaler Objekte mittels eines elektronischen Sensors. Das Ergebnis ist eine Datei mit den entsprechenden Bilddaten.

Digitalisierung
Umsetzen elektrischer Spannungen in binären Code mit Hilfe eines A/D-Wandlers.

Dithering
Ein Verfahren, bei dem benachbarten Pixeln eine Farbe zugewiesen wird, um in einem Bitmapbild eine dritte Farbe zu simulieren. Es wird angewandt, wenn der volle Farbumfang nicht zur Verfügung steht. So lassen sich mit zwei Farben, Schwarz und Weiß, Graustufenbilder darstellen und mit wenig Helligkeitsstufen Farbverläufe.

Dmax
Die höchste Dichte oder Maximaldichte eines Positivs/Negativs.

dpi (dots per inch)
DSP (Digitaler Signalprozessor)
Bildpunkte pro Inch. Ein Maß für die Auflösung von Ein- und Ausgabegeräten. Ein Computerchip zur Beschleunigung bestimmter Softwarefunktionen, z.B. bei der Bildbearbeitung.

Der Dynamikumfang beschreibt den Bereich der optischen Dichte einer Vorlage, der mit abgestuften Tonwerten (Zeichnung) im digitalen Bild wiedergegeben wird.

Dynamikumfang, Dichteumfang

Eine Art von Rasterpunkt mit elliptischer statt runder Form. Hiermit lassen sich in einigen Fällen bessere Farbtonabstufungen erzielen.

Elliptischer Punkt

Die Schicht des lichtempfindlichen Materials auf einem Film.

Emulsion

Ein Dateiformat zum Austausch von Bilddateien zwischen verschiedenen Programmen. EPS-Dateien dienen zum Sichern von Graustufenbildern, Farbbildern, separierten Farbbildern, Beschneidungspfaden und Grafiken.

EPS (Encapsulated PostScript)

Die Aufteilung eines Bildes in seine einzelnen Farben zum Druck. Jede Farbe wird auf einem Film als Graustufenbild dargestellt. In professionellen Bildbearbeitungsprogrammen kann man sich die Farbauszüge auf dem Bildschirm ansehen. Hier werden sie als Farbkanäle bezeichnet.

Farbauszug

Farbmodelle beschreiben die Art der Farbzusammenstellung. Die wichtigsten Modelle sind das additive Modell (RGB) und das subtraktive Modell (CMYK). Das additive Modell gilt für die Darstellung von Farben durch Licht, wie bei Computerbildschirmen und Filmmaterial. In ihm überlagern sich die drei Grundfarben Rot, Grün und Blau zu Weiß. Beim subtraktiven Modell, das für Farbstoffe gilt, ergibt die Mischung der drei Grundfarben Cyan, Magenta und Gelb (zumindest in der Theorie) Schwarz.

Farbmodelle

Abweichung der Farbwiedergabe aufgrund falscher Belichtung, Verarbeitung oder fehlender Farbabstimmung zwischen den beteiligten Geräten.

Farbstich

Mit digitalen Kameras aufgenommene Fotografien können an Kontrastkanten – etwa eine schwarze Linie vor einem weißen Hintergrund – bunte Punkte aufweisen, die als Farbsaum erkennbar sind. Sie entstehen, weil der CCD-Sensor der Kamera nicht für jeden Bildpunkt die drei Grundfarben RGB erfaßt, sondern nur je eine Farbe pro Einzelelement erkennt. Die Kamera muß daher aus drei nebeneinanderliegenden Punkten den Farbwert für das einzelne Pixel errechnen. Dabei treten Fehler auf, die sich in den bunten Auren manifestieren.

Farbsäume

Farbtiefe	Die Farbtiefe beschreibt die Anzahl der binären Stufen und damit der Farbtöne, in die ein Spannungsbereich bei der Analog-Digital-Wandlung aufgeteilt wird.
Fotoqualität	Darstellung von Bildern, bei denen für einen gegebenen Betrachtungsabstand die einzelnen Bildpunkte nicht mehr erkannt werden. »Fotoähnliche Darstellung«.
Four-Shot-Methode	Aufnahme eines digitalen Farbbildes mit Hilfe von vier Einzelaufnahmen.
Gamma	Das Gamma beschreibt eine Eigenschaft der mathematischen Funktion, mit der ein Dichteumfang einer Vorlage in den Tonwertumfang eines Bildes überführt wird.
GCR (Gray Component Replacement)	Wird auch als Unterbuntaufbau bezeichnet. Ein Verfahren zur Verringerung der Menge an Cyan, Magenta und Gelb in einem Bereich und dem Ersatz dieser Farben durch eine entsprechende Menge Schwarz.
Gestrichenes Papier	Druckpapier mit einer glänzenden oder sehr glatten Oberfläche. Gestrichene Papiere werden für Magazine und qualitativ hochwertige Zeitschriften eingesetzt.
Grauwert	Wert für die Helligkeit eines Bildpunktes.
Graukarte	Neutralgrauer Karton mit einem Rückstrahlungsvermögen von 18 Prozent. Auf diesen Standardwert wird belichtet, wenn das Motiv extreme Kontraste zeigt. Beim Scanner extremer High-Key- oder Low-Key-Vorlagen wird eine Graukarte mit auf das Vorlagenglas montiert.
Helligkeit	Helligkeit beschreibt die Intensität des Lichts, die eine Farbe reflektiert.
Interpolieren	Die näherungsweise Abschätzung von Werten zwischen zwei bekannten Werten, z.B. bei der Vergrößerung eines digitalen Bildes.
JPEG (Joint Photographers Experts Group)	Eine Institution, die einen Standard für die Kompression digitaler Bilddaten geschaffen hat.
Kalibrierung	Abgleich der Ist- zu den Soll-Werten. Beispiel: Die Einstellung eines Monitors zur exakten Wiedergabe von Farben oder der Abgleich eines Belichters zur exakteren Ausgabe von Tonwerten.

Hier ist das Verringern der Größe einer Bilddatei für die Speicherung mit geringer oder keinerlei Beeinträchtigung der Qualität gemeint. Das Dateiformat
»JPEG« komprimiert ein Bild, wobei Informationen verloren gehen können, das
Dateiformat »TIFF« kann mit einer LZW-Komprimierung Bilder verlustfrei komprimieren.

Komprimierung

Der Kontrast beschreibt die Abstufung der Tonwerte zwischen Lichtern, Mitteltönen und Schatten im Bild.

Kontrast

Die kombinierte Auflösung eines Objektivs und eines Aufnahmemediums
erhält man durch Fotografieren einer Serie dünner, paralleler schwarzer und
weißer Linienpaare. Je feiner die Linien werden, desto stärker verschwimmen sie, und ihr Kontrast verringert sich. Der MTF-Wert gibt die maximale
Anzahl von Linienpaaren pro Millimeter an, die erkennbar sind, wenn der Kontrast um einen bestimmten Prozentsatz verringert wird.

**Kontrastübertragungs-
funktion**

Bezeichnet Komprimierungsverfahren digitaler Bilddaten, bei denen Informationen verloren gehen, wenn die Dateigröße verringert wird.

**Lossy (Verlust-
behaftet)**

Ein Maß für die Rasterweite beim Druck. Linien pro Zentimeter oder Inch.

**lpi / lpcm (lines per
inch, lines per centi-
meter)**

Im Jahr 1977 von Lempel und Ziv entwickelter und 1984 von Welch erstmals
verfügbar gemachter Komprimieralgorithmus. LZW nutzt die Tatsache, daß
Redundanzen überwiegend durch wiederholte Zeichenketten entstehen.

**LZW (Lempel, Ziv
und Welch)**

Ein Begriff aus der Bildbearbeitung. Eine Maske deckt die Bereiche eines Bildes ab, die der Bearbeiter nicht modifizieren will.

Maske

CCD-Sensor mit einem zweidimensionalen Raster von Fotozellen.

Matrix-CCD

Der Bereich von Farben oder Graustufen zwischen den hellsten und dunkelsten Farben bzw. Graustufen eines Bildes.

Mittelton

Ein Effekt, der auftritt, wenn sich zwei feine Strukturen überlagern und zu einer groben Struktur, einer sogenannten Schwebung, führen.

Moiré

**Non-Lossy (Verlust-
frei)**

bezeichnet ein Komprimierungsverfahren, bei dem keine Informationen des digitalen Bildes verloren gehen, sondern nur die Größe der Datei für den Speichervorgang verringert wird. Die LZW-Komprimierung des TIFF-Bildes ist ein verlustfreies Verfahren.

One-Pass Scanning

Scan eines Farbbildes in einem Scandurchgang mit Hilfe von 3 CCD-Zeilen.

One-Shot-Kamera

Digitale Kamera, die mit einer einzigen Belichtung die Werte für die drei Farbkanäle Rot, Grün und Blau erfaßt. Diese Kameras eignen sich für die Aufnahme bewegter Motive.

**OPI (Open PrePress
Interface)**

Mit OPI bezeichnet man das Verfahren für den automatisierten Austausch von niedrig aufgelösten »Vorschaubildern« durch die hoch aufgelösten Bilder bei der Ausgabe.

**PCMCIA (Personal
Computer Memory
Card International
Association)**

Gremium für die Standardisierung von PC-Cards, Miniaturkarten, und der zugehörigen Computerschnittstelle, die für unterschiedlichste Zwecke insbesondere in tragbaren Computern eingesetzt werden.

**PDF (Portable
Document Format)**

Dateiformat, das von Adobe für den plattformübergreifenden Austausch von Dokumenten über Netzwerke entwickelt wurde.

**Pixel
(Picture Element)**

Die kleinste Einheit eines digitalen Bildes im Computer – in gewisser Weise vergleichbar mit dem Korn des Films.

PostScript

PostScript, Anfang der 80er Jahre von Adobe entwickelt, kam 1984 auf den Markt. PostScript sind standardisierte Anweisungen – ähnlich wie in einer Programmiersprache für Computer –, die von einem Ausgabegerät (einem Drukker oder Belichter) abgearbeitet werden. Dank PostScript können heute Bild- und Textdaten von jedem Computer an jedes PostScript-fähige Ausgabegerät geschickt werden.

ppi (pixel per inch)

Ein Maß für die Auflösung eines digitalen Bildes. ppi wird üblicherweise beim Scannen verwendet und dpi für die Ausgabe.

Prozeßfarben

Im Vierfarbdruck setzen sich alle Farben aus einem feinen Raster der Prozeßfarben CMYK zusammen.

Der Speicher des Computers, in dem sich die aktuell bearbeiteten Daten befinden. Der RAM ist wesentlich schneller als der Massenspeicher, allerdings auch wesentlich teurer. Seine Informationen gehen beim Ausschalten des Computers verloren. — **RAM (Random Access Memory)**

In der digitalen Fotografie ein Bildfehler, der bei der Aufnahme mit einer digitalen Kamera oder einem Scanner entsteht. — **Rauschen**

Das Erhöhen der Pixelzahl eines Bildes für eine Vergrößerung (die allerdings keinen Informationszuwachs erbringt). Die neu eingefügten Pixel werden durch Interpolation der umgebenden Pixel errechnet. — **Resampling**

Nachträgliche Korrekturen fehlerhafter Teile eines Negativs, Positivs oder einer digitalen Bilddatei. — **Retusche**

Die additiven Grundfarben, die zur Anzeige von Farben auf dem Bildschirm dienen und mit denen digitale Kameras und Scanner das Bild erfassen. — **RGB-Farbmodell (Rot, Grün, Blau)**

Der RIP ist ein Programm oder ein Computer für die Umrechnung digitaler Daten in ein Druckraster. — **RIP (Raster Image Processor)**

Der Grauanteil in einer Farbe. Je höher der Grauanteil, desto geringer wird die Sättigung. — **Sättigung**

Das Verhältnis der Nutzdaten zu unerwünschten Störungen in einem analogen Signal. Je höher der Rauschabstand, desto besser die Qualität des digitalen Bildes. — **Signalrauschabstand**

Helle Reflexionen einer Lichtquelle auf glänzenden Oberflächen wie Chrom, Glas und Lack, die nur wenige oder gar keine Bildinformationen enthalten. — **Spitzlichter**

Ein Gerät zur Digitalisierung von Bildern, damit diese im Computer bearbeitet, gespeichert und ausgegeben werden können. — **Scanner**

Die Fläche eines Scanners oder einer Scankamera, die bei der Digitalisierung vom Sensor abgetastet wird. — **Scanfläche**

Regel für die Erhöhung der Schärfentiefe. Wird durch Verschwenken von Objektiv- und Filmebene erreicht. — **Scheimpflug**

Shiften   Ausgleich »stürzender Linien« durch horizontales oder vertikales Verschieben von Objetiv zum Film.

Schwebung   Struktur, die durch Überlagerung mehrerer feiner Strukturen entsteht (siehe auch Moiré auf Seite 242).

SCSI (Small Computer System Interface)   Eine standardisierte Verbindung zum Anschluß von Peripheriegeräten wie digitaler Kameras und Scanner an den Computer.

Separation   Bei der Separation rechnet die Software einen Farbton des RGB-Bildes in die Anteile des subtraktiven Farbmodells (CMYK) um. Diese Spaltung in Farbwerte ist notwendig, um die vier Filme der Druckfarben Cyan, Magenta, Gelb und Schwarz belichten zu lassen oder mit den vier Farben eines Druckers zu drukken.

Spektralwertkurven   Empfindlichkeit der Zellen des menschlichen Auges, aufgetragen über die Lichtwellenlänge (Farbe).

Suffix   Dateierweiterung, bestehend aus einem Punkt und drei Buchstaben, damit ein PC das Format einer Datei erkennt (z.B. .tif).

Supersampling   Das Quantisieren oder Zerlegen eines analogen Signals in mehr Stufen, als im endgültigen digitalen Signal benötigt werden. Bei digitalen Kameras kann hierdurch der Bereich der dunklen Töne erweitert werden, um die Schattendetails zu verbessern.

TIFF (Tag Image File Format)   Dateiformat für digitale Bilder im Computer. Es kann nicht nur die reinen Bilddaten speichern, sondern auch Alphakanäle und Beschneidungspfade, Graustufen- und Farbbilder mit 24 Bit oder größerer Farbtiefe und auch separierte Bilder im CMYK-Modus. TIFF ist das Standardformat für den Bilddatenaustausch.

Three-Pass Scanning   Digitalisieren von Farbbildern mit einer CCD-Zeile in drei Scandurchgängen mit Wechsel des Farbfilters (RGB).

Tonwert   Der Schwärzungsgrad des fotografischen Filmmaterials bzw. Grauwert im digitalen Bild.

Tonwertkurve (Histogramm)

Eine grafische Darstellung des Verhältnisses zwischen Tonwertumfang eines Bildes auf der Eingabe- und Ausgabeseite, wenn der Kontrast oder die Helligkeit des Bildes verändert werden.

Tonwertzuwachs

Der Tonwertzuwachs entsteht beim Druck durch die Saugfähigkeit des Papiers, wenn der Rasterpunkt größer wird als geplant. Der Mehrfarbenanteil bewegt sich nur zwischen 3% und 5%, sorgt aber dafür, daß weniger Licht reflektiert wird, das Bild also insgesamt dunkler erscheint. Dem Tonwertzuwachs beugt man durch die Separation beim Umrechnen des RGB-Bildes in ein CMYK-Bild bereits vor und kann damit den individuellen Tonwertzuwachs eines bestimmten Druckprozesses durch eine Reduzierung der Farbanteile nivellieren.

Twain

Eine von Aldus, Caere, Kodak, Hewlett-Packard und Logitech entwickelte Softwareschnittstelle für Scanner und digitale Kameras, über die sich Scanner- und Kamerafunktionen per Software steuern lassen.

UCR (Undercolor Removal)

Ein Verfahren zur Reduzierung der Anteile von Cyan, Magenta und Gelb in den Schatten- und neutralen Bereichen des Bildes. Die Farbanteile werden durch schwarze Druckfarbe ersetzt. Das Verfahren wird auch als Unterfarbenreduzierung bezeichnet.

Ungestrichenes Papier

Papier ohne glänzende Oberfläche wie etwa beim Zeitungsdruck. Ungestrichene Papiere nehmen mehr Farbe auf als gestrichene und erfordern beim Druck eine entsprechende Kompensation, damit sie nicht zu dunkel werden.

Virtual Memory (Virtueller Speicher)

Eine Methode zur Nutzung von Festplattenspeicher zur Simulation des teuren RAM des Computers. Wenn der RAM nicht ausreicht, um die aktuellen Daten aufzunehmen, wird ein Teil auf die Platte ausgelagert.

Weißabgleich

Die relative Intensität von Rot, Grün und Blau einer Lichtquelle. Die Einstellung des Weißabgleichs für eine Kamera dient zur Kompensation von Lichtquellen, deren Licht von der normalen RGB-Tageslichtbalance abweicht.

Zeilen- und Flächensensoren

Hier CCD-Sensoren. Ein Zeilensensor besteht aus lichtempfindlichen Elementen, die in einer Zeile nebeneinander liegen. Bei einem Flächensensor werden mehrere dieser Zeilen zu einer Matrix zusammengefaßt.

Für das Enstehen dieses Buches benötigten wir:

1 Aspirin für unseren Verleger
130l Super Bleifrei
22 CD-Datenträger
8 Jaz-Datenträger
9 Disketten
12 Pfund Kaffee
3 Pfund Tee
37l Cola
42 Packungen (von was dürfen wir nicht sagen)
3 Farbpatronen für den Drucker
1 Patrone für den Laser und eine neue Fixierwalze
4678 Blatt Papier
2 Rollen Tesafilm
5 Pakete Eierkekse
12 Snickers
1000 Nervenenden
14 schlaflose Nächte
3,8 Kilo Körperlebendgewicht
487 Kilowattstunden
usw.

Ein Dank an alle, die uns geholfen haben, dieses Buch zu erstellen:

... dem Team vom Springer-Verlag: Frau Drechsler, Frau Fischer, Frau Glaunsinger, Frau Springer und nicht zuletzt Herrn Reichle. Vor Frau Zimpfer, die dieses Buch sorgfältig gelesen und von den vielen Eigenheiten unserer Rechtschreibkunst befreit hat, ziehen wir alle unseren Hut. Alle Fehler, die wir selber wieder hineingebracht haben, nehmen wir dementsprechend auf unsere Kappe.

Mein besonderer Dank gilt
Frau Sleven von Foto Creativ für viele Bildbeispiele,
Günther Paulsen für die Leihstellung seiner Aufnahmen der Brüsseler Weltausstellung,
Goo, von dem ich viel gelernt habe (und der nichts, aber auch gar nichts mit ähnlich klingenden Pixelmischmaschinen zu tun hat),
der Firma Thoraent Computer, die immer Zeit und Rat parat hatte, wenn die Daten den Rechner sprengten,
Herrn Mellmann von der Zeitschrift PHOTOGRAPHIE,
Frau Stockinger von Disc Direct, Herrn Nazaré von Linotype CPS, Herrn Lammers von der Softline GMBH.
Ulrike Häßler

Danke allen Partnern und insbesondere den Gebrüdern Günter und Jürgen von Kannen, von denen die Idee einer gleichberechtigten Allianz zwischen Grafik und Fotografie in den Kunst-Werk-Studios stammt, aus der eine partnerschaftliche Zusammenarbeit erwuchs. Dir, lieber Jürgen, ein besonders dickes Dankeschön. Durch Deine Überarbeitung sind einige Bilder erst zu dem geworden, was sie heute sind.
Danke allen Kunden für die Geduld bei den anfänglichen Startschwierigkeiten und das entgegengebrachte Vertrauen.
Danke der Firma MPC für die tolle Beratung.

Danke der Firma PPS, Düsseldorf, für die Unter-stützung und dem doch häufig geliehenem Equipment.
Danke der Deutschen Bank für das entgegengebrach-te Vertrauen und die gute Betreuung.
Danke der Firma CS-Computer, Mönchengladbach, und vor allem Dir, lieber Dirk, denn ohne Deine Hilfe u.a. beim 37. Rechnerabsturz wäre ich jetzt wahr-scheinlich ein graues Nervenbündel.
Danke allen, die mich unterstützt und das eine oder an-dere Mal aufgebaut haben, wenn sich der digitale All-tag grau in grau gezeigt hat. Danke allen, die ich jetzt hier vielleicht vergessen habe.
Frank Pfennig

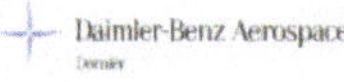

Auch ich möchte mich für die Unterstützung vieler Kolle-gen bedanken. Mein Dank gebührt insbesondere meiner Frau, die mich während der Entstehung dieses Buches so manche Stunde entbehren mußte.
Ganz besonders möchte ich mich auch bei den folgen-den Firmen für die Grafiken, Fotos, Leihgeräte sowie für Rat und Tat bedanken:
Agfa, dem gesamten Team, insbesondere Johannes Neher, Rolf Tippner und Axel Pick,
Bildzeitung, Beate Heinen, Andreas Vieweg,
Canon, Meike Gilley und Guido Krebs,
Color Foto, Werner Lüttgens und Sabine Schmitt,
Daimler Benz Aerospace, Dirk Viehmann,
Fotodesign Walter Rammler,
Fuji, Frau Hotze,
Grigull,
Jenoptik, Helga Wagensonner und Ronald Lindner,
Kodak,
MPC, Michael Südholt und Oliver Reyle
Nikon, dem EIP Team,
PPS, dem gesamten Team, besonders Steffi Klemens,
Quiss, Gabriele Jansen,
Tektronix, Jutta Bock.
Dietmar Wüller

DIENSTLEISTER

CD-LAB GmbH Nürnberg
Innerer Kleinreuther Weg 23
90408 Nürnberg
Tel.   09 11 / 3 93 93 74

CEWE Color AG & Co
Nordcolor
Gutenbergstr. 1
23611 Bad Schwartau
Tel.   04 51 / 20 3-0

CEWE Color AG & Co
Karl-Marx-Str. 18
01109 Dresden-Klotzsche
Tel.   03 51 / 88 54 4-0

Colibri Copaphot Fotolabor
Hohenfeldstr. 26
49809 Lingen

Eglitho
Savignystr. 59
45147 Essen
Tel.   02 01 / 78 03 83

Ense Consulting
Harskampstr. 63
52062 Aachen
Tel.   02 41 / 44 66 50

Esser Druck und Marketing
Rewestr. 7
50354 Hürth
Tel.   0 22 33 / 96 31 2-0

Foto Fachlabor Bachor
Aachener Str. 311
50931 Köln
Tel.   02 21 / 40 14 51

Foto Jansen
Heidestr. 119
44866 Bochum
Tel.   023 27 / 6 90 8-0

HSL Fachlabor
Adersstr. 45
40215 Düsseldorf
Tel.   02 11 / 37 03 88

Labor Grieger
Färberstr. 94
40223 Düsseldorf
Tel.   02 11 / 3397-0

Leo Lab
Königstr. 30
22767 Hamburg
Tel.   0 40 / 38 54 94

L'arco GmbH
Vogelsanger Weg 39
40470 Düsseldorf
Tel.   02 11 / 96 47 9-0

Dirk Nöller
CS-Computer
Dohlerstr. 223
41238 Mönchengladbach
Tel.   0 21 66 / 92 42 42

PPS
Hüttenstr. 48
40215 Düsseldorf
Tel.   02 11 / 9 94 7-1 75

PPS
Feldstr.66 Hochhaus 1
20359 Hamburg
0 40 / 4 31 78 1-0

Prodigit
Ostmarkstr. 6
48145 Münster
Tel.   02 51 / 13 24 30

PSL Photosysteme GmbH
Kurt-Fischer-Str. 25
22926 Ahrensburg
Tel.   0 41 02 / 46 4-0

Taimlab Fachlabor
Merowingerstr. 5-7
50677 Köln
Tel.   02 21 / 3 10 02 27

Thoraent Computer GmbH
Kaiserstr. 48
52146 Würselen
Tel.   0 25 05 / 55 11

V-Dia
Kurpfalzring 100
69123 Heidelberg
Tel.   0 62 21 / 77 3-0

HERSTELLER

Agfa Deutschland
Im Mediapark
50670 Köln
Tel.   02 21 / 5 71 7-0

Apple Computer
Gutenbergstr. 1
85737 Ismaning
Tel.   0 89 / 99 64 0-0

Arca-Swiss Phototechnik AG
Waldhof-Arn
CH - 8810 Horgen
Tel.   00 41 / 17 25 / 61 60

Cambo Fotografische
Industrie BV
NL - Kampen
Tel.   00 31 / 38 / 3 31 46 44

Canon Deutschland GmbH
Europark Fichtenhain A 10
47807 Krefeld
Tel.   0 21 51 / 34 5-0

Canon Europhoto GmbH
Siemensring 90 -92
47877 Willich
Tel.   0 21 54 / 49 5-0

Casio Computer Co. GmbH
Bornbach 10
22848 Norderstedt
Tel.   0 40 / 52 86 5-0

Chinon Europe GmbH
Waldstr. 23 / B4
63128 Dietzenbach
Tel.   0 60 74 / 8 22 3-0

Color Crisp a/s
Meterbuen 6-12
DK - 2740 Skovlunde
Tel.   00 45 / 44 94 54 00

Dainippon Screen Deutschland
Postfach 350152
40443 Düsseldorf
Tel.   02 11 / 4 17 4-0

Dicomed GmbH
Schöne Aussicht 20
61348 Bad Homburg
Tel.   0 61 72 / 2 20 66

Epson Deutschland GmbH
Zülpicher Str. 6
40524 Düsseldorf
Tel.   02 11 / 5 60 3-0

Fuji Photo Film Europe GmbH
Heesenstr. 31
40549 Düsseldorf
Tel.   02 11 / 5 08 9-0

Hewlett Packard
Herrenberger Str. 130
71034 Böblingen
Tel.   0 70 31 / 1 4-0

Jenoptik
Oskar-von-Miller-Str. 1
85386 Eching b. München
Tel.   0 81 65 / 7 7-0

Kaiser Fototechnik
Im Krötenteich 2
74722 Buchen
Tel.   0 62 81 / 40 7-0

Kodak AG
Hedelfinger Str. 54
70327 Stuttgart
Tel.   07 11 / 40 6-0

Konica Europe GmbH
Industriecenter X11
85662 Hohenbrunn
Tel.   0 81 02 / 80 4-0

Leica Camera Inc.
Oskar-Barnack-Str. 11
35606 Solms
Tel.   0 64 42 / 20 8-0

Minolta GmbH
Kurt-Fischer-Str. 50
22923 Ahrensburg
Tel.   0 41 02 / 7 0-0

Mitsubishi Electric Europe B.V.
German Branch Office
Gothaer Str. 8
40880 Ratingen
Tel.   0 21 02 / 48 6-0

Nikon GmbH
Tiefenbroicher Weg 25
40472 Düsseldorf
Tel.   02 11 / 9 41 4-0

Olympus Optical Co. GmbH
Wendenstr. 14-16
20097 Hamburg
Tel.   0 40 / 23 77 3-0

Panasonic Deutschland GmbH
Winsbergring 15
22525 Hamburg
Tel.   0 40 / 85 49 0

Pentax Handelsgesellschaft mbH
Julius-Vosseler-Str. 104
22527 Hamburg
Tel.   0 40 / 56 19 2-0

Phase One A/S
Rugvaenget 19 J
DK - 2630 Taastrup
Tel. 00 45 / 43 71 62 62

Polaroid GmbH
Sprendlinger Landstr. 109
63069 Offenbach
Tel.   0 69 / 8 40 4-1

Ricoh Europe B.V.
40549 Düsseldorf
Tel.   02 11 / 6 54 60

Rollei Fototechnik GmbH & Co KG
Salzdahlumerstr. 196
38126 Braunschweig
Tel.   05 31 / 6 80 0-0

Sanyo Fisher Vertriebs GmbH
Stahlgruberring 4
81829 München
Tel.   0 89 / 4 51 16-0

Scitex Deutschland GmbH
Am Kreuzberg 6-8 Klemensviertel
40489 Düsseldorf
Tel.   02 11 / 4 05 7-1 01

Sony Deutschland
Hugo-Eckener-Str. 20
50829 Köln
Tel.   02 21 / 5 96 6-0

Toshiba Europe GmbH
Hammfelddamm 8
41460 Neuss
Tel.   021 31 / 15 9-0

LITERATUR

Adobe Inc.
WWW Infoseiten zum Thema PostScript
http://www.adobe.com

Agfa Gevaert
Einführung in die digitale Fotografie, 1996

Rudolph E. Burger
Colormanagement
Konzepte, Begriffe, Systeme
Springer-Verlag, 1997

Walter Gradl
Professionelles Imaging
Photo CD und digitaler Farbdruck in der Praxis
Springer-Verlag, 1996

P. Haberäcker
Digitale Bildverarbeitung
Hanser-Verlag, 1991

Heiner Henninges
Fotos auf CD
Augustus-Verlag, 1993
Michael Huber
Grundlagen der Farblaborpraxis
Laterna-Magica-Verlag, 1984

Sybil Ihrig und Emil Ihrig
Professionell scannen
dpunkt, 1997

Dr. Martin Knapp
Chip Special Digitale Fotografie
Vogel-Verlag, 1996

Walter Koschatzky
Die Kunst der Photographie
Neuer Pawlak Verlag, 1993

Helmut Kraus
Digitales Fotografieren
Addison-Wesley Verlag, 1997

Harald Küppers
Die Farbenlehre der Fernseh-, Foto-
und Drucktechnik
DuMont-Buchverlag, 1984

Thomas W. Lipp
Das Encapsulated PostScript File Format
Microsoft System Journal, Seiten 112–134,
Sept./Okt. 1993
Synergy-Verlag GmbH, München

Thomas Merz
PostScript and Acrobat/PDF
Springer-Verlag, 1997

Mattias Nyman
4 Farben 1 Bild
Springer-Verlag, 1997

Manfred Richter
Einführung in die Farbmetrik
Walter-de-Gruyter-Verlag, 1980

Bertram Störch
Drucken in Farbe
Addison-Wesley-Verlag, 1994

Tietze, Schenk
Halbleiter-Schaltungstechnik
Springer-Verlag, 1990

Norbert Welsch, Guidio Stercken-Sorrenti
Adobe Photoshop für Durchstarter
Springer-Verlag, 1997

Stefan Zingg
Praxis digitaler Bildbearbeitung
Schwarzweiß-Techniken
Thomson Publishing, 1996

INDEX

A

A/D-Wandler (Analog-Digital-Wandler) 144, 235

Abblenden 15

Abschlußwiderstand 210

Acrobat 3.0 189

Acrobat Distiller 189

Acrobat Reader 189

Additive Farben 235

Agfa ActionCam 214

Album 216, 221

Alphakanal 80, 81, 235

Analog-Digital-Wandler 144, 235

angepaßt konventionelle Kamera 135, 137

Antialiasing 235

APS-Scanner 116

Archiv 10, 217

Archivierung 103

ASCII 186, 235

AT Attachment 160

Auflösung
     4, 5, 18, 36, 38, 64, 110, 135, 140, 235
     Auflösung, interpolierte 111
     Auflösung, optische 111
     Auflösungsvermögen 130, 131, 235

Aufrasterung 185

Aufsichtvorlagen 113

Ausdrucke separierter Bilder 200

Ausflecken 30, 236

Ausgabe
     Ausgabe (von Bildern) 236
     Ausgabe der Daten 184
     Ausgabegerät, Profil für ein 203
     Ausgabegeräte, Kalibrierung von 199
     Ausgabegröße 18
     Ausgabeverfahren 185

Ausgabegeräte 207

Außenaufnahmen 22

Auswahl eines Farbbereichs 78

Auswahlwerkzeuge 78

Autofokuseinstellungen 38

B

Banding 236

Batteriepack 160

Beleuchtung 11

Beleuchtungsstärke 144

Belichter 236

Belichtung
     Belichtungskorrekturen 38
     Belichtungssteuerung 150
     Belichtungszeit 150

Beschneidungspfad 90

Bézierkurven 88, 236

Bildauflösung 132, 142

Bildausschnitt 40, 135

Bildbearbeitung 10

Bildbearbeitungssoftware 218

Bilddatenbanken 18, 216, 217

Bildebenen 85, 154

Bildfehler 146
     Blooming 147
     Farbsäume 147, 239
     Moiré 148, 242
     Rauschen 146

Bildformate
     EPS 239

Bildfrequenz 206

Bildkreis 154

Bildmasken 81

Bildpunkt 131, 170, 185

Bildqualität 37, 160

Bildrauschen. *Siehe* Rauschen

Bildretusche 74

Bildwinkel 152, 236

Binär 186, 236

Bit 130, 144, 236

Bitmap 80, 186, 236

Blende 146, 150

Blitz 5, 135, 158

Blitzgeräte 39

Blitzlicht 14, 197

Blooming 11, 24, 147, 148, 237

BMP (Bitmap) 174

Brennweite 152

Brennweitenfaktor 152, 237

Browser 189

Byte 114–116, 130, 237

C

CCD (Charge Coupled Device) 120–122, 237

CCD-Chip 131, 135

CCD-Scankameras 150

CCD-Sensor 5, 130, 139

CCITT 186

CD-Brenner 10, 207, 210

Chip-Kamera 4

Chipback 5, 16

Chipebene 168

Chipkamera 5, 11, 16, 24, 36

Chiprückteil 16

Chromalin 237

CIE (Commission Internationale de L' Éclairage) 202, 237

CIELAB (auch C*a*b*) 237

CMYK 68, 68–69, 134

CMYK (Cyan, Magenta, Yellow, Schwarz) 237

CMYK-Bilder 186

Color-Management 219

Colormanagement 188, 197, 202, 219

ColorSync 203

CompactFlash-Karte 163

Computer 10, 206

Framegrabberkarten 160, 165

ISA-Bus 162

ISDN-Karten 160

Kartenleser 161

Modems 160

Netzwerkkarten 160

SCSI-Adapter 162

SCSI-Schnittstelle 162

Soundkarten 160

Copyright 223

CT (Continuous Tone) 238

CTP (Computer to Plate) 238

Cumulus 216

D

DAT-Streamer 207

Dateierweiterung 170

Dateiformate 170

EPS 170

GIF 170

JPEG 170, 171

TIFF 170

Dateigröße 36

Daten

Datendurchsatz 163

Datenträger 24

Datenübertragung 164, 166

Dauerlicht 5

DCS (Desktop Color Separation) 186, 216, 238

Densitometer 49, 60, 238

Dichte 238

Dichte, zu dürftige 94

Dichteumfang 5, 110, 111, 239

Dienstleister 7, 11, 21, 249

Digimarc 223

Digiproofs 18

Digitale Kamera 238

Digitalfotografie 14

Digitalisierung 14, 238

   dpi (dots per inch) 112, 132, 238

Dithering 238

Dmax 238

Drehen 100

Druckausgabe 203

Druckereinstellungen 184

Druckertreiber 200

Druckfarben 200

Druckgeschwindigkeit 208

Druckkennlinie 200

Druckplatten 196

Druckunterlage 185

Druckverfahren 192

   Elektrostatendruck 195

   Festtintenstrahlverfahren 192

   Phase-Change-Verfahren 192

   Pictrography-Verarbeitung 195

   Piezo-Tintenstrahlverfahren 192

   Thermosublimationsverfahren 194

   Thermotransfer 195

   Thermotransferdruck 193

   Tintenstrahldruck 192

   Tintenstrahlverfahren, kontinuierliches 193

Druckvorstufe 110

DSP (Digitaler Signalprozessor) 239

Dunkelphasen 158

Duplex 186

Durchsatz 37

Durchsatzzeiten 20

Durchsichtvorlage 113, 119

Dynamikbereich 113

Dynamikumfang 94, 239

E

Einspiegelungen 31

Einstellicht 14

Einstellmöglichkeiten 152

Elektromagnetische Felder 6

Elektrostatendruck 195

Elliptischer Punkt 239

Empfindlichkeit 150

Emulsion 239

Entfärben 106

EPS (Encapsulated PostScript)

   170, 185, 216, 239

F

Fachkamera 16, 152, 168

Farbanpassung 169

Farbauszug 68, 239

Farbbalance 60, 62

Farbdarstellung 142

Farbe 132, 141

   Farbanpassung 169

   Farbkorrektion 153

   Farbstich 158

   Farbtemperatur 158

   Farbtiefe 144

   Farbwert 148

   Farbwiedergabe 146

Farben, indizierte 186

Farbfehler 142

Farbfilter 132

Farbkanäle 81

Farbkorrektion 153

Farbkorrektur 47

Farbkorrektur, selektive 60, 62

Farbkorrekturen am RGB-Bild 69

Farbmodelle 239

Farbraum in EPS-Dateien 186

Farbrauschen 11

Farbreduktion 173

Farbsättigung 66

Farbsäume 147, 239

Farbsehen 141

Farbsensoren 140

Farbseparation 134

Farbstich 49, 60, 158, 239

Farbstich des Monitors 198

Farbstichausgleich 59

Farbstichkorrektur 104

Farbstoffwerte 200

Farbstreifen 148

Farbsysteme

  additives Farbsystem 134

  subtraktives Farbsystem 134

Farbtemperatur 158

Farbtiefe 4, 5, 56, 110, 111, 112, 144, 240

Farbtiefe in EPS-Dateien 186

Farbverläufe 66

Farbwert 148

Farbwiedergabe 146, 185

Fernsteuerfunktionen 166

Fernsteuerung 164

Festplatten 160, 161, 206, 210

Festspeicher 160

Festtintenstrahlverfahren 192

Filmbelichter 196

Filmempfindlichkeit 150

Filmmaterial 140

Filmrekorder 196

Filmscanner 114

Filter 141

Flachbettscanner 114

Flächenlicht 159

Flächensensoren 132, 140, 150, 158

Flash-Technologie 163

FlashPix 118

FlashRAM-Bausteine 160

Fluoreszenzlicht 159

Fokussierung 168

Fotoqualität 132, 240

four-shot-Methode 240

Framegrabberkarten 160, 165

Freihandmasken 76

Freistellen 47

Freisteller 31, 32, 74, 88, 171

Freistellpfad 92. *Siehe auch*

Beschneidungspfad

Fremdlicht 6

Fremdlichteinstrahlung 15

G

Gamma 240

Gammakorrektur. *Siehe* Tonwertkorrektur

Gammawerte 48

Gaußsches Weichzeichnen 96

GCR (Gray Component Replacement) 240

Gegenlichtaufnahmen 146

Gestrichenes Papier 240

GIF (Graphics Interchange Format)
    174, 188, 216, 170, 173

Gradationskurve 46, 50, 52, 104

Gradationskurve

als globale Farbkorrektur 62

Grafikkarte 206

Graukarte 240

Graukeil 112

Graustufen 186

Graustufenkeil 199

Grauwert 130, 240

Grundfarben 134

H

Halbleiterelemente 139

Halbtöne 192

Halogen-Metalldampflampen 159

Halogenlicht 159

Hauttöne 24

Heißlicht 5, 14, 17

Heißlichtanlage 10

Helligkeit 240

Helligkeit Interpolieren 94

Helligkeit interpolieren 104, 148

Helligkeitswerte 141, 144

Hexachrome-Druck 188

High-Key-Vorlagen 119

Hintergründe 31, 32

Histogramm 47, 169

HMI-Leuchten (Halogen-Metalldampflampen)
159, 197
Honorar 20
HTML 188

I

Illustrator 216
indizierte Farben 186
Infrarotbereich 146
Interfacekarten 165
Internet 135
Interpolation 64
Interpolieren 240
Interpolierte Auflösung. *Siehe* Auflösung
IR-Sperrfilter 139, 146
ISA-Bus 162
ISDN-Karten 160
ISDN-Leitung 10
ISO-Format 18
ISO-Norm 12232 150
IT8-Testvorlage 197, 202

J

JPEG 173, 174, 216
JPEG (Joint Photographers Experts Group)
   166, 170, 171, 186, 188, 240
JPEG-Kompression 173, 186

K

Kalibrierung 112, 197, 241
Kamerabelichter 196
Kamerakennlinie 158
Kamerakonzepte 135
Kamerarückteil 10, 137, 138
   Dicomed BigShot 137
   Kontron Eyelike 137
Kamerasystem 38
   angepaßte konventionelle Kamera 135
   CCD-Scankameras 150
   Sucherkamera 135

Kanal 142
Kanalberechnungen 108
Kantenbildung 12
Kartenleser 161
Kartentypen 162
Kathodenstrahlbelichter 196
Kleinbildformat 135
Kleinbildkamera 152
Klonpinsel 59. *Siehe auch* Stempelwerkzeug
Kodak Photo CD 216
Komplementärfarbe 56
Kompressionsmethoden 186
Komprimierung 94, 173, 241. *Siehe auch* LZW
   (Lempel, Ziv und Welch)
   LZW-Komprimierung 170
Kontrast 241
Kontrastübertragungsfunktion 241
Kunstdruck 66
Kunstlicht 158

L

Lab 186
Lab-Farbraum 202
Lab-Modus 212
Lampen 17
Laufwerke 213
LCD-Display 135
Leuchtstofflampen 197
Leuchtstoffröhren 159
Licht
   Dunkelphasen 158
   Flächenlicht 159
   Fluoreszenzlicht 159
   Halogen-Metalldampflampen 159
   Halogenlicht 159
   HMI-Leuchten
      (Halogen-Metalldampflampen) 159
   Leuchtstoffröhren 159
   Lichtfarbe 159
   Lichtleistung 159

Punktlichtquelle 159

Reflektoren 159

Tageslicht 159

Lichtfarbe 159

Lichtleistung 159

Lichtmenge 150

Lichtquellen 36, 158

Studioblitzanlagen 158

Lichtstärke des Objektives 38

Lichtstimmung 15

Lichtwellenleiterkabel 166

Lithoanstalten 11, 21

Live Picture 222

logarithmische Helligkeitsempfindung 144

Lossy (Verlustbehaftet) 241

Low-Key-Vorlagen 119

Luminanz, Überblendmodus 96

Luminanzmasken 84

LWL-Kabel 166

LZW (Lempel, Ziv und Welch) 186, 241

LZW-Komprimierung 170

M

Makroeinstellung 135

Maske 74, 241

Maskierfunktionen 74

Matrix-CCD 241

Mattscheibenebene 168

Microscanning 142

Miniature Card 163

Mittelton 241

Modems 160

Moiré 148, 242

Moirèstruktur 142

Monitor 10, 132, 206

Farbstich des 198

Monitor-Weiß 200

Monitoreinstellungen 199

Monitorprofil 203

Montagen 47, 66, 87

N

Nachschärfen 66

Netscape 189

Netzwerkkarten 160

Non-Lossy (Verlustfrei) 242. *Siehe auch* Komprimierung

Normalbrennweite 138, 152, 153

O

Objektiv 38, 141

Objektivbrennweiten 152

Objektivebene 154

Objektumfang (Vorlagenkontrast) 144

On Location 22

One-Pass Scanning 141, 242

One-Shot-Kamera 242

Operatoren 188

OPI (Open PrePress Interface) 242

Optik 153

P

PageMaker 92, 189

Parallele Schnittstelle 165

Parallelport 213

Parallelverschiebung 12

PC-Card 39, 160, 164

PC-Card-Reader 207, 210

PCMCIA (Personal Computer Memory Card International Association) 160, 242

PDF (Portable Document Format) 188, 189, 242

People 24

Perspektivenkorrektur in der Bildbearbeitung 98

perspektivisches Verzerren in der Bildbearbeitung 100

Pfad. *Siehe* Beschneidungspfad

Phase-Change-Verfahren 192

Photo CD 116–118, 174

PhotoImpact 166, 216, 221

PhotoPaint 166

Photoshop 166, 186, 212, 216, 217, 218

Photoshop LE 219

Pictography-Verarbeitung 195

Picture Elements 131

Picture Publisher 166

Piezo-Tintenstrahler 192

Pixel 4, 131, 139, 141, 142

Pixel (Picture Element) 242

Pixfolio 216

Planfilmkasette 12

Plug-In 166

PNG 188

Polaroids 10

PostScript 170, 242

    Ausgabe der Daten 184

    Druckereinstellungen 184

    Operatoren 188

    Rasterfarben 185

    Rasterungseinstellungen 186

PostScript 3 188

PostScript Level 1 186

PostScript Level 2 186

PostScript-Drucker 92

ppi (pixel per inch) 242

Prescan 11, 49

Profilerstellung im Colormanagement 202

Prozeßfarben 243

Punktlichtquelle 159

Q

QFX 220

Qualitätsverbesserung 219

Qualitätsverluste 11, 94

QuarkXPress 92, 189

R

Radius beim Schärfen 68

RAM (Random Access Memory) 243

RAM-Doubler 206

Raster, frequenzmodulierte 185

Rasterdaten 189

Rasterfarben 185

Rasterungseinstellungen 186

Rasterverfahren 192

Rauschen 11, 94, 146, 148, 150, 243.
    Siehe auch Bildfehler

Reflektoren 159

Reflexe 14

Reflexionen 146

Reproduktionen 34

Resampling 243

Retusche 47, 94, 243

Retuschearbeiten 10, 87

Retuschen 66

RGB 68

RGB-Bilder 134

RGB-Farbmodell (Rot, Grün, Blau) 243

RIP (Raster Image Processor) 185, 243

RS 232 165. *Siehe auch* Serielle Schnittstelle

RS 422 165. *Siehe auch* Serielle Schnittstelle

S

Sättigung 59, 243

Saum bei Retuschearbeiten 80

Scanbereich 111

Scanfehler 6

Scanfläche 243

Scankamera 5, 24, 169

Scankameras 39, 141

Scanner 110, 141, 207, 210, 243

Scannertreiber 169

Scannertypen 114

    APS-Scanner 116

    Filmscanner 114

    Flachbettscanner 114

    Trommelscanner 115

Scanrückteil 4, 7, 12, 17, 22

Scansoftware 7

Scanzeiten 11, 14, 15, 150

Schärfebereichs 12

Schärfen 47, 68

Schärfentiefe 16, 150

Scharfstellen 12

Scheimpflug 12, 152, 154, 244

Scheimpflugbedingung 154

Schmuckfarben 108

Schwarzpunkt 49

Schwarzweißbilder 106

Schwarzweißmaske 82

Schwebung 244

Schwingungen 12

Schwingungen und Erschütterungen 6

SCSI (Small Computer Systems Interface) 244

SCSI-Adapter 162

SCSI-Bus 213

SCSI-Hostadapter 210

SCSI-Schnittstelle 162, 164, 210

Seitenbeschreibungssprache 184

Sensoren

   Farbsensoren 140

   Flächensensoren 140

   Zeilensensoren 140

Separation 68, 244

Separationseinstellungen 200

Serielle Schnittstelle 165

Serienaufnahmen 36

Serienbildfunktion 40

Shiften 154, 244

Signalrauschabstand 243

Skalieren 100

Smartmedia-Card 163

Software 7, 11, 40

Spannungswert 144

Speckling 104

Speicher 160

   AT Attachment 160

   CompactFlash-Karte 163

   Festplatten 160, 161

   Festspeicher 160

   Flash-Technologie 163

   FlashRAM-Bausteine 160

   Kartentypen 162

   Miniature Card 163

   PC-Card 160, 164

   PCMCIA 160

   Smartmedia-Card 163

   Speicherkarten 160

   SSFDC (Solid State Floppy Disk Card) 163

   Wechselspeicherkarten 160

   Wechselspeichermedien 160

Speicherkarten 160

Speichermedien 10

Speicherplatz 160

Speicherung 39

Speicherung von EPS-Dateien 186

Spektralphotometer 200, 203

Spektralwertkurven 244

Spiegelvorauslösung 38

Spitzlichter 54, 56, 148, 243

SSFDC (Solid State Floppy Disk Card) 163

Staub im Studio 6

Stempelwerkzeug 58. *Siehe auch* Klonpinsel

Steuerungsbefehle 164

Stockfotos 31

Störungen 139

Störungsfilter 95

Strahlteiler (Prismen) 141

Streamer 210

Streuscheibe 197

Strichvorlagen 120, 120–122

Stromschwankungen 6

Studioblitzanlagen 17, 158

Studiokameras 160, 167, 197

Sucher 40

Sucherkameras 135, 152

   Canon PowerShot 600 136

   Casio QV 300 136

   Fuji DS 300 136

   Olympus Camedia C-800 L 136

Suffix 170, 244. *Siehe auch* Dateierweiterung

Supersampling 244

SysCOP 223

T

Tageslicht 158, 159, 197

Teleeffekt 152

Teleobjektiv 138

Temperatur 147

Terminator 210. *Siehe auch* Abschlußwiderstand

TGA 216

Thermosublimationsdrucker 185, 207, 208

Thermosublimationsverfahren 194

Thermotransfer 195, 207

Thermotransferdruck 193

Three-pass Scanning 141, 244

Thumbnail 216. *Siehe auch* Vorschaubilder

Thumbs Plus 216

TIFF (Tag Image File Format) 170, 171, 216, 244

Tilt-Shift-Objektive 16

Tintenstrahldruck 188, 192

Tintenstrahldrucker 207, 208

Tintenstrahlverfahren, kontinuierliches 193

Tonaufzeichnung 135

Tonwert 46, 245

Tonwertkorrektur 11, 47, 50, 147

Tonwertkurve 169

Tonwertkurve (Histogramm) 245

Tonwertspreizung 47, 49

Tonwerttrennung 68

Tonwertumfang 55

Tonwertverläufe 56

Tonwertzuwachs 245

Treppeneffekt 66

Trommelscanner 115

Troubleshooting 210

True Color 206

TS-Objektiv 16

Tüpfel 104

Twain 166, 245

Twainsoftware 106

Twaintreiber 213

U

Überfüllung 188

UCR (Undercolor Removal) 245

Ungestrichenes Papier 245

Unscharf Maskieren-Filter (USM-Filter) 66, 98

Unschärfen 17

Unter- und Überbelichtungen 84

USM-Filter. *Siehe* Unscharf Maskieren-(USM) Filter

UV-Filter 146

UV-IR-Sperrfilter 146

V

Verbrauchsmaterial 20

Verbrauchsmaterialien 10

Vergrößern digitaler Bilder 62

verkämmt 142

Verkleinern digitaler Bilder 62

Verstellmöglichkeiten 152

Verstellweg 140

Verwackeln 150

Vierfarbseparation 108, 219

Vignettierung 153

Virtual Memory (Virtueller Speicher) 245

Vorlagenkontrast 144

Vorschaubilder 216

W

Wasserzeichen 223

Wechselplattenlaufwerk 207

Wechselspeicher 135

Wechselspeicherkarten 160

Wechselspeichermedien 39, 160

Weißabgleich 158, 197, 245

Weißpunkt 49, 54

Weitwinkeleffekt 152

Weitwinkelobjektiv 154

Y

YCC-Farbraum 174

Z

Zauberstab 76
Zeilen- und Flächensensoren 245
Zeilenkameras 36
Zeilensensor 140, 160
Zeit-/ Blendenkombinationen 150
Zeitrafferaufnahmen 164
Zielgamma für die Monitorkalibrierung 200
Zoomoptik 135
Zubehör 37, 138